◇浙江省高校重大人文社科攻关计划规划重点项目"共同富裕大场景下高校资助育人工作高质量发展研究"（课题编号：2023GH041）

◇教育部2022年高校思想政治工作精品项目"基于共同富裕示范区建设要求的大学生'麦田计划'资助育人工程"

◇2024年度浙江省高校思想政治工作研究文库"高校思想政治工作研究文库"

◇2024年度浙江省高校辅导员名师工作室"辅导员专业培养名师工作室"

◇2022年度浙江省哲学社会科学规划"高校思想政治工作"专项课题"'三全育人'内涵特征、驱动机制与实现路径研究"（课题编号：22GXSZ062YBM）

◇浙江工业大学2024年度重大教改委托项目"以本为本：建设国内一流研究型大学背景下的内涵意蕴与战略举措研究"（课题编号：JG2023068）

GONGTONG FUYU DACHANGJING XIA
GAOXIAO ZIZHU YUREN GONGZUO GAOZHILIANG FAZHAN DE
LILUN YU SHIJIAN

共同富裕大场景下
高校资助育人工作高质量发展的
理论与实践

陈　杰　叶爱芳　陈　芳◎主编

ZHEJIANG UNIVERSITY PRESS
浙江大学出版社
·杭州·

图书在版编目（CIP）数据

共同富裕大场景下高校资助育人工作高质量发展的理
论与实践 / 陈杰，叶爱芳，陈芳主编. -- 杭州：浙江
大学出版社，2025. 6. -- ISBN 978-7-308-26497-6

Ⅰ. G649.20

中国国家版本馆 CIP 数据核字第 2025D73V18 号

共同富裕大场景下高校资助育人工作高质量发展的理论与实践

陈　杰　叶爱芳　陈　芳　主编

策划编辑	吴伟伟
责任编辑	梅　雪
责任校对	刘婧雯
封面设计	雷建军
出版发行	浙江大学出版社
	（杭州市天目山路 148 号　邮政编码 310007）
	（网址：http://www.zjupress.com）
排　　版	大千时代(杭州)文化传媒有限公司
印　　刷	杭州高腾印务有限公司
开　　本	710mm×1000mm　1/16
印　　张	22.25
字　　数	353 千
版 印 次	2025 年 6 月第 1 版　2025 年 6 月第 1 次印刷
书　　号	ISBN 978-7-308-26497-6
定　　价	98.00 元

目　录

理论研究篇

实践探索篇

学生案例篇

理论研究篇

高质量发展视域下的高校资助育人工大"麦田范式"①

陈　杰　徐吉洪　叶爱芳　陈佳妍

党的二十大报告提出,"以中国式现代化全面推进中华民族伟大复兴"②;"高质量发展是全面建设社会主义现代化国家的首要任务"③。对高校学生思想政治工作来讲,要引导广大学生立志做有理想、敢担当、能吃苦、肯奋斗的新时代好青年,努力培养德智体美劳全面发展的社会主义建设者和接班人,就必须在扎实推动大学生思想政治工作高质量发展上下功夫。

一、深刻理解高校学生日常思政工作高质量发展的内涵意蕴

习近平总书记强调:"高质量发展不只是一个经济要求,而是对经济社会发展方方面面的总要求;不是只对经济发达地区的要求,而是所有地区发展都必须贯彻的要求;不是一时一事的要求,而是必须长期坚持的要求。"④高校要主动把"高质量发展是首要任务"的要求融入高校学生日常思政工作的全过

　本文关于"高校学生日常思政工作高质量发展"的主要观点,发表于《浙江工业大学学报》(社会科学版)2024年第1期,第12-18页。

② 习近平.高举中国特色社会主义伟大旗帜　为全面建设社会主义现代化国家而团结奋斗——在中国共产党第二十次全国代表大会上的报告[M].人民出版社,2022:21.

③ 习近平.高举中国特色社会主义伟大旗帜　为全面建设社会主义现代化国家而团结奋斗——在中国共产党第二十次全国代表大会上的报告[M].人民出版社,2022:28.

④ 坚定不移走高质量发展之路　坚定不移增进民生福祉[N].人民日报,2021-03-08(1).

程、各环节。

（一）遵循教育规律是出发点

高校学生日常思政工作高质量发展要以遵循教育规律为前提，要求高校从国家利益的大政治上看教育，从经济社会发展的大民生上抓教育，从教育科技人才成长的大规律上办教育。

一是遵循思想政治工作规律。党的二十大报告提出要"用社会主义核心价值观铸魂育人，完善思想政治工作体系"[①]。高校要推动学生思政工作高质量发展，最重要的就是要以习近平新时代中国特色社会主义思想铸魂育人，遵循思想政治工作规律，坚持社会主义办学方向，扎根中国大地，培养德智体美劳全面发展的社会主义建设者和接班人。牢牢把握立德树人根本任务，广泛践行社会主义核心价值观，让大学生在改革开放的伟大实践与伟大成就中得到德育熏陶，增强学生思政工作的亲和力和感染力。

二是遵循教书育人规律。党的二十大报告提出要"加强师德师风建设，培养高素质教师队伍"[②]。高校要把提高教师思想政治素质和加强师德师风建设摆在突出位置，引导教师做有理想信念、有道德情操、有扎实学识、有仁爱之心的"四有好老师"，以主动适应新时代大学生成长成才的需要。坚持以关爱每一位学生的健康成长为主线，加快实施"三全育人"综合改革，因材施教，增强学生的自信心和获得感。

三是遵循学生成长规律。大学生正处在人生的拔节孕穗期，是世界观、人生观和价值观形成的重要时期，需要精心引导与栽培，帮助大学生找准人生方向，立下人生目标。因此，高校学生日常思政工作需要做好"三个注重"，即注重知识体系的构建，以专业兴趣为向导，帮助大学生建立符合自身发展需要的知识体系；注重价值观的塑造，将立德树人放在首位，引导大学生要成才更要成人；注重情感心理的培育，引导大学生做好情绪管理，做身心健康的新时代

---

① 习近平.高举中国特色社会主义伟大旗帜　为全面建设社会主义现代化国家而团结奋斗——在中国共产党第二十次全国代表大会上的报告[M].人民出版社,2022:44.
② 习近平.高举中国特色社会主义伟大旗帜　为全面建设社会主义现代化国家而团结奋斗——在中国共产党第二十次全国代表大会上的报告[M].人民出版社,2022:34.

大学生。高校要将高质量发展拓展至大学生学习、生活、精神、人际交往等各个领域,以高质量发展促进大学生的自由全面发展。

(二)找准历史方位是立足点

党的二十大报告将"以中国式现代化全面推进中华民族伟大复兴"①作为新时代新征程中国共产党的使命任务,为中华民族伟大复兴标定了新的历史方位。对于高校学生日常思政工作高质量发展而言,可以从时间、空间、文化三个维度来理解新的历史方位。

从时间维度来看,要将高校学生日常思政工作放置在"两个大局"中来看待。中华民族伟大复兴战略全局和世界百年未有之大变局的历史性交汇,构成了新时代我国高校学生日常思政工作最鲜明的时代特色,高校要在"扎根中国大地"和"胸怀天下"中审视高校学生日常思政工作的机遇与挑战。

从空间维度来看,中国高等教育的关键词是"东方""中国"。高校既要从全人类视野来审视我国高等教育改革发展的广阔时空,也要从新时代新征程出发,坚持党对教育事业的全面领导、坚持社会主义办学方向、坚持把立德树人作为根本任务、坚持扎根中国大地办教育、坚持把服务中华民族伟大复兴作为教育的重要使命,为党育人、为国育才。

从文化维度来看,要将高校学生日常思政工作置于"教育—文化—人"或"教育(文化)—人"的逻辑链条下予以综合审视。要更好地彰显教育的本质特征与思政教育的文化属性,培养新时代大学生的历史自信与文化自信,进一步增强做中国人的志气、骨气、底气。

(三)培养"新时代好青年"是落脚点

习近平总书记对广大青年提出了殷殷寄语和谆谆教导:"广大青年要坚定不移听党话、跟党走,怀抱梦想又脚踏实地,敢想敢为又善作善成,立志做有理想、敢担当、能吃苦、肯奋斗的新时代好青年,让青春在全面建设社会主义现代

---

① 习近平.高举中国特色社会主义伟大旗帜 为全面建设社会主义现代化国家而团结奋斗——在中国共产党第二十次全国代表大会上的报告[M].人民出版社,2022:21.

化国家的火热实践中绽放绚丽之花。"①

高校要引导青年把自己的"小我"主动融入国家、民族、人民和人类的"大我",用青春理想指引人生航向,让理想之光照亮青春奋进新征程的脚步;引导学生牢记"青春虚度无所成,白首衔悲亦何及",在吃苦中锤炼意志、强壮筋骨,历练能力、提高本领;高校要引导学生牢记"幸福是奋斗出来的",新时代大学生要把汗水洒在祖国的大地上,不仅要有仰望星空的家国情怀,而且要有脚踏实地的实干精神。

二、准确把握高校学生日常思政工作高质量发展的实践要求

扎实推动高校学生日常思政工作高质量发展,需要准确把握以下三个方面的实践要求。

(一)贵在把准大学生的需求

高质量发展的过程,就是不断发现问题、研究问题,进而回应问题、解决问题,提质增效、积聚变革动能的过程。

一是高校要紧盯老问题,关注新动向。根据当代青年的思想发展特点,把准大学生需求的时代性、变化性、多样性,在理实交融、宏微并进、术道结合中返本开新,接续高校学生日常思政工作高质量发展的源头活水。

二是高校要认真学习贯彻中共中央办公厅印发的《关于在全党大兴调查研究的工作方案》精神。通过深入的调查研究及时了解把握新时代大学生对当前经济社会发展和自身发展的诉求与期盼,了解大学生对时事政治的关注度、专业学习的专注度、身心健康的和谐度,关注高校毕业生就业需求方面的新变化,了解大学生心理健康与精神卫生方面的需求。

三是高校要及时化解大学生崇高志向与现实之间的矛盾。主动掌握大学

---

① 习近平.高举中国特色社会主义伟大旗帜 为全面建设社会主义现代化国家而团结奋斗——在中国共产党第二十次全国代表大会上的报告[M].人民出版社,2022:71.

生的专业满意度与就业信心指数的关联度,了解新时代大学生婚恋生育观念的变化及其对我国人口结构和社会经济发展可能产生的重大影响。

(二)细在大学生日常与个人

2018年,习近平总书记在全国教育大会上强调,要坚持"把思想政治工作做在日常、做到个人"①。

一是高校学生日常思政工作要经常化。把学生思政工作做在日常,就是要通过辅导员走访寝室、与学生谈心谈话以及加强家校联动、班风建设、学风建设等工作,及时研判学生思政领域出现的新情况、新问题,对苗头性、倾向性问题做到心中有数、手上有方,以有效回应大学生思想上的困惑、实践上的偏差、心理上的失衡,引导大学生认清形势、认清自己、凝聚力量。

二是高校学生日常思政工作要生活化。学生思政工作必须以学生的日常生活为根基和载体,善于利用各种生活学习时机和场合,形成有利于开展思想政治工作的生活情景,切实做到"在生活里找思政,为生活而思政",使高校学生日常思政工作更加接地气,实现学生思政工作的"走深走实走心"。

三是高校学生日常思政工作要具体化。高校要尊重教育对象的多样性、现实性、层次性和差异性,通过精准画像,推出个性化需求的教育菜单,加强高校学生日常思政工作的针对性,在精准关心人、培养人、满足人中实现教育人、引导人、成就人。

(三)重在协同推进整体智治

推进教育数字化是"办好人民满意的教育"的核心要义之一。"Z世代"大学生思维更活跃、需求更多样,整齐划一的教育方式已经不能适应或不能满足他们个性化、精准化、定制化的学习和交往需求。

一是努力实现精准信息的"投喂"。利用大数据等新兴技术,及时准确获取学生的兴趣爱好及思想动态,让思想政治教育更科学、更精准;要坚持整体与部分相结合、定性分析与定量分析相结合等教育方法,对学生的个性特征做

---

① 坚持中国特色社会主义教育发展道路 培养德智体美劳全面发展的社会主义建设者和接班人[N].人民日报,2018-09-11(1).

全面分析和深度刻画,从而有针对性地开展不同形式的学习活动。

二是努力打造"智慧思政"。充分发挥"思政大脑"作用,对高校学生日常思政工作治理的思想理念、体制机制、组织架构、方法工具等进行全方位、系统性的迭代升级,在解构与重构中推进学生思政工作数字化;变革思政教育单向灌输的供给形式,抢占网络新阵地,通过创新供给形式和更加丰富多彩的教育内容,充分体现"智慧思政"的优势与魅力。

三是努力提升高校学生日常思政工作的体验感和效能感。要建立数字化学生思政交互体验中心,使学生思政工作可视、可评、可回溯,既打造多元化的供给场域、设计衔接互通的育人内容,又打造灵活的供给形式,注重打造多元高效的供给载体和强化隐性渗透的教育内容。

三、高校资助育人工作高质量发展的工大"麦田范式"

浙江工业大学的资助育人工作始终与时代同频共振、同向同行。

(一)"麦田范式"的源起与发展

1997 年,学校开启对贫困生的关心和资助工作;2008 年,学校完善奖、助、贷、勤等各项制度,开始分类分层帮扶学生;2013 年 11 月,我国开始实施精准扶贫,"麦田计划"资助育人工程于 2014 年应运而生——旨在传递"希望的田野",寓意"播种希望,守望成长,精准帮扶,资助育人";2017 年起,根据《高校思想政治工作质量提升工程实施纲要》打造"资助育人质量提升体系"的要求,"麦田计划"在扶困与扶智、扶困与扶志相结合上着力,初步形成"解困—育人—成才—回馈"的良性循环。

(二)项目做法与实践

2021 年,中共中央、国务院赋予浙江"高质量发展建设共同富裕示范区"的新使命[①],学校从全局角度谋划资助育人工作,牢牢把握时代脉动,不断丰富育

---

① 中共中央、国务院关于支持浙江高质量发展建设共同富裕示范区的意见[N].人民日报,2021-06-11(1).

人内涵,以"全员共创、全面发展、全体共享"的工作理念,着力构建富有针对性、有效性和发展性的资助育人工作品牌矩阵,教育引导受助学生"受助思源、获奖思进、勇担责任、回报社会",以高质量资助育人为共同富裕示范区建设提供人才和文化支撑。"基于共同富裕示范区建设要求的大学生'麦田计划'资助育人工程"入选教育部 2022 年高校思想政治工作精品项目,"共同富裕大场景下高校资助育人工作高质量发展研究"获批浙江省高校重大人文社科攻关计划规划重点项目(课题编号:2023GH041),相关成果被教育部网站、新华社、《光明日报》、全国高校思想政治工作网、《浙江日报》等权威媒体报道。

第一,做好资助前置,夯实精准资助育人工作基础。聚焦学生需求,从校级层面推动资助育人工作"向前一步"。一是资助政策宣传前置,与招生宣传和走访工作相结合。组织暑期社会实践队伍深入山区走访慰问困难新生家庭,讲好资助故事;利用新媒体矩阵,发布《同行筑梦》资助政策宣传片,扩大政策宣传覆盖面。二是帮扶举措前置,实施"浙江工业大学绿色成长方案"。"网上迎新"时搭建"线上绿色通道",为资助对象准备"爱心礼包",为重点保障家庭学生发放"精弘关爱助学金",为偏远地区家庭经济困难学生提供交通补贴,开通暑期资助热线电话,做好新生入学接洽,确保学生顺利入学。三是设岗助学前置,拓面开展"麦田行动"前置校园体验活动。全校层面邀请资助对象新生提前 2—3 周报到,通过开展"麦田第一课"、校地携手实地考察、杭州文化寻访、迎新志愿者工作等活动,让资助对象提前适应并规划大学生活,形成入学"先跑一步"的优势。

第二,聚焦学生成才,健全学生资助育人工作体系。坚持以"学生成长为中心",构建"保障型—发展型—成长型"三位一体的资助育人工作体系。一是实施"麦田暖阳",夯实物质帮扶解困机制根基。完善保障型资助体系,数字赋能推进精准管理,运用全国学生资助信息管理系统、浙江省学生资助"一窗受理"平台、校内智慧学工系统,实现多网融合、数据共享,确保对家庭经济困难学生应助尽助。实现学生资助对象认定以及奖助学金、困难补助等各类资助业务线上申请审批。完善学生消费数据分析、跟踪回访机制,建立隐形资助动态调整机制,确保保障型资助认定学生 100% 全覆盖。调研结果显示,学生对学校资助工作满意度为 98.21%。二是实施"麦田滴灌",完善道德浸润育人体系。探索将文化育人、价值引领融入资助工作的全过程,持续开展"青风"资助文化节活动,为受助学生营造资助育人文化氛围,引导学生"受助思源、获奖思进、勇担责任、回报社会"。学校受助学生百分百参与公益志愿活动,受助学生每学期参与 5 次以上公益志愿服务的比例为 73.21%,每学期平均工时数为82.31 小时。三是实施"麦田沃壤",打造能力拓展成才平台。严格落实"一生一档,一生一策"帮扶责任制,强化重点群体就业精准帮扶,围绕"摸需求""送岗位""给补贴"等,提高帮扶的精准度和实效性,实施"麦田成长营"和"宏志助航"培训计划,提升重点群体的职业能力,助力学生高质量就业。2023 届困难生就业率为 89.9%,与全校毕业生就业率基本持平,前往"211 工程"大学及以上高校深造读研比例(60.48%)、党政机关工作比例(9.25%)高于学校毕业生总体水平。

第三,强化多元协同,凝聚资助育人工作合力。注重整合校内外资源,着力构建物质帮助、道德浸润、能力拓展、精神激励有效融合的资助育人长效机制。一是坚持"三全育人",发挥校内部门联动的协作力。学校以"麦田计划"为统领,统一部署、统一建设,广泛动员和组织相关部门共同推进。资助中心每年定期与二级学院联合开展资助主题文化活动,推进"一院一品"资助文化品牌建设;与校团委共同组织"麦田计划"暑期社会实践专项队伍,开展"勤工助学"之星评选,鼓励学生在实践中增长才干;与心理中心开展"向阳工作坊"心理团辅系列活动,关注家庭经济困难学生心理成长;设立"一站式+资助"社区实践基地,开展学生自主学习、教育和服务等活动。二是坚持观念引导,调动社会资源的贡献力。充分利用浙江民营经济发达和公益组织活跃的特点,积极引导社会爱心力量转变观念,不断创新社会资源资助形式,从仅关注资助对象的物质保障到支持其全面成长——除了设立奖助项目,还大力拓展发展性资助项目。开展"我行我承诺""亘美班""聚心班""青穗班""圣奥爱心社""泰隆之星"以及"筑梦领航"国际交流成长基金等 20 余项社会助学项目,以引导学生自主开展各类公益创新实践活动,选拔优秀受助学生进行访学交流,融通"扶困"与"扶志",保障育人实效。三是坚持朋辈引领,发挥榜样典型的辐射力。开展"尚德学子""励志人物""自强之星""最美毕业生""毕业生在基层"等评选活动,推出励志榜样人物专题推文 216 篇,努力营造树典型、学典型的良好氛围。2024年3月,资助对象、优秀校友周功斌致力乡村振兴获《浙江日报》报道。一批受惠于学校资助工作的励志榜样,辐射带动更多的学子奋发向上,实现学校资助育人工作高质量发展。

(三)项目经验与启示

第一,项目呈现了鲜明特色。一是突出"三大赋能",实现资助工作迭代升级。以理论赋能,进一步突出思想理论武装;以价值赋能,进一步强化价值引领,实现为党育人、为国育才;以人才赋能,进一步突出"三全育人"。二是创新"三个链接",实现资助工作形式创新。链接"理论"与"实践";链接"常态"与"长效";链接"线上"与"线下"。三是推动"三个聚焦",实现资助工作有章可循。聚焦"重点群体",聚焦"工作难点",聚焦"时政热点",将思政工作做在全局上、做在大局上、做在时代脉动节点上。

第二,工作积累了丰富经验。一是注重把握机遇,以区域优势驱动资助育人模式创新。学校始终牢牢把握新时代赋予的新机遇,充分利用浙江省民营经济发达的特点和浙江省体制机制创新优势,积极打通融入社会的渠道,以"我行我承诺"公益助学、"聚心e家"助学之家、亘美海外游学计划、海天国际交流成长基金等为代表的社会资助项目陆续实施,让更多的社会爱心力量开始关注大学生困难群体的成长成才,将区域优势转化为资助育人模式创新的重要驱动力。二是注重问题导向,强化"扶志""扶智",推进资助育人工作提质增效。学校立足消除少数资助对象"等、靠、要"的思想,围绕强化资助对象的勤俭意识和培养其诚信品质,提供个性化的精准资助方案,提升资助育人的实效性。坚持成长与成才相结合,开展"和润师友计划",培育学生树立正确的成才观、就业观和价值观。开展"青风"资助文化节等系列活动,培育受助学生的创新精神、实践能力和人文素养。坚持将他助与自助相结合,依托"7号室友"党员领航工程、"圣奥爱心支教"等载体,将榜样教育、诚信教育、感恩教育、责任教育融入资助育人的全过程。三是注重遵循规律,按照"四位一体"畅通资助育人良性循环。"麦田计划"遵循学生成长成才规律,紧紧把握"入学前—入学时—在校时—毕业后"四阶段学生的特点和需求,入学前开展学前岗位赋能计划、绿色成长方案、资助政策宣传,消除新生的后顾之忧;入学时通过精弘关爱助学金和精弘携手计划帮扶学生尽快融入大学生活；在校时依托资助保障体系实现资助对象100%全覆盖；毕业后通过校友企业设立奖助学金、优秀校友成才报告会等，引领学生感恩回馈、服务社会，切实将资助工作落实到人才培养上。

第三，工作带来了方法启示。一是通过设岗助学等让资助对象尽早适应大学生活、补齐发展短板，形成新生入学前校园体验教育的"麦田招式"。通过多维度辅导、全方位培训和设岗助学实践，将专业认知教育、感恩教育、实践锻炼、能力提升融入其中，帮助资助对象提前适应并规划大学生活，树立自立自强、艰苦奋斗的意识，补齐考取大学前出于经济等原因造成的发展短板。二是推进资助学生从"他助—自助—助人"的成长蜕变，形成师生共建社团化运作的"麦田模式"。在学院层面形成"麦田班—学院麦田分中心—学校麦田中心"的社团组织构架。学校依托"麦田中心"，围绕"麦田学员"自主成才这一中心任务，充分发挥其自我教育、自我管理、自我服务和自我发展的功能，广泛开展社群活动，形成精准的育人模式。三是整合社会资源，实现人才培养实效和社会效益的双丰收，具有社会辐射和示范效应，形成校地融通开放式育人的"麦田样式"。例如，以学校"亘美教育专项基金"为代表的定制化的资助育人工作，企业每年投入60万元用于经济资助和活动开展。自2014年成立以来，"亘美班"共组织企业走访和调研等活动100余次，走访校友企业45家，开展专题辅导报告20余场。汇聚社会企业、校友资源、专业导师等校内外力量，形成资助育人合力，实现人才培养和社会效益的全面丰收，实现了高校与社会、企业的合作共赢。

推动面向共同富裕的高校资助育人工作高质量发展

陈　杰　徐吉洪　孙江丽

"共同富裕是中国特色社会主义的本质要求"①"高质量发展是全面建设社会主义现代化国家的首要任务"②"完善覆盖全学段学生资助体系"③,这些重要部署与工作要求内涵丰富、立意高远、饱含深情,对新时代推动面向共同富裕的高校资助育人工作高质量发展具有重要的理论意义与实践意义。

一、深刻理解面向共同富裕的高校资助育人工作的丰富内涵

多学科视野阐释。从经济学视角来看,共同富裕与资助育人工作均有深刻的经济学意蕴。在"完成脱贫攻坚、全面建成小康社会的历史任务"④之后,在"着力促进全体人民共同富裕"⑤的新征程中,要强化资助育人工作的经济功

---

① 习近平.高举中国特色社会主义伟大旗帜　为全面建设社会主义现代化国家而团结奋斗——在中国共产党第二十次全国代表大会上的报告[M].人民出版社,2022:22.
② 习近平.高举中国特色社会主义伟大旗帜　为全面建设社会主义现代化国家而团结奋斗——在中国共产党第二十次全国代表大会上的报告[M].人民出版社,2022:28.
③ 习近平.高举中国特色社会主义伟大旗帜　为全面建设社会主义现代化国家而团结奋斗——在中国共产党第二十次全国代表大会上的报告[M].人民出版社,2022:34.
④ 习近平.高举中国特色社会主义伟大旗帜　为全面建设社会主义现代化国家而团结奋斗——在中国共产党第二十次全国代表大会上的报告[M].人民出版社,2022:4.
⑤ 习近平.高举中国特色社会主义伟大旗帜　为全面建设社会主义现代化国家而团结奋斗——在中国共产党第二十次全国代表大会上的报告[M].人民出版社,2022:22.

能,不让一个学生因家庭经济困难而失学,即"一个都不能少",做到应助尽助。从文化学意义上讲,作为中华民族最为质朴古老的理想之一,共同富裕具有丰富的文化内涵。文化不仅是共同富裕的精神根基,更是实现共同富裕的重要价值依托和力量源泉。共同富裕高度契合了新时代人民群众对美好生活的向往,面向共同富裕的高校资助育人,已从传统的物质文化领域拓展到精神文化领域,更加"重视心理健康和精神卫生"[①],物质富足与精神富有平衡发展,相得益彰。从哲学层面来看,实现人的全面发展是共同富裕的核心理念之一。习近平总书记强调:"促进共同富裕与促进人的全面发展是高度统一的。"[②]面向共同富裕的高校资助育人,不仅要为学生的发展提供物质基础,还要为学生的发展提供精神动力,为学生的全面发展创造更大的空间和更多的机遇,使全体学生共同享有人人出彩的机会。

主要矛盾的转变。党的二十大报告提出,我国已"迈上全面建设社会主义现代化国家新征程"[③],面向共同富裕的高校资助育人的主要矛盾已经发生了转变,由过去单一的家庭经济困难学生的家庭经济拮据与学业需求之间的矛盾,转变为家庭经济困难学生对美好生活需要和多元发展与高校资助育人工作治理水平不能及时优化跟进之间的矛盾。我国虽已"历史性地解决了绝对贫困问题"[④],但相对贫困还将长期存在,高校应构建一个资助育人协同化、系统化、立体化的治理体系。面向共同富裕,高校资助育人工作的重点应从传统的物质纾困向学生学业发展、人际交往、能力素质、职业规划、社会适应等育人成效维度拓展,应更多关注学生心理和精神上的诉求期盼,满足学生日益增长的美好生活需要,为学生的终身发展和人生幸福奠定坚实的基础。

资助与育人融合。资助育人,始于资助,成于育人;资助是手段,育人是目标。面向共同富裕的高校资助育人工作,不能搞资助、育人"两张皮",更不能"重资助轻育人",而要寓育于助,将育人作为资助工作的出发点和落脚点。高

---

① 习近平.高举中国特色社会主义伟大旗帜 为全面建设社会主义现代化国家而团结奋斗——在中国共产党第二十次全国代表大会上的报告[M].人民出版社,2022:49.

② 习近平.扎实推动共同富裕[J].求是,2021(20):4-8.

③ 习近平.高举中国特色社会主义伟大旗帜 为全面建设社会主义现代化国家而团结奋斗——在中国共产党第二十次全国代表大会上的报告[M].人民出版社,2022:1.

④ 习近平.高举中国特色社会主义伟大旗帜 为全面建设社会主义现代化国家而团结奋斗——在中国共产党第二十次全国代表大会上的报告[M].人民出版社,2022:7-8.

校要落实立德树人根本任务,构建政府资助、学校奖助、社会捐助、学生自助的"四位一体"资助体系,建立起物质帮助、道德浸润、能力拓展、精神激励有效融合的资助育人工作长效机制,聚焦精准帮扶、拓展资助资源、畅通育人渠道、丰富育人实践,把社会主义核心价值观教育融入资助育人工作全过程,培养学生自立自强、诚实守信、知恩感恩、勇于担当的良好品质,厚植爱国主义情怀,在资助育人工作过程中传递充满温情的正能量,奠定资助育人工作的情感基础,努力实现资助与育人的深度融合。

二、准确把握面向共同富裕的高校资助育人工作的实践要求

协同推进扶困扶智扶志。"扶贫要同扶智、扶志结合起来。"进入相对贫困阶段,学生资助需求将从"温饱型"为主转变为"发展型"为主,资助育人工作既要突出扶困的基础性、普惠性、兜底性,又要注重发展的平衡性、协调性、包容性。面向共同富裕的高校资助育人工作应重点加强对学生精神需求、心理辅导、情感关怀、人际交往、个性品质、能力提升等方面的帮扶,实施"志智双扶""智随志走""志以智强",将理想信念、自立自强、创新创业等作为资助育人的逻辑终点。"扶智"就是扶知识、扶技术、扶思路,以能力发展为目标,强化资助形式的教育发展导向,帮助贫困学生提升综合素质。"扶志"就是扶思想、扶观念、扶信心,以立德树人为目标,重视开展励志教育、诚信教育、感恩教育和社会责任感教育,帮助贫困学生获得摆脱困境的勇气与底气。

把资助育人工作做在日常、做到个人。2018年,习近平总书记在全国教育大会上强调,要"把思想政治工作做在日常、做到个人"①。这一重要论述为面向共同富裕的高校资助育人工作高质量发展提供了世界观与方法论,深化了对我国高校资助育人工作的规律性认识,对高校资助育人工作提出了新要求。一是资助育人工作经常化。把资助育人工作做在日常,就是要通过辅导员走

---

① 坚持中国特色社会主义教育发展道路 培养德智体美劳全面发展的社会主义建设者和接班人[N].人民日报,2018-09-11(1).

访寝室、与学生谈心谈话、家校联系等方式，及时研判学生家庭经济状况和思想动态，特别是对突发性事件的持续跟踪，做到时时有资助，处处有育人。二是资助育人工作生活化。关注学生的生活世界与精神世界，关心学生的生活体验与生活实践，充分挖掘大学生活中的资助育人元素，提升资助育人的校本化与特色化，使资助育人工作更加接地气。三是资助育人工作具体化。面向共同富裕的高校资助育人工作要落实落细落小，通过搭建平台、完善制度、实践活动，将资助育人工作细化为一件件具体的生活事情、一项项具体的活动案例、一个个具体的行为规范，使资助育人工作有抓手、有载体，提升资助育人工作的成效。

提升资助育人工作的温情温度。面向共同富裕的高校资助育人要以"三个度"凸显温情温度，在润物无声的资助中帮助学生健康成长。一是拓宽统筹度。统筹资助育人工作主体力量，构建"三全育人"格局，让高校管理干部、辅导员、班主任、任课教师、后勤服务人员都成为资助育人工作直接或间接的主体。统筹资助育人工作社会资源，吸引企业、校友等设立圆梦基金、助学基金、访学基金等，与政府、企业共建实习、实践基地，对家庭经济困难学生进行经济纾困，向其提供实践锻炼机会。统筹物质帮扶与精神需求，以物质需要为满足精神需要的基础，以精神需要升华对物质需要的追求。二是提升精准度。精准识别家庭经济状况、精准确定资助对象、精准分析学生成长需求、精准把握学生思想动态。具体来讲就是：用好数字化手段，精准、快速、有效找到家庭经济困难学生，提高识别资助对象的效率；优化资助方式，从"大水漫灌"到"精准滴灌"，实现有限的资助资源效益最大化；精准把握学生在经济帮扶、情感支持、学业提升、思想引领、人际交往等多个方面的需求，针对性施策，服务家庭经济困难学生的成长成才。三是体现亲切度。面向共同富裕的高校资助育人工作要兼顾资助育人工作的效率与学生的个性化需求，让资助育人工作更有人情味。高校要通过信息化手段、家访、谈心谈话等实时了解学生的需求，用心关怀学生，积极探索、实施隐形资助，努力保护学生个人及家庭的隐私，维护学生的人格尊严，让资助育人工作充满温暖，更有温情。

三、扎实推动面向共同富裕的高校资助育人工作高质量发展

　　着力构建创造性劳动教育体系。习近平总书记强调,"劳动是财富的源泉,也是幸福的源泉。人世间的美好梦想,只有通过诚实劳动才能实现;发展中的各种难题,只有通过诚实劳动才能破解;生命里的一切辉煌,只有通过诚实劳动才能铸就"[①]。面向共同富裕,高校要将"崇尚劳动、热爱劳动、辛勤劳动、诚实劳动"的劳动精神融入资助育人工作全过程,培育"劳动最光荣,劳动最崇高,劳动最伟大,劳动最美丽"的资助育人价值理念,帮助受资助学生成为推动共同富裕的奋斗者、建设者和受益者。具体来讲就是要构建创造性的劳动教育体系。一是以劳融德。高校要成立全国劳模、优秀教师、战略科学家、最美人物系列工作室,弘扬劳模精神,树立劳动观念,鼓励诚实劳动。二是以劳融岗。高校要立足学科专业实际个性化地设计劳动教育教学方案,比如开展"稻田里的思政课",以"行走的课程思政"践行"绿水青山就是金山银山"。三是以劳融美。高校要将劳动教育引入第二课堂建设体系,引导学生在劳动中认识自我、塑造心灵、涵养品格,比如开展红歌嘹亮、红旗领读人、红色家书、红色故事会等红色文化系列教育,帮助学生在红色教育实践中发现美、认知美、创造美。四是以劳促创。高校要将劳动教育融入大学生创新创业训练项目,破除"等、靠、要"思想,鼓励学生在创新创业实践中从背着手"看"、伸手"要",转变为甩开手"干",做一个求真务实、踏实肯干的人。

　　着力提高资助育人工作队伍专业化水平。专业化是指"某种职业从普通职业发展成为专门职业的过程",它是社会分工的产物,是社会进步的标志,是提高社会治理水平的必然方向。新时代面向共同富裕,提升高校资助育人工作队伍专业化水平具有更加丰富的内涵。具体来讲要做到以下五个方面:一是专人专职,这是前提条件。高校要为资助育人工作队伍配备专门编制,并且

---

　　① 习近平.在同全国劳动模范代表座谈时的讲话[N].人民日报,2013-04-29(2).

要选优配强,可以从辅导员队伍中选配,也可以从优秀的专任教师队伍中遴选。二是专岗专责,这是主体要求。高校要深化对专岗专责的培训与指导,推动资助育人工作高质量发展,培养专业化的资助育人工作队伍。三是专业专务,这是核心要义。高校资助育人队伍要具备扎实的理论素养和过硬的业务知识、专业本领,全面把握党的教育方针和政府资助政策。四是专线专长,这是动力支撑。高校要在把握"时""势"的基础上,发挥研究特长,创新工作方式方法,对资助育人工作开展理论研究和实践探索。五是专能专精,这是价值旨归。高校资助育人工作队伍应作风正派、公正廉洁、品德高尚,努力将资助育人工作中的创新点及时总结提炼为研究成果,推动专家型人才成长,不断提升资助育人工作的科学化和专业化水平。

着力推进资助育人工作实现治理数字化转型。党的二十大报告将"推进教育数字化"作为"办好人民满意的教育"的核心要义之一①。面向共同富裕,要着力推进资助育人工作治理数字化转型。一是数据共享。高校相关职能部门要实现数据共享,打破学生家庭经济状况的"信息孤岛""数据壁垒",获得更加个性化、精确化的学生兴趣与需求信息,利用大数据、云计算等新兴技术获取学生家庭经济信息数据,让数据成为资助育人工作的"望远镜""显微镜"。二是精准画像。通过大数据分析,采集与学生资助相关的各类数据,对学生的资助需求、资助过程、资助效果等内容进行动态量化和精准分析,为学生"精准画像",实现对家庭经济困难学生的精准认定和相关事项的准确预测预警,从而全方位了解学生所需,服务学生所盼,开展隐形资助,体现资助育人工作的温情温度。三是智慧资助。高校要依托大数据技术和信息化平台,构建"精准识别,主动发现""精准帮扶,有效监管""科学评估,全方位预警"的"资助前—资助中—资助后"全链条、全过程、全方位的资助育人工作体系,彰显智慧资助的品质与力量。

---

① 习近平.高举中国特色社会主义伟大旗帜 为全面建设社会主义现代化国家而团结奋斗——在中国共产党第二十次全国代表大会上的报告[M].人民出版社,2022:34.

服务"两个先行"奋斗目标的高校
资助育人机制与路径研究①

林　洁　张思翼　叶爱芳

　　资助育人是促进教育和社会公平公正、构建社会主义现代化强国的重要举措。"不让一个学生因家庭经济困难而失学"更是党和国家作出的庄严承诺。在高等教育领域,国家奖助学金、助学贷款、学费减免、补偿代偿、勤工助学和绿色通道等多元混合的资助体系正逐步完善②。我国高等学校的资助相关工作不断迈上新台阶,这也标志着教育公平取得重大进展。进入新时代,在奋力书写"两个先行"高校答卷的新进程中,如何进一步提升精准资助工作水平、健全资助育人体系并完善高校资助育人机制,成为新征程中高校资助育人工作的新挑战。浙江省第十五次党代会明确指出,浙江共同富裕示范区建设的目标和任务是,要在高质量发展中奋力推进中国特色社会主义共同富裕先行和省域现代化先行。这一新战略的提出,赋予省属高校新的发展使命。高等学校是高层次人才的孕育地、是科技创新的泉涌地、是现代先进思想优秀文化的传播地,为全面开启高质量发展建设共同富裕示范区和省域现代化先行提供思想、智力、人才的支撑与保障,是共同富裕示范区和省域现代化建设的重要支柱力量③。推动高校资助育人工作高质量发展,既是服务于这一政治任务的根本要求,也是立德树人根本任务的本质体现④,是实现新时代高校思想

　　① 本文发表于《浙江工业大学学报》(社会科学版)2024年第1期,第26-31页。
　　② 杨振斌.高校学生资助研究——做好新形势下高校资助育人工作的实践与思考[J].中国高等教育,2018(5):17-20.
　　③ 舒志定.地方高校助力共同富裕[N].中国教育报,2022-03-01(4).
　　④ 马晓燕.新时代高校资助育人论要[J].东北师大学报(哲学社会科学版),2020(4):176-182.

政治工作高质量发展的内在要求和重要内容。资助育人成效既关乎学生整体培养质量,也关乎省内高校在服务"两个先行"奋斗目标上的责任担当。

一、深刻把握"两个先行"奋斗目标的理论内涵

2020年,党的十九届五中全会提出,到2035年,全体人民共同富裕要取得更为明显的实质性进展,对共同富裕的发展目标作出重要的指示。2021年,习近平总书记在全国脱贫攻坚总结表彰大会上作出"我国脱贫攻坚战取得了全面胜利……区域性整体贫困得到解决,完成了消除绝对贫困的艰巨任务"[①]的重要论断,标志着第二个百年奋斗目标正式启动。2021年,中共中央、国务院发布《关于支持浙江高质量发展建设共同富裕示范区的意见》,紧扣推动共同富裕的发展目标,围绕构建不断推动共同富裕目标实现的机制体制,探索建立共同富裕政策支撑体系等,对支持浙江高质量发展、建设共同富裕示范区进行了顶层谋划与发展指引。2022年,浙江省第十五次党代会在建设共同富裕示范区的基础上提出要在高质量发展中实现中国特色社会主义共同富裕先行和省域现代化先行,指明了浙江未来的发展目标,标注了浙江新的历史方位和奋斗坐标[②]。"两个先行"的提出与演变,始终与共同富裕一脉相承,它既是推进浙江建设共同富裕示范区的先手棋,也是布局推进实现共同富裕的局部实验法。

"两个先行"是中共中央对浙江发展建设的一贯要求,体现了党和国家的长期奋斗目标,它有着深厚的理论基础和实践基础,是迭代递进,也是水到渠成[③]。"两个先行"既有定量目标,也有定性目标,清晰描绘了浙江未来五年的发展宏图。"两个先行"充分体现了从"八八战略"到"两创""两富""两美""两高"战略,再到"两先"战略的迭代递进,前后既一脉相承、相互衔接,又与时俱

---

① 习近平.在全国脱贫攻坚总结表彰大会上的讲话[M].人民出版社,2021:1.

② 本报评论员.锚定"两个先行" 奋力实干争先——三论学习宣传贯彻省第十五次党代会精神[N].浙江日报,2022-06-30(2).

③ 郭占恒.奋力推进共同富裕先行和省域现代化先行[EB/OL].(2023-01-11)[2025-02-18].https://www.fx361.cc/page/2023/0111/14595341.shtml.

进、创新发展①,本质内涵仍为实现共同富裕。

一是"共同富裕先行"。共同富裕在浙江有着深厚的底色。习近平同志在浙江工作期间就已经谋划在前,在"八八战略"中明确提出要让"人民生活更加富裕",把促进共同富裕的目标和思想,融汇于浙江发展的全过程、全方面②。中共中央、国务院发布的《关于支持浙江高质量发展建设共同富裕示范区的意见》也为浙江的示范区建设划定了目标:到2025年,推动高质量发展建设共同富裕示范区取得明显实质性进展;到2035年,高质量发展取得更大成就,基本实现共同富裕。对浙江的共同富裕要求比对全国的要求提前了15年,既体现出了共同富裕"做大蛋糕、分好蛋糕"的朴素要求,也体现出浙江作为共同富裕示范区的雄厚实力和"先行"要求的本质。

二是"省域现代化先行"。浙江对现代化的要求既早于也高于其他省份。改革开放以来,浙江一步步成为开放发展的高地,改革先行地的精神也融入了浙江建设发展的高要求。2012年,浙江省第十三次党代会明确提出了要"为建设物质富裕精神富有的现代化浙江而奋斗"的口号;2017年,浙江省第十四次党代会明确提出,要确保到2020年高水平全面建成小康社会,并在此基础上,高水平推进社会主义现代化建设。浙江对现代化建设的要求始终与国家要求在保持一致的基础上往前跑③,总体高于全国水平。这既为省域现代化先行的实现奠定了基础,也让省域现代化先行有了浙江特色。

二、高校资助育人助力实现"两个先行"奋斗目标的意义

在第二个百年奋斗目标的背景下,高校资助育人工作在"要办好人民满意的教育""促进教育公平"方面具有深远价值;在"两个先行"奋斗目标的背景

---

① 本报评论员.锚定"两个先行" 奋力实干争先——三论学习宣传贯彻省第十五次党代会精神[N].浙江日报,2022-06-30(2).

② 郭占恒.奋力推进共同富裕先行和省域现代化先行[EB/OL].(2023-01-11)[2025-02-18].https://www.fx361.cc/page/2023/0111/14595341.shtml.

③ 郭占恒.奋力推进共同富裕先行和省域现代化先行[EB/OL].(2023-01-11)[2025-02-18].https://www.fx361.cc/page/2023/0111/14595341.shtml.

下,省属高校资助育人工作承载着高等教育领域践行"八八战略"、以"两个先行"打造"重要窗口"的重要使命。理清"两个先行"视角下高校资助育人的意义是高校在下一个阶段做好资助育人工作的重要环节。

(一)高校资助育人是实现"两个先行"的本质要求和关键举措

高校资助育人工作是重要的民生工程,政策性强、涉及面广,经济和社会效益明显,社会关注度高,是落实国家教育兴国战略的一项基础性工作,也是推动教育公平的有效措施。聚焦到省域视角,从"两创""两富""两个高水平"到"两个先行",浙江始终走在前列,面对更高水平、更高质量的共同富裕示范区和省域现代化建设要求,浙江高校资助育人工作承担着助力实现"两个先行"奋斗目标的重要使命。

高校资助育人是实现"两个先行"的本质要求。资助育人是从高校角度实现教育脱贫与教育共富的关键举措。"教育共富"和"教育公平"是"两个先行"的重要内容,"资助育人"的内涵也在于通过资助手段助力全员、全学段学生拥有同等的教育机会,与"两个先行"的本质一致,因此,高校资助育人也是全面助力"教育共富先行"、推动浙江高等教育高质量发展的本质要求。

高校资助育人是实现"两个先行"的关键举措。在全面推进"共同富裕先行"和"省域现代化先行"的征程中,高校承担着输送可靠人才的关键作用,而资助育人既从资助维度保障学生有书读、读好书,也从育人维度培养德才兼备的社会主义合格建设者和可靠接班人,已经成为高等学校助力实现"两个先行"的本质要求和关键举措。

(二)高校资助育人是发展内生动力的内在价值和重要抓手

高校资助育人工作,资助是形式,育人是本质。《2023 年浙江省学生资助工作要点》明确指出,"把握工作定位、培养时代新人"是学生资助工作的发展方向之一。浙江省高校资助育人工作以培养高素质人才为出发点,以推进省域高质量发展为落脚点,是保障共同富裕先行、省域现代化先行始终充满活力的重要支撑。要通过资助育人促进人才培养,激发人才自主自发的发展内生动力,助力实现"两个先行"。

同时,高校资助育人通过资助困难学生群体,变相为相对贫困地区培养了基层组织带头人、文化产业开路人、脱贫致富领路人,在扶持"短边"的同时不断提升相对贫困家庭、地区自主致富的能力。因此高校资助育人既是共同富裕先行和省域现代化先行的发展内生动力,从"人"的视角提供了发展的普遍内在价值,也成为高校资助育人助力实现"两个先行"的现实抓手。

(三)高校资助育人是阻断贫困代际传递的核心基础和重要途径

扶贫助困,最本质、最核心的内容之一就是教育扶贫。而较之于其他的扶贫形式和方法,教育扶贫更具有独特且深远的重要意义。一方面,教育扶贫可以通过控辍保学、全面脱盲、技能培训等途径,更实实在在地推动扶贫精准化;另一方面,教育扶贫更可以阻断贫困的代际传递,让一个家庭拥有扭转贫困现实的希望与资本,最终从根本上实现脱贫。

2021 年,习近平总书记在全国脱贫攻坚总结表彰大会上庄严宣告,中国脱贫攻坚战取得全面胜利[①]。在取得阶段性巨大成就和进展的同时,我们也应清楚地意识到,虽然总体上取得了工作上的进展,但是局部地区仍存在脱贫攻坚成果尚不稳固、产业基础薄弱、脱贫人口经济收入不稳定等现实问题,在部分地区,仍存在脱贫后再返贫的可能性。唯有通过教育赋予相对贫困地区的下一代以智识,才能在复杂的现实情况下阻断贫困代际传递。对于高等学校助力实现"两个先行"奋斗目标更是如此,尤其是在奋力推进"两个先行"的起步阶段,高校资助育人工作以"治标更治本"的形式,为"输血"变"造血"提供了可实现的路径,成为阻断返贫和贫困代际传递的核心基础和重要途径,对构建"橄榄型"的分配格局具有深远意义。

三、"两个先行"奋斗目标下高校资助育人工作面临的新局面

资助育人事业在近十年得到快速发展,这十年是助力脱贫攻坚和促进教

---

① 习近平.在全国脱贫攻坚总结表彰大会上的讲话[M].人民出版社,2021:1.

育公平、社会公平的十年。当今世界正处于百年未有之大变局中,中国已经踏上了实现第二个百年奋斗目标的新征程,进入中华民族伟大复兴的关键时期。历史维度的变化带来了责任使命的变化;对于浙江高校来说,建设共同富裕示范区的责任使命也带来了新的育人目标。以"两个先行"为落脚点的高校资助育人工作面临着新的历史维度与育人责任下的新挑战。

(一)"两个先行"奋斗目标下高校资助育人工作面临的新挑战

1. 高校资助育人工作面临数字化改革的挑战

从"最多跑一次"改革,到数字化转型和数字化改革,浙江始终奔跑在数字化建设的前列,并持续引领政府工作朝着数字化建设更广阔、更深远的目标前进,并创新性地取得了一系列的标志性成果,逐步探索形成智治新格局。对于高校资助育人工作而言,数字化转型成为必然趋势,以数字引领的学生资助管理体系成为高校努力探索的重要方向,也成为推进高校资助治理体系和治理能力现代化的重要支撑。在"两个先行"的时代奋斗新目标中,要跟随浙江发展脚步迎难而上,开启资助育人工作的数字化改革,从体制机制等底层逻辑出发迈出改革步伐,从而开辟高质量发展的新空间、提供高校资助育人的新解法、形成浙江高校资助育人的新体系、锻造资助育人工作适应引领现代化的新能力,从而掀起浙江高校资助育人工作的新浪潮。

2. 高校资助育人工作面临担负起校园共富新引擎的挑战

高校既是"共富"建设的重要区域,也是推动"共富"的关键动力。"两个先行"中建设共同富裕先行示范区这一奋斗目标要求高校也必须将学校建设成为共同富裕示范高校,而高校资助育人工作就是在校园中担负起共同富裕建设重任的重要途径之一。高校资助育人工作必将从脱贫攻坚的扶贫主力向校园共富新引擎转变,同时也将迎来对于校园共同富裕标准设定的挑战、助力共同富裕方式方法的挑战、共同富裕校园建设成果产出的挑战。

3. 高校资助育人工作面临校园现代化建设的挑战

资助育人工作的现代化是现代化示范高校建设的重要一环,决定了资助育人工作能否适应现代化的需求、助力现代化建设。在现代化先行示范区建设的背景下,高校资助育人工作将迎来对现代化模式定义与重构的挑战、传统模式向现代化模式转型的挑战以及现代化建设成果产出的挑战。

(二)"两个先行"奋斗目标下高校资助育人工作面临的新变化

1. 资助理念的转变,更强调"扶智"与"扶志"

新背景下,高校资助育人工作需要将"物质扶助"与"精神资助"理念相结合①。在"全面建成小康社会"的阶段,高校资助育人更侧重于"资助",是保障学生日常学习生活所需的"兜底性"经济政策,以输血型"扶贫"手段为重点;而随着脱贫攻坚战取得全面胜利,社会主义现代化建设成为新时代新阶段的新征程,高校资助育人理念应由"资助"转变为"育人",由"兜底性"经济政策转变为引导学生提升能力的帮扶政策,以造血型"扶智"与"扶志"手段为重点。在共同富裕背景之下的高校资助育人更强调"授人以渔",主要任务也从助力"脱贫"转变为建设"共富"。因此高校资助育人的理念也从经济性"资助"转变为成长性"育人",目光更为长远,这不仅是打造"橄榄型"分配结构的重要方式,也是推进资助育人长效化的重要转变。

2. 资助模式的转变,更强调"成长"与"共享"

新背景下,高校资助育人工作需要从"单一资助"向"多维资助"模式转变②。共同富裕是社会主义的本质要求,扎实做好资助育人是不断推进教育和社会公平公正的关键举措,也是促进共同富裕的重要手段。面对新的发展态势,"两个先行"的奋斗目标内在地促使高校开展资助模式的革新,从以往直接的物质援助(输血型)转变为对激发自我发展能力的支持(造血型),着重于"内源性成长"的新型资助模式。立足时代要求,单一的经济资助不再满足高校学生资助工作的新趋势与新要求,需要向"以学生为中心"促进学生全面发展以

---

① 王慧,徐新华. 高校资助育人思想研究[J]. 教育评论,2020(4):99-103.
② 王慧,徐新华. 高校资助育人思想研究[J]. 教育评论,2020(4):99-103.

及凸显人文关怀和育人导向转变①。在传统的以金钱和物质资助的基础上,共同富裕背景下的高校资助育人更强调打造资源整合的育人发展平台,帮助学生获取资讯、提升能力、展现才华,不仅弥补了单纯依靠"物质资助"在覆盖范围方面的局限性,还通过促进相对贫困学生个人综合素养的全面提升,从根本上打破了贫困跨代传递的链条。

3.资助对象的转变,更强调防止"新发生贫困"和"返贫"

新背景下,高校资助育人工作需要实现"持续教育"对"阶段资助"过程的延伸②。在"两个先行"的新目标要求之下,高校资助育人工作的宏观目标已经从"脱贫攻坚"转变为防止"新发生贫困"和"返贫",资助焦点也从一般的贫困学生扩展至刚脱贫但易返贫家庭的学生、因灾害或疾病等突发事件陷入或重返贫困家庭的学生等相对贫困的重点群体。在此基础上,还需要加强对精神贫困、学业困难、成长障碍等新型贫困形态及其表现形式的关注,加大对突发事件影响下的学生群体的援助力度,确保高校能够有效应对新时代背景和新战略目标带来的新挑战。

四、服务"两个先行"奋斗目标的高校资助育人机制与路径

当前,高校资助育人工作正处在从"兜底保障型"资助向"全面发展型"资助转变的关键期,也是大有可为的宝贵机遇期。必须坚持系统观念,坚持让资助工作的各个环节有效衔接,保障资助环节中的核心要素有机搭配,强化高校资助工作的"育人"目标,培养造就具有坚定理想信念、深厚家国情怀、强烈责任担当的时代新人③,不断推进新时代高校思想政治工作高质量发展。

---

① 周彩云,陈金波,张冉.新发展阶段高校学生资助的顶层设计和策略选择[J].当代教育与文化,2023(2):110-114.

② 王慧,徐新华.高校资助育人思想研究[J].教育评论,2020(4):99-103.

③ 陈希原.学生资助要为加快建设教育强国办好人民满意教育作出新贡献[N].中国教育报,2023-01-06(1).

(一)把握育人工作本质,让资助与思政有机融合

"立德树人"是党和国家资助政策的核心和落脚点,也是高校开展各项资助工作的内在价值和关键目标。充分发挥高校资助工作的育人功能,对于培养社会主义新型人才和实现教育公平具有十分重要的意义[①]。高校立德树人的根本任务是实现人的自由全面发展,而"两个先行"落实到高校层面恰恰就是培育物质富足、精神富足、本领富足、信仰富足的人才,因此"两个先行"的育人目标与高校立德树人根本任务在本质上是相统一、相一致的。

做好新时代新征程的资助育人工作,既是思想政治工作高质量发展的内在要求,也是思想政治教育工作高质量发展的重要内容。教育工作者把资助育人导向贯穿于"奖、助、勤、贷、免、补"等资助工作全部内容,除了深入开展感恩励志教育、将全方位发展导向融入奖助学金评定过程,还要充分结合劳动教育、美育等新的思政教育方式和途径,不断融入榜样育人、仪式育人等思政教育契机,切实加强资助工作中的价值引领。同时,也要持续关注育人的长期质量,加强学生心理健康教育,开展正向的思想引导,从而更好地发挥高校资助工作的育人功能,在体现我国制度特色和优势的同时[②],也从服务"两个先行"的政治高度不断实现资助工作在育人方面的激励价值。

(二)把握能力培养关键,培育资助育人品牌

针对新形势下"两个先行"对高校资助育人工作提出的新要求与新变化,资助育人品牌的建设方向需从侧重基础资助保障转向强调以能力培养为核心,聚焦于育人的本质,致力于推动实现"人的全面发展"与"人的现代化"。在推进脱贫家庭摆脱返贫风险、实现扭转式高质量发展的方面,高校资助育人工作需要以提升学生内源性自我发展能力为目标[③]。但是资助育人工作作为常规性工作,亟待投入更多的人力、物力和财力资源,尤为关键的是提高政治站

① 范军. 普通高校资助育人平台建设探微[J]. 学校党建与思想教育,2016(2):41-42.
② 李慧,陈慧怡,尤筱玥. 高校资助育人高质量发展的国外借鉴及建议[J]. 上海管理科学,2023(2):119-124.
③ 周彩云,陈金波,张冉. 新发展阶段高校学生资助的顶层设计和策略选择[J]. 当代教育与文化,2023(2):110-114.

位,进一步构建符合"两个先行"背景下的资助育人体系。

高校资助育人工作要以提升困难学生群体的综合素质和全面能力为目标,引导困难学生群体逐步形成正确的人生观、世界观和价值观①。尤其是在品牌建设方面,结合高校资助对象的特点,要进一步打造以整合勤工俭学、企业实习、实践锻炼等为重点,以"人的富裕"和"人的现代化"为成果产出的资助育人工作品牌。从能力维度推动实现以劳获保的资助方式,培养受资助学生的沟通、实践、组织等全面能力,强调培养信仰富足、能力富足、本领富足、担当富足的"富裕青年",填补前期家庭经济条件有限导致的受资助学生能力方面自由全面发展的不足,从"人的发展"的角度为受资助学生拓展发展路径。从思维角度避免学生出现不劳而获的思想,引导学生主动提升自身能力、挖掘自身潜力,用双手创造财富。

(三)把握资源整合方式,打造资源共享平台

"两个先行"中共同富裕和现代化建设,都不是劫富济贫式的发展,不是输血式的发展,而是平台化发展。要整合资源,打造共同富裕和现代化建设的发展平台,激发民间的自主活力,推动第三次分配。高校作为多方资源的集合地,也要在资助育人工作中学会借势借力,加大宣扬资助文化,鼓励教育成本分担②,整合多方资源和力量打造资助育人平台,以平台化发展激发学生的自主活力。

纵深推进高校资助育人工作的数字化转型,要从学生自身发展和资助工作开展等需求着手,明确资助工作中的核心要素和链接点,同时强调资助数字化的实践成效与运行安全,真正以解决目前工作开展中的效率问题、落地中的成效问题为出发点,实现对学生资助数据的全生命周期管理,用数字化、信息化驱动业务改革创新③。一方面,高校应积极构建虚拟资源共享平台,充分利用校友企业、校友资源及社会各界的广泛资源和力量,建立学校、社会、企业三

---

① 张志勇. 新形势下高校资助育人工作探索[J]. 学校党建与思想教育,2019(11):84-86.

② 刘家梅. 高等教育资助育人的改革思考[J]. 湖北社会科学,2011(5):170-173.

③ 陈希原. 学生资助要为加快建设教育强国办好人民满意教育作出新贡献[N]. 中国教育报,2023-01-06(1).

方紧密联动的资助育人体系,形成信息聚合的网络布局,确保受资助学生能够迅速获取更多样、更及时的信息资源。另一方面,也要打造实体的资源共享平台,除了整合资助资源、拓展资助来源,还要充分发动已就业的往届受助学生的力量,形成"传帮带"机制;打通企业资助育人路径,设置校企合作的勤工助学基地,为受资助学生提供更多的实践平台。采取多元化措施,全方位激活以学生为核心的资助育人内生动力,推动资助育人资源的优化再分配,即实现"第三次分配"。

(四)建设风险防范机制,完善全方位资助政策

"两个先行"的奋斗目标建立在全面建成小康社会的基础上,因此需要注意防范、化解返贫积贫的风险。针对当前已经基本消除绝对贫困的形势,高校资助工作还要关注因突发事件致贫或者返贫的学生群体。这样的现实背景,倒逼高校必须进一步完善相关的资助制度,除了继续推行常规性资助政策,还要进一步关注突发灾害、突发疾病、突发意外等导致的突发性贫困。一方面,要从学校层面建立动态捕捉机制,以网格化管理及时发现突发贫困的学生情况,给予精准、及时帮扶;另一方面,要加强政策宣传教育和普及,引导学生主动汇报、主动求助,从"被动"与"主动"两个维度全面打造风险防范网络,让相关突发事件的资助工作有规章制度可遵循,设置好资助标准、资助内容、资助方式等条例,建设好"两个先行"大背景下高校资助育人在防止新发生贫困和返贫方面的风险防范机制。

此外,还要重点关注廉政风险,强化监管与报告制度,及时检视查找资助工作中存在的问题与风险点,研究制定风险防控方案,努力形成权责明确、逐级负责、层层落实、预警及时的学生资助风险防控体系。

(五)把握人才输送方向,形成人才培养闭环

"两个先行"奋斗目标的实现,要求之一就是要立足浙江发展浙江。高校资助育人工作要着力实现个人发展与社会进步的价值追求[①]。因此,资助育人

---

① 马晓燕. 理解高校资助育人科学内涵的三个维度[J]. 思想政治教育研究,2020(3):152-155.

工作也要牢牢把握"两个先行"的根本要求,以"浙江精神"办学,立足浙江发展浙江,以浙江发展的需求为出发点,以推动"两个先行"为落脚点。高校的根本任务在于立德树人,在于"为党育人、为国育才"。资助育人工作作为育人工作中的重要一环,也与学生高质量就业息息相关。

一方面,开展高校资助育人工作要确保现有资助政策在一定时期不会有大规模的变动,需要高校充分结合大的时代背景,科学研判"贫"与"不贫"的现实、"助"与"不助"的界限;另一方面,高校也要针对"后扶贫"时代的大背景开展专项调研与研究,关注重点群体毕业后的去向问题,做好数据采集与分析工作,不断推动受资助群体的高质量就业,从而促进其家庭的高质量脱贫[①]。受资助者多来自相对贫困地区,做好高校资助育人工作就要引导相对贫困地区学生勇于、敢于选择回到家乡、回到祖国建设需要的地方,积极参与地区发展建设。因此,高校资助育人工作不仅能让受资助学生拥有更多的就业机会和就业平台,更承担着区域平衡发展建设的重大任务。要强化资助育人工作的思想政治教育作用,共同构建高校就业工作完整的育人生态闭环,以高校的人才培养优势、区域建设贡献及资助育人的实际效果,持续促进相对贫困地区的进步与发展。

高校资助育人工作从来不是"校园之内的小事",而是"事关共同富裕的大事"。在推动中国式现代化建设、努力实现第二个百年奋斗目标的新发展阶段,高校资助育人工作更是承担着输送全面发展的高层次人才、开展教育扶贫以阻断贫困代际传递的重要使命。高校要全面学习贯彻落实习近平新时代中国特色社会主义思想,加强党对学生资助工作的全面领导,深刻理解党和国家资助政策的核心要义与背后逻辑,厘清新时代背景下高校资助育人工作的责任,以久久为功、精益求精的追求和勇担重任、锐意创新的劲头,不断推动高校资助育人工作实现更有深度、更有广度的目标,健全以立德树人为核心的资助育人体系,进一步强化、拓展资助工作的"育人属性",培养敢想敢为又善作善成、有理想、敢担当、能吃苦、肯奋斗的时代新人,引导广大青年大学生以坚定的理想信念、深厚的家国情怀、强烈的责任担当,积极投身中国式现代化建设

---

① 周彩云,陈金波,张冉. 新发展阶段高校学生资助的顶层设计和策略选择[J]. 当代教育与文化,2023(2):110-114.

和中华民族伟大复兴进程中,努力书写不负历史、不负时代、不负人民的高校资助育人新答卷,全力交出一份省属高校资助育人工作高质量发展的新时代样卷,打造助推高校思想政治工作高质量发展的新时代样板。

扶志扶智"四位一体"高校
发展型资助体系探析^①

扶志扶智"四位一体"高校发展型资助体系探析[①]

何　奔　张旭亮　王真真

　　自 1987 年推出助学贷款以来,我国高校资助体系经历了集"奖、勤、助、贷、补、减"为一体的物质帮扶[②],以"精准化、发展性、社会化"体现资助的"经济价值(扶贫济困)、教育价值(扶智育人)、伦理价值(人文关怀)、社会价值(教育公平)"多元探索[③]等阶段。《高校思想政治工作质量提升工程实施纲要》(简称《纲要》)提出,要构建物质帮助、道德浸润、能力拓展、精神激励有效融合的资助育人长效机制,形成"解困—育人—成才—回馈"的良性循环,这为探索高校发展型资助体系指明了方向。以往研究者多从教育学、社会学、经济学等角度对高校资助发展历程、阻断贫困代际传递、发展型资助概念等领域进行研究,但鲜有将理论研究付诸实践,并根据实践反馈进一步完善理论的。基于我国全面建成小康社会的时代背景,笔者结合浙江工业大学"麦田计划"[④]七年试点实践成果及浙江省部分高校学生资助工作开展情况,通过问卷调研及数据分析等,从四要素解析、路径逻辑构建及实践效用建议等方面对高校发展型资助体系展开研究。

①　本文发表于《浙江工业大学学报》(社会科学版)2021 年第 1 期,第 116-120 页。
②　冯涛.大学生资助政策的历史回顾与制度设计[J].中国高等教育,2018(12):40-42.
③　范晓婷.大学生资助的本质、价值及管理理念探析[J].当代教育科学,2017(2):55-58.
④　国家社会科学基金项目(17BJL077),浙江省教育厅科研项目(Y201840471)。

一、"四位一体"高校发展型资助体系的要素解析

随着高校资助体系的不断完善,高校资助工作正在从"保障型"向"发展型"过渡。《纲要》提出的"解困—育人—成才—回馈",不仅是目标要求,更蕴含着内在逻辑联系,是发挥资助工作功能、提高资助工作效益的关键四要素。

(一)解困:减轻经济压力,关注心理健康

"解困"是高校资助工作的基础要素。研究表明,资助对象在人际交往方面显现出鲜明的"内向性"特征,社交圈较窄,且由于家庭背景等因素产生人际交往的压力感,给他们的入学适应造成负面影响[①]。

减轻经济压力。随着高校扩招,有经济困难问题的高校学生数量增加。2018 年,全国普通高校学生获助达 4387.89 万人次,涉及资金 1150.30 亿元[②]。因家庭经济困难而失学,对学生不公平,易造成人才流失,不利于社会和谐稳定。因此,高校资助育人体系要以物质基础为前提。

纾解心理问题。新时期,物质帮扶不再是高校资助工作的关键。精神上的心理"贫困"等成为高校资助体系未来要关注的方向。调查显示,超过 40%的资助对象会因受助身份产生自卑心理,关注资助对象的心理健康问题已经不可回避。此外,由于学生所享受的教育资源和综合素质培养资源存在差异,各方面竞争加剧,资助对象的心理问题愈发凸显。

采用心理帮扶与物质帮扶并举的方式。心理健康是学生有效接受教育的重要基础,高校发展型资助体系应在"解困"环节就心理问题帮助资助对象,通过开展心理咨询、搭建心理助人平台等形式,注重对学生心理素质的培养。如表 1 所示,68.45%的浙江省高校在资助工作中已采用心理及物质帮扶并举的方式。

---

① 张晓京,张作宾,刘广昕.家庭经济困难学生大学入学适应研究——基于某"双一流"建设高校大一新生的调查[J].中国高教研究,2020(8):72-77,103.

② 全国学生资助管理中心.2018 年中国学生资助发展报告[N].人民日报,2019-03-11(6).

表1　浙江省高校对资助对象的帮扶方式

单位:%

选项	仅物质帮扶	仅心理帮扶	心理与物质帮扶并举
所占比例	31.55	0.00	68.45

(二)育人:重视思想引领,树立理想信念

"育人"环节解决资助对象思想异化问题,在构建发展型资助体系中需要重点关注以下几个方面。

一是加强政治引领。大学生作为未来人才储备,决定着国家的未来和发展方向,因此正确引领其政治方向,增强其对社会主义核心价值观的认同感尤为重要。资助工作要坚持党的引领,没有党的领导与支持,资助工作就无法顺利开展。

二是坚定理想信念。在高校资助工作中,帮助资助对象树立坚定的理想信念尤为重要。坚定理想信念对于资助对象实现"心理脱贫"有重要作用。对部分存在自卑心理的资助对象而言,坚定理想信念可以帮助其树立自信心、消除自卑心理。

三是发挥榜样作用。育人体系中,榜样力量不可忽视。由表2可知,超过95%的被调查资助对象表示榜样对其有激励作用。由表3可知,超过90%的被调查资助对象表示榜样对其生涯整体规划有积极影响。

表2　优秀大学生榜样激励作用的反响情况

单位:%

选项	有很大作用	有部分作用	作用不大
所占比例	54.37	41.75	3.88

表3　榜样对于资助对象生涯整体规划的影响情况

单位:%

选项	立志成为具有榜样作用的优秀人才	尽力成为较优秀的人	顺其自然
所占比例	33.50	60.19	6.31

(三)成才:搭建发展平台,提升综合素养

"成才"环节着重解决资助对象自我发展能力欠缺的问题。心理学和神经科学的研究发现,资助对象在心理健康、情绪管理、压力应对、社会交往、认知及教育成就等方面存在明显的不足[①]。部分资助对象存在计算机与外语技能不强、艺术特长匮乏、知识视野狭窄等短板。

一是丰富知识技能。对于成绩优秀的资助对象,提供名校访学及实习机会,除单一的学科奖学金外,还可增设出国交换留学或名校访学的专项奖学金,助其开拓视野;为每一位资助对象配备一位学长或学姐,实现一对一帮扶;定期开展如辩论赛、演讲赛等素质拓展活动。

二是提高就业技能。专业就业指导方面,要开展就业形势教育,定期召开就业指导大会,引导资助对象树立正确的就业观,帮助其确定自身成长方案。拓展就业渠道方面,在针对资金帮扶与实习机会的调查中,70%以上的资助对象选择了"获得实习机会"。学校可以通过校友资源或与企业合作,建立就业基地,为企业培养、输送人才。

三是构建发展平台。迄今为止,大部分学者的研究建议是加强对资助管理队伍(高校、部门、老师)的建设,却忽视了资助对象的自我提升特性。"麦田计划"首创"麦田中心"(资助对象组建的学生组织)[②]以协助开展资助工作,如负责举办资助对象心理辅导会及榜样分享会等活动,实现由"他助"到"自助",再到"助人"。该方式可以有效锻炼资助对象的综合能力,助其建立自信。

(四)回馈:培养感恩意识,构建回馈渠道

"回馈"环节是高校发展型资助体系的重要组成部分,不仅能培养学生的感恩意识,而且能促进高校发展型资助体系的良性循环。

营造感恩回馈风气。感恩是一种优良的精神品格。资助对象应做到"饮水者怀其源",感恩高校发展型资助体系,在成才和脱贫之后回馈,回馈高校资

---

① 周加仙,王丹丹,章熠.贫困代际传递的神经机制以及教育阻断策略[J].教育发展研究,2018(2):71-77.
② "麦田中心":浙江省学生资助最美爱心人物(团队)TOP20.

助工作,回馈国家和社会。由表 4 可知,95.15％的资助对象对于所获资助十分感激。高校应继续丰富感恩教育内容,不断增强资助对象的感恩意识和责任感。

开展感恩回馈活动。为提升资助对象的感恩回馈意识,高校应将理论教育与实践活动紧密结合,开展各种形式的感恩回馈活动,使资助对象感受到自身所承担的社会责任,同时也使其在实践活动中有所收获,并以更好的状态投入下一次的志愿者服务等感恩回馈活动。这些活动能提高资助对象的社会责任感和使命感,激励其更好地回报国家和社会,从而间接推动资助事业的发展。

完善感恩回馈渠道。超过 98％的资助对象愿意毕业后,在能力范围内回馈学校的资助工作。数据显示,分别有 36％和 25％的资助对象愿意捐献一定的资助款或合适的物资,有 36％的资助对象愿意回访母校并参与榜样宣讲等相关工作。因此,高校更应不断完善感恩回馈渠道,为资助对象提供感恩回馈平台。

构建感恩回馈循环。在构建高校发展型资助体系时,为了更好地贯彻落实相关工作,一些致力于资助工作的学生组织应运而生,为学生提供了良好的感恩回馈平台。由表 5 可知,93.18％的资助对象愿意参加此类学生组织,作为一名回馈者为他人解困,但能得到机会的仅占 35.92％。高校应建立健全资助对象可参与的资助工作组织形式,并不断完善相关学生组织的运行方式,推动高校发展型资助体系的发展。

表 4　资助对象对所获资助的感受

单位:％

选项	对此十分感激	没有太大感受	没有任何感受
所占比例	95.15	1.94	2.91

表 5　资助对象对于负责资助工作的学生组织的参加情况

单位:％

题项	是否参加过	是否愿意参加	是否愿意支持
是	35.92	93.18	94.17
否	64.08	6.82	5.83

二、"四位一体"高校发展型资助体系的路径逻辑

有研究指出,高校发展型资助体系应该在确保基本物质保障的基础上,构建包含能力帮扶体系、校园资助文化体系和就业指导体系在内的"三位一体"的组织架构①,建立健全多维立体的保障机制②。将"解困""育人""成才"环节融入"回馈"环节,形成"四位一体"高校发展型资助体系(见图1),进一步形成资助体系的路径模型。

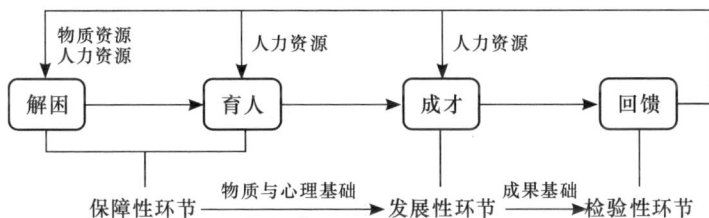

图 1 "四位一体"高校发展型资助体系的路径模型

(一)基础环节:"解困"与"育人"

马斯洛需求层次理论将人的需求分为生理需求、安全需求、社交需求、尊重需求、自我实现需求。他认为,在高级需求出现之前,必须先要满足低级需求,低级需求直接关系到个人生存,即为缺失性需求。"解困"环节作为资助体系的初始环节,在一定程度上能满足资助对象的缺失性需求,因此是高校资助工作中最基础且最重要的环节。通过发放助学金、心理帮扶等方式,满足了资助对象的生理需求及安全需求,在为后续环节打好基础的同时,也为高级需求的满足提供准备条件。

在物质生活得到保障、心理状况良好的情况下,一个人才有条件来提升精神世界。根据调研,有25%的资助对象认为如优秀学子经验分享会等活动开

---

① 李剑富,韩岳丰.发展型社会政策视域下高校贫困生资助体系的重构[J].教育探索,2020(8):37-42.

② 徐英,李天悦.发展型资助:新时代高校学生资助发展的新维度[J].教育评论,2018(2):23-27.

展的意义不大,可见部分资助对象不能理解学校开展综合能力培养活动的用心。有12%的资助对象认为国家给予资助是理所应当的,并不需要自身的回馈,可见在"育人"环节树立正确的价值观、远大的理想信念和感恩回馈意识是必要的,只有这样才能使资助对象理解"成才"以及"回馈"环节的意义。

(二)关键环节:"成才"与"回馈"

开展学生资助工作要转变观念、创新方式,将资助和育人有机融合起来,把资助工作落脚到人才培养核心任务上。新时期,资助工作应通过创新创业能力培养、就业技能培养、学生综合素质培养等方式,真正做到"扶困"与"扶志""扶智"相结合。因此,"成才"环节是高校发展型资助体系中最核心的部分,该环节是对学校资源整合能力以及学生培养能力的考验。资助对象是否能够真正成才,从而使自身脱贫并带动家庭脱贫,为"回馈"环节提供成果基础,"成才"环节尤为关键。

"回馈"环节作为高校发展型资助体系的最后环节,也是该体系的检验性环节和保障体系长效发展的关键性环节。受助学生回馈比率及回馈额度能够客观反映学生资助工作实效性,成为"解困""育人""成才""回馈"四环节工作实效性的重要监测指标①。在该环节,资助对象有两种回馈方式:一是直接回馈,是指在校阶段参与资助工作,为前三个环节提供人力资源。例如,参与学生资助工作团队、为资助对象分享个人经验等;又如,毕业后通过物资捐赠、回校开设讲座等方式,回馈母校资助事业。二是间接回馈,是指资助对象以参与志愿服务活动、参与基层工作等方式回馈国家与社会,从而间接推动资助事业发展。两种回馈方式使资助体系的"回馈"环节与其他环节紧密相连,形成闭环模式。

---

① 刘士伟,李丹.地方高校循环型资助模式回馈环节实施路径和策略——基于对辽宁省10所地方高校调查[J].社科纵横,2020(2):123-128.

三、"四位一体"高校发展型资助体系的实践效用

通过浙江工业大学七年试点实践和对浙江省内部分高校的调研,笔者对"四位一体"高校发展型资助体系,提出以下建议。

(一)资助工作体系化

高校资助工作体系化需要政策、人力、物力等多方聚力。目前部分高校资助专项工作人员编制不足,只能将资助工作简化,无法满足高校发展型资助体系要求,导致出现重"资助"轻"育人"、重"给予"轻"回报"、重"精神"轻"能力"、重"教育"轻"服务"等问题[①]。发展型资助体系贯穿资助对象从入学到毕业,资助工作者按照该体系的路径,在相应的时间段为资助对象安排相应的培养计划,实现对资助对象的"造血式"培养,使资助工作体系化常态化开展。

针对资助专项工作人员数量少这一问题,可以通过设立相关学生组织来解决,如浙江工业大学资助文化品牌项目"麦田计划"设立的资助工作学生团队"麦田中心"和全体资助对象组成的"麦田班"。"麦田中心"吸纳高年级优秀资助对象及学生党员,为资助对象提供能力培养平台,构建良性循环,实现了大部分资助类活动自主运行;"麦田班"设班委,发挥资助对象"三自"功能,有效运用和提升资助对象的自身人力资源。"一班一中心"为资助专项工作人员分担了部分工作压力,在一定程度上缓解了工作人员数量紧缺的状况。

(二)资助工作长效化

高校发展型资助体系突破了传统资助模式下的"单向性"问题,解决了各类资源不能再利用的问题。资助对象成才后,可以参与资助工作,培养新一批资助对象,在实现个人从"受助"到"自助"再到"助人"的小循环的同时,帮助实现学校资助工作的大循环。以"麦田计划"为例,该项目根据实际需求安排相

---

① 张锡钦,肖海茵.立德树人:新时代高校资助育人质量提升对策[J].教育教学论坛,2020(34):83-85.

应资助活动,使资助对象在拓展人际交往的同时也获得了自身成长。近五年数据显示,受助学生推免率及考研录取率分别高于全体学生 3.66 和 3.36 个百分点。

在成才后,部分资助对象还热心投身回馈活动,分享优秀成才经验或回馈资助工作。数据显示,参与"麦田计划"大学前置式体验成长实践"麦田行动"①的组织者中,27%的人员曾是该活动的参与者。他们为提前到校的资助对象提供吃住物资、各类团辅活动以及勤工助学岗位等,组建以新生资助对象为成员的迎新志愿者队伍②,帮助其提前适应大学生活。可见,资助对象既是项目受益者,也是项目推动者,长效化的发展机制已形成。

(三)资助培养全面化

高校发展型资助体系的各环节层层递进,这就要求资助工作者严格按照四个环节开展工作。与传统资助工作相比,发展型资助体系对资助对象的培养机制更加完善,对资助对象的培养更面面俱到,形成了物质帮助、道德浸润、能力拓展、精神激励有效融合的资助育人长效机制,有助于促进资助对象的全方位高质量发展。

---

① 麦田行动:邀请新生资助对象提前三周到校,安排一系列适应大学的活动以及勤工岗位。
② 2014 年起建立新生迎新志愿者队伍,是全国最早尝试让贫困新生参与迎新的高校之一。

基于"三全育人"理念的高校少数民族预科生精准资助工作研究

——以浙江工业大学少数民族预科班为例

木克热木·艾买提　张　阳　朱成康

党的二十大报告强调,要"以铸牢中华民族共同体意识为主线,坚定不移走中国特色解决民族问题的正确道路,坚持和完善民族区域自治制度,加强和改进党的民族工作,全面推进民族团结进步事业"①。做好民族教育工作对保障少数民族群众接受教育的权利、提高各民族群众的思想道德水平和科学文化水平、维护民族团结和社会稳定、实现中华民族繁荣昌盛具有非常重要的意义。作为民族高等教育的组成部分,高校少数民族预科教育(简称预科教育)是我国高等教育的一个特殊阶段,是国家从民族地区的实际出发,为民族地区培养合格大学生而在高等院校设立的向本科教育过渡的特殊教育阶段②。为了促进预科教育和本科教育的有效衔接,进一步提升预科教育质量,教育部于2018年提出预科教育由以往部分院校集中统一培养模式调整为各招生高校自主培养③,由此预科教育进入了新时期。

高校资助工作是教育阻断贫困代际传递、推进共同富裕的关键一环,也是高校履行立德树人根本任务的重要举措之一。2017年,中共教育部党组特制

---

① 习近平.高举中国特色社会主义伟大旗帜　为全面建设社会主义现代化国家而团结奋斗——在中国共产党第二十次全国代表大会上的报告[M].人民出版社,2022:39-40.

② 程琳.民族预科基础课程"诊断—对话"课堂教学模式的实践研究[J].渤海大学学报(哲学社会科学版),2009(3):146-148,159.

③ 教育部办公厅关于切实做好高校少数民族预科学生自主培养工作的通知[EB/OL].(2018-03-29)[2025-02-18].https://www.gov.cn/zhengce/zhengceku/2018-12/31/content_5439334.htm.

定《高校思想政治工作质量提升工程实施纲要》，要求打造"资助育人质量提升体系"，高校在实际资助育人工作中，要着力结合"扶困"与"扶智"、"扶困"与"扶志"，努力形成"解困—育人—成才—回馈"的良性循环①。进入新发展阶段，高校资助工作的开展要贯彻新发展理念，全面贯通精准资助、教育公平、立德树人与共同富裕的内在逻辑和目标要求，这是新时代高校推进资助育人工作高质量发展的必然要求。在此背景下，对少数民族预科教育学生（简称预科生）的资助工作也面临着新机遇，如何面向他们精准开展资助工作、提升资助育人内涵的相关研究被提上日程。

一、高校少数民族预科生的群体特征

当前，各预科生自主培养院校对预科教育都较为重视，遵循生活上关心爱护、校纪校规上严格要求、教学上耐心细致的原则②，对办学机构、管理人员、教学管理有较大倾斜力度，使预科教育发展取得一定进步。但生源地社会经济发展水平、家庭环境及个人学业基础等因素，影响预科生群体的目标锁定和行动力发展，往往表现为社会适应能力较弱，心理状态相对保守，在一定程度上存在思想政治素养提升空间较大、目标预期和行动力不足、家庭经济状况相对困难等特征。

（一）思想政治素养提升空间较大

预科生主流思想认知积极向上，他们拥护中国共产党的领导，关心祖国的前途命运，认同党和国家的路线、方针、政策等。但因各地区教育发展不均衡，他们的思想政治理论观念相对薄弱，表现为对国家和地区政治问题认识不足，对本民族发展现状、国家宗教政策认识有待深入。具体来说，一方面，预科生

---

① 中共教育部党组关于印发《高校思想政治工作质量提升工程实施纲要》的通知［EB/OL］.（2017-12-05）［2025-02-18］. www. moe. gov. cn/srcsite/A12/s7060/201712/t20171206_320698. html.

② 高振勋. 内蒙古高校蒙汉双语授课班学生教育管理工作探析［J］. 内蒙古财经大学学报. 2015（6）：78-82.

对"两课"的认识不够成熟,学习积极性不高,甚至有人以公共政治理论课并非个人兴趣为由而逃避学习,没能意识到其重要意义,入党积极性不够。另一方面,出于预科生网络素养有待提升、信息接收碎片化、群体化等原因,他们进入高校后易沉迷网络虚拟空间,倾向于以多种网络方式表达个人的模糊言论。此外,部分预科生对少数民族大学生教育资助成长方案等了解不足,对受到的关怀、问询、帮扶存在不理解、不接受甚至抵触的心理。

(二)目标预期和行动力不足

由于各地区教育发展不均衡,部分预科生生源地教育水平和自主培养预科生高校所在地差距较大,且预科生基础教育阶段部分科目使用本民族语言学习,这在一定程度上拉开了预科生和其他学生的学业差距。多数自主培养预科生的高校师资配备以承担本科教育的教师为主,对预科教育特点把握不足,往往以本科生的标准要求预科生,希望预科生有较强的学习自觉性和自主性,导致预科生出现厌学情绪和成绩分化的情况。同时,预科生需在一两年内完成高中毕业生—预科新生—预科结业生—大学本科新生多角色转变[1],这一过程中学业、生活方面的心理压力较其他学生突出。此外,受经济文化差距等影响,预科生易产生自卑心理,喜欢与本民族同学交往,抱团现象明显,在班级、寝室融入速度较慢,进而使其在人际交往等方面表现拘谨,甚至出现一定程度的敏感、焦虑、抑郁等心理障碍。预科生相对缺乏对大学阶段的总体规划,入学前较少接触生涯规划类课程,对于未来本科发展方向和职业生涯规划少有深入思考。部分学生存在"上了预科就能上本科""上了大学就好"的思想,进入预科阶段后急于释放在高考中感受到的压力,追求个人自由。还有部分学生虽然对学业、升学、就业等有所规划,但对于如何落实到现实层面去实现目标以及了解、掌握具体实现路径,其主观能动性和实践动力相对不足。

(三)家庭经济状况相对困难

预科生家庭经济压力较大,主要表现在以下几个方面。一是大部分预科

---

① 国策,王利明.少数民族预科学生阶段性心理特征及其调试策略[J].大连民族学院学报,2008(4):374-376.

生来自边疆民族地区,经济欠发达,家庭经济来源多以务农为主,经济收入较低且不稳定。二是因父母常年务农且当地医疗条件有限,小病成大疾的情况较多,增大了家庭的经济负担。三是大部分预科生兄弟姐妹较多,而且父母和孩子都希望通过知识来改变命运,所以家里两三个兄弟姐妹同时读大学的较多,家庭负担较大。四是预科生一旦走出生源地,无论到哪个城市就读,当地消费水平相对较高,日常生活开支明显增加,这也加重了家庭经济负担。

二、预科教育阶段资助育人的有效实施

(一)预科生资助工作要与"三全育人"理念更为契合

"三全育人"理念是指从全员、全程、全方位三个维度出发,提出形成教书育人、科研育人、实践育人、管理育人、服务育人、文化育人、组织育人长效机制,中共中央、国务院印发的《关于加强和改进新形势下高校思想政治工作的意见》对此作了明确[①]。预科生跨地区就读导致其思想、学业、经济负担加重,使其成为大学中一批特殊的学生群体,需要高度关注和细致帮扶。因此,预科生资助育人工作已成为高校少数民族预科生培养体系中的重要环节。"三全育人"理念要求学校加强对育人项目、载体、资源的整合,强调全员、全程、全方位开展教育工作,对如何形成更有效的资助育人合力提出方向指引,这赋予传统意义上的资助育人工作新思路,也对如何培养民族预科生这一更需要关心、关爱、帮扶的群体提出新培养逻辑,对如何有效汇聚学校政策、育人队伍、资源供给提供了新架构体系,极为契合资助工作的目标导向。

(二)"三全育人"理念下预科生资助工作要更为精准

当探讨如何推进少数民族人才培养模式改革,笔者常常深感传统意义上的少数民族学生教育管理和专业人才培养内涵过于宽泛,缺乏引导、加强预科

---

① 中共中央、国务院印发《关于加强和改进新形势下高校思想政治工作的意见》[N].人民日报,2017-02-28(1).

生综合素质的有效载体,使预科生资助工作陷入"活动看得见、成效显现慢"的现实困境。"三全育人"理念下的资助工作融合物质帮扶、精神激励、价值导向,成为解决这一问题的重要育人途径,可以有效克服预科教育阶段学生民族成份多、管理周期短、生活节奏快等障碍,进而更精准地解决预科生思想政治素养不高、目标预期和行动力不足、家庭经济状况困难等难点问题,为预科生创造更优越的学习环境和成长空间。从这一逻辑延展,预科阶段实现"三全育人"需要依托高质量的资助工作,精准开展资助工作需要认真学习贯彻"三全育人"理念的价值内涵。

(三)预科生精准资助育人工作保障要更为充分

在"三全育人"理念下,做好对预科生的精准资助育人,离不开高校扎实的保障基础。如浙江工业大学从 2018 年开始承担预科生自主培养工作,成立由分管校领导任组长、多个职能部门负责人组成的少数民族预科学生培养领导小组,负责牵头组织实施自主培养各项具体工作。决定把负责全校一年级本科生教育管理的健行书院作为预科培养主体单位,由其制定预科生教育培养工作方案,建立预科生教育培养工作机制,出台预科生教育管理制度和办法,建立预科生培养工作联系机制,确保预科生培养各项工作稳步有序推进。健行书院为预科生配备专兼职辅导员、党建联系人,聘请派驻教师担任班主任,由辅导员和班主任全程跟进预科生教学、早晚自修;建立完善"一生一表"档案库、学生原籍地派驻干部信息库,全方位把握预科生群体教育与管理特性;采取系列措施,关心预科生身体健康及心理健康,关爱生活困难预科生,帮扶预科生学业,帮助其尽快适应大学学习生活。预科生入学后,学校安排了预科生专用教室,组织学习《浙江工业大学少数民族预科生管理制度汇编》,安排预科生与本科学生合住寝室,创设有利于促进各民族学生交往交流交融的条件和环境。通过建立体系机制,最大限度保障了实施"三全育人"的人员配备和场地空间。

三、浙江工业大学预科生精准资助工作的实施路径

浙江工业大学在预科生培养过程中,把"三全育人"理念充分融入资助工作,将"适应提升"作为开展预科生各项教育培养活动的总要求,构建身心、学业、经济全方位资助帮扶体系,实现全方位、全天候、全过程预科生"大资助"育人格局。截至 2024 年,浙江工业大学已完成七年(2018—2024 年)新疆少数民族预科生培养任务(共计 248 人),数据显示,自主培养的首届预科生完成大学一年学业的成绩合格率为 97% 左右。调查显示,已结业预科生对学校相关资助育人工作的满意度为 90.12%,其中资助对象的该项统计数据为 100%;对于"是否愿意在将来回馈帮助过他们的群体或个人",选择"愿意"或"非常愿意"的比例为 100%。基于"三全育人"理念,浙江工业大学预科生教育的资助工作主要以"价值引领、精神扶持、物质援助"为导向,从全方位关怀的角度出发,聚焦学生身心成长、学业进步和经济支持,致力于构建一个将价值引领与思想政治教育深度融合的高校预科生精准资助体系。

(一)思政与资助育人相融合,推进以价值引领为核心的全面帮扶

以习近平新时代中国特色社会主义思想为指导,做好"五项教育",即"五个认同"教育、民族团结和铸牢中华民族共同体意识教育、法治教育、"新疆四史"教育和安全教育,有效融合思政育人和资助育人,推进以价值引领为核心的全面帮扶。

深化理想信念养成,加深价值引领帮扶根基。结合重大节日和特殊时间节点开展"学习习近平总书记重要讲话精神""学习中央民族会议精神""青春践行二十大"等交流分享活动,强化理论学习;邀请专业教师讲"青春心向党,奋发向未来""厚植家国情怀,涵养进取品格"等入党启蒙教育课程,引导预科生做一个堪当民族复兴重任的预科学子;组织"青春二十大,争做新青年""七秩风华正青春,守正创新向未来"等主题班会,深化理想信念养成;以"学习强国""新闻联播频道""青年大学习"等平台为主,引导预科生学习贯彻党的理论

政策,提升其思想觉悟。此外,组织预科生开学和结业仪式、预科生表彰大会等,潜移默化地促进理想信念的养成,促进思想认同,深入推进社会主义核心价值观教育,铸牢中华民族共同体意识,鼓励预科生成为有理想、敢担当、能吃苦、肯奋斗的新时代好青年,加强价值引领,帮助其树立正确的世界观、人生观和价值观。

激发青春力量,优化开拓价值引领帮扶途径。指派学院教职工党支部党员作为预科生"红色领路人",从预科生入学起即与教职工党员结对帮扶,注重引导预科生主动向党组织靠拢,优化开拓价值引领帮扶新途径。截至 2024年,共有 120 余名预科生递交入党申请书或入团申请书,数据年年增加,成效显著。

创设活动平台,提高价值引领帮扶成效。努力开拓"五育并举"的活动载体,组织全体预科生参观杭州市党史馆、浙江革命烈士纪念馆、G20 峰会会场等,形成"党史铸魂育人""厚植家国情怀,重温大国外交""英雄永垂不朽,英魂万古长青"等实践活动育人品牌,将爱国、爱校、团结和认同教育融入实践,不断铸牢中华民族共同体意识,让预科生在工大感受党的关怀、祖国的关爱、学校的关心和老师的温暖,引导他们感党恩、听党话、跟党走,提高价值引领帮扶成效。

(二)心理护航与学业精进并重,实施全覆盖的精准帮扶

聚焦预科生急难愁盼问题,推动实施全覆盖精准帮扶,建立以班主任为主导、辅导员负责、学院全体老师协同的育人大格局。通过深入谈心、研读学生"给自己的一封信"、翻阅档案和收集"一人一表"等资料,深入了解学生背景及其心理和学习需求;形成寝室长、心理委员、年级辅导员、心理辅导员、学校和家庭的六级联动,确保信息畅通、心理干预有效。加强对心理委员的专业培训,确保他们能够有效履行职责,为学生提供高质量的心理支持。策划"以艺润心,与美相遇"石膏娃娃彩绘、帆布袋彩绘、"迎端午、弘传统"包粽子体验、"月满国庆,浓情中秋"主题茶话会、"育人在心,情暖到寝"寝室走访等校内外系列活动,这些活动不仅能提升学生的归属感、自豪感和幸福感,而且能帮助预科生快速融入校园生活,在放松且愉悦的氛围中健康成长。同时,实施个性

化培养方案和小班化教学,关切学业障碍学生,召开任课教师座谈会和学生座谈会,成立课后帮扶小组,提供专业课指导。2018—2024 年,对预科生数学、计算机、英语这些基础相对薄弱课程的课后帮扶辅导时间达 1000 多个学时,避免其因学业基础薄弱而身心健康受挫,形成心理护航与学业精进并重的帮扶模式,实施全覆盖的精准帮扶。

(三)构建多元化的资助体系,提供个性化的"资助套餐"

在预科生入学前后开展数据调研工作,了解、掌握预科生群体实际困难状况,建立一套"学生自主申请—民主评议小组讨论排序—认定小组全面评定—学校把关把脉"的家庭经济困难生资助认定和助学金申请机制,确保认定公平公正公开,落实发放困难生资助认定、国家助学金、各类社会助学金、学院困难生补贴、交通补贴和临时补贴等,让其学习无经济压力,实现个性化关爱帮扶。开拓资助育人渠道,为其提供校内勤工助学、校外兼职岗位和最新就业信息等,加强资助+自助的帮扶模式,培养其自助意识和能力。坚持落实"扶贫先扶志,扶贫必扶智",推进经济帮扶、身心帮扶和学业帮扶相辅相成。落实"一生一档",健全和完善预科生信息档案库,遵循"动态管理"原则,及时准确地登记和更新其个人信息、在校表现等。建立健全学生—学长—学校—老师—家长多级多方联动机制,形成多方合作资助育人合力。此外,重视将入口与出口相连接,加强预科生学业生涯规划指导和未来发展方向引导,进一步挖掘其自身的就业核心竞争力。面向大三、大四学生,在春招、秋招等就业季来临前开展求职面试模拟、求职讲座、求职经验分享等主题活动,介绍学生生源地和杭州市的就业环境、就业趋势、就业基本条件等,给其提供个性化的"资助套餐",鼓励其在校期间努力提升自己的综合素质和能力,尽早具备相应的升学或就业条件,以此阻断贫困代际传递。

四、展　望

资助育人是构建高质量育人体系的关键环节,也是推动共同富裕的重要途径。在新发展理念和高质量要求的指引下,浙江高校积极落实"三全育人"理念,深化预科生精准资助工作,致力于打造"大资助"格局。展望未来,浙江高校将继续深化资助育人改革,以预科生资助为突破口,提升工作效能,为少数民族学生教育树立典范,助力共同富裕示范区建设,发挥更广泛的辐射引领作用。

(一)强化预科资助育人的思政引领

资助育人蕴含着深厚的思政属性,是思政教育的重要载体。预科阶段需深化思政教育,不仅要减轻其经济负担、满足其成长需求,而且要强化对其理想信念与"五个认同"的教育。结合预科生特点,将思政教育融入资助各环节,确保学生认可,促进思政培养与理想信念教育融合,实现资助与思政双促进。

(二)深化预科资助的育人内涵与精准性

预科资助工作需超越传统经济资助模式,其内涵应更加深入且全面。当前资助多聚焦经济层面,形式单一,育人内涵不足。资助工作应兼顾经济解困与育人目标,浙江工业大学系统规划,不仅关注经济困难,而且关注预科生的思想、学业、心理需求。在实践中,遵循大学生资助工作的普遍规律,同时考虑预科生特性,从身心、学业、经济三维度出发,实施资助、帮扶、提升。探索更全面、广泛的资助育人路径,促进资助与教育的融合,树立典型,增强育人效果,提升资助的精准性与育人效应。

(三)进一步加强资助工作与培养目标的协同融合

预科教育旨在培养热爱祖国,拥护中国共产党领导,具有较强的政治思想觉悟和民族团结意识,具备较强的学习能力和较高的综合素质,德、智、体、美、劳全面发展的高素质少数民族人才。具体要求是通过丰富教学内容,深入推进社会主义核心价值观教育,铸牢中华民族共同体意识;通过强化基础知识教学,使民族预科教育和本科教育有机衔接。预科生资助工作要始终对标预科生的培养目标,以助促教,在有效衔接预科教育和本科教育的过程中发挥得天独厚的优势。浙江工业大学的精准资助将在更大的区域范畴中开展,发挥基础优势,多维并举,推进资助工作向纵深方向发展,积极探索全方位、立体化、全覆盖的资助,切实将资助工作与育人目标紧密结合①,有效促进资助工作的育人成效与教育培养的目标导向协同融合,实现更高层次资助育人。

---

① 田玉宝,姜丹.少数民族大学生思想政治教育创新研究[J].沈阳农业大学学报(社会科学版),2019(4):449-453.

高校资助育人对提升家庭经济困难大学生就业能力路径的研究

张苗苗

新形势下大学生就业压力增大,对家庭经济困难大学生的就业能力提升提出了新的需求。笔者对浙江省内五所高校家庭经济困难大学生与非家庭经济困难大学生在个人品质、通用能力、专业能力、职业适应、就业去向、期望薪资等六个方面进行调查研究,分析家庭经济困难大学生在高校资助育人背景下具体需要的支持和帮扶并提出相应对策建议,以提升家庭经济困难大学生的就业能力。

一、研究目的与方法概述

(一)研究目的与意义

作为我国高等学校学生日常管理的重要内容,大学生的资助工作关系着学生的成长与成才、学校的稳定与发展、社会的和谐与进步。《2020 年中国学生资助发展报告》表明,政府、高校及社会设立的各项普通高等教育学生资助政策共资助全国普通高等教育学生 3678.22 万人次,资助资金 1243.79 亿元[①]。精准资助家庭经济困难学生[②]是"精准扶贫"重要理念在教育扶贫中的

---

① 全国学生资助管理中心. 2020 年中国学生资助发展报告[N]. 人民日报,2020-09-16(14).
② 黄波. 高校贫困生认定工作现状及精准认定策略研究[J]. 太原城市职业技术学院学报,2019(2):84-85.

具体体现。

近年来,我国现有在校大学生人数屡创新高,据 2021 年对在校大学生与毕业大学生的人数不完全统计,我国已有在校大学生人数突破 3000 万人,毕业生人数 900 万人以上,同比增加 35 万人。反观社会上可提供给应届毕业生的就业岗位相对稳定,增速跟不上应届毕业生人数增速,可提供给应届毕业生的就业岗位趋于收紧。整体来说,在校大学生就业形势依然严峻。在竞争激烈的就业市场中,家庭经济困难毕业生面临巨大挑战[①]。

促进学生顺利就业是地方应用型本科院校学生工作的核心要义,教育部《关于做好 2019 届全国普通高等学校毕业生就业创业工作的通知》明确指出,要强化对就业困难群体的帮扶。目前我国关于健全高校家庭经济困难大学生资助政策有很多操作有效的路径,但极少有人关心家庭经济困难大学生就业问题。家庭经济困难毕业生不仅面临"经济困难",还面临"心理困难"[②]"能力困难"[③]等,"帮扶"和"育人"成为教育者面对的双重难题。对提升家庭经济困难大学生就业能力路径的研究,有利于指出其存在的就业问题,并有针对性地提出解决方案和建议,这既是高校资助育人的旨归,也是社会和谐稳定发展的要求[④]。

(二)研究方法与思路

近年来,学者对于家庭经济困难大学生的就业问题越来越关注。部分学者针对家庭经济特困生再就业中出现的就业质量不高、就业地位不平等、就业机会不多和初次就业率不高等问题,从社会、高校和特困生个体三个层面分析了影响其就业的主要因素,并依据影响因素提出摆脱困境的对策[⑤]。也有学者对家庭经济困难大学生进行了就业问卷的调查,了解家庭经济困难大学生群

---

① 林晨.家庭经济困难学生就业帮扶体系构建探讨[J].求知导刊,2015(15):51-53.
② 杜长冲.高校家庭经济困难学生心理困境的成因及干预机制研究[J].教育探索,2014(12):138-139.
③ 陈俊有.新形势下家庭经济困难学生就业能力培养模式研究[J].经济研究导刊,2018(5):63-64.
④ 郭薇,简福平,陈旭.高校家庭经济困难学生的就业心理状况分析及教育对策[J].思想理论教育导刊,2011(10):112-115.
⑤ 张玲.全程育人视域下高校贫困生就业帮扶工作研究[J].黑龙江生态工程职业学院学报,2019(1):101-102,139.

体最现实的问题及特点,探讨适合一线高校就业工作者对高校家庭经济困难大学生的就业帮扶方式①。另外有学者通过调查问卷分析家庭经济困难大学生就业的现状和特点,从提升其就业核心竞争力、基础竞争力及环境竞争力三方面提出方法和对策②。

综上所述,这些针对家庭经济困难大学生"就业难"问题的分析,多是理论分析和定性说明,鲜有大规模对家庭经济困难大学生与非家庭经济困难大学生的就业能力进行对比,用调研数据来分析家庭经济困难大学生就业问题的现状以及提升路径的研究探讨。本研究在 2014 年张皓提出的就业胜任力模型基础上,增加了外部因素对个人就业力的影响,从内外部分析探索家庭经济困难大学生就业力的影响因素以及产生原因,为后期有针对性地构建家庭经济困难大学生就业帮扶体系提供应对策略。为此,笔者设计了相关问卷,对家庭经济困难大学生与非家庭经济困难大学生的个人品质、通用能力、专业能力、职业适应、就业去向、期望薪资等六个方面进行研究。通过问卷分析,获得相对于非家庭经济困难大学生而言,家庭经济困难大学生在社会、学校、企业等具体方面的支持和帮扶需求,以提升其就业能力,助其适应新形势下的就业压力,并获得更好的就业机会。

二、研究过程与数据分析

本次调研通过问卷的形式在指定学校内部网络上发放,发放对象为浙江省某五所大学的本科和硕士研究生。本次调查共收到 560 份有效问卷,回收率为 6.5%。按照填写人性别区分,男生 52.3%、女生 47.7%;按照填写人学历区分,大专 28.4%、本科 43.2%、硕士研究生 28.4%;按照填写人专业区分,理工科学生 32.6%,文科学生 41.7%,艺术类学生 10.5%,医学类学生 15.2%。经学校认定的家庭经济困难的学生占 36.7%,非家庭经济困难的学

---

① 张皓.高校家庭经济困难学生就业胜任力研究[J].东北大学学报(社会科学版),2014(5):486-491.

② 蒋君毅,田菲菲.经济困难大学生就业竞争力研究[J].学校党建与思想教育,2017(11):25-26.

生占 63.3%。

(一)变量设定与分析方法

1. 变量设定处理

本研究的自变量为家庭经济困难的认定,即经过认定或者非经过认定。因变量包括个人品质、通用能力、专业能力、职业适应、就业去向、期望薪资等六个方面。个人品质包含责任心、诚实、正直、担当等,反映个人在群体活动中所表现出来的品质;通用能力包含沟通能力、学习能力、表达能力、创新能力等,是个体在社会群体活动中所表现出来的某种能力;专业能力是针对求职岗位或者学科的专业素养,包含专业知识和专业技能;职业适应包含团队的协作配合能力、组织能力等个体在职场活动中表现出来的某种能力;就业去向是指个人希望就业的路径,包含创业、升学、公务员(国企、事业单位)、自由职业者、民营企业等;期望薪资是指个人对就业后薪资水平的期望,从 3000 元/月—1.5 万元/月不等。六个维度是大学生在就业求职过程中非常重要的影响因素。

在对调查报告结果进行分析前,对六个变量进行处理,具体处理方式如表 1 所示。

表 1　变量处理情况

变量类型	变量名称	变量测量		变量说明
自变量	家庭经济困难等级认定状况	认定—1	非认定—0	二分变量(0,1 编码)
因变量	个人品质	问卷测量	相关题项取均值	连续变量(赋分值)
	通用能力	问卷测量	相关题项取均值	连续变量(赋分值)
	专业能力	问卷测量	相关题项取均值	连续变量(赋分值)
	职业适应	问卷测量	相关题项取均值	连续变量(赋分值)
	就业去向	问卷测量	相关题项取均值	连续变量(赋分值)
	期望薪资	问卷测量	相关题项取均值	连续变量(赋分值)

2. 数据分析方法

本研究主要利用 SPSS 对数据进行独立样本 t 检验分析,由样本量、自变量、均值和标准差等组成,主要是对比分析家庭经济困难大学生与非家庭经济困难大学生就业能力的影响因素以及通过描述性统计分析,阐述家庭经济困难大学生就业现状。

(二)实证研究分析

通过对家庭经济困难大学生和非家庭经济困难大学生的就业能力影响因素进行描述分析后发现,在个人品质、通用能力、专业能力、职业适应、就业去向、期望薪资等六个方面,数据的赋值平均数、标准偏差以及标准错误平均值比较接近。也就是说,家庭经济状况对就业能力有一定影响,但影响不大,家庭经济困难学生在六个方面的表现并无明显不足。

而且通过进一步的样本 t 检验分析,我们发现,仅专业能力和就业去向的分析结果有显著性特征($p < 0.05$),表明家庭经济困难学生在专业学习和专业积累方面更加积极,而且对未来的就业去向期望度更低,对就业环境与就业待遇等的接受阈值更高(见表 2)。

表 2　针对平均值的 t 检验

因变量	经济困难认定	t	df	显著性(双尾)	平均差异	标准误差	95%差异数的信赖区间	
							下限	上限
个人品质	1	1.587	376	0.094	0.092098	0.054876	−0.015891	−0.200875
	0	1.676	273.080	0.084	0.089746	0.034764	−0.010984	−0.231579
通用能力	1	1.589	376	0.112	0.106783	0.063461	−0.012895	−0.186745
	0	1.630	264.845	0.105	0.104658	0.072758	−0.015279	−0.231865
专业能力	1	2.411	376	0.008	0.103287	0.081674	−0.01279	−0.192473
	0	2.337	239.521	0.010	0.093227	0.096234	−0.01521	−0.201362
职业适应	1	1.582	376	0.115	0.098445	0.078945	−0.01289	−0.214712
	0	1.579	252.205	0.114	0.164312	0.086341	−0.012491	−0.201389
就业去向	1	2.437	376	0.015	0.081237	0.098246	0.032168	−0.213691
	0	2.549	281.315	0.011	0.034612	0.065351	0.037619	−0.189469

续表

因变量	经济困难认定	t	df	显著性（双尾）	平均差异	标准误差	95%差异数的信赖区间	
							下限	上限
期望薪资	1	1.288	376	0.198	0.087561	0.036862	−0.014269	−0.196848
	0	1.339	277.640	0.181	0.093471	0.078453	−0.039267	−0.231254

三、研究结论与对策建议

(一)研究结论

1.家庭经济困难大学生专业能力较为薄弱

调查研究发现,虽然家庭经济困难大学生对专业能力的学习积累更加积极主动,但是该群体大多来自农村地区,基础教育较为薄弱,再加上经济条件的制约,他们大部分会在学习期间选择社会兼职与校内勤工助学等方式参与工作实践,牺牲了部分专业学习与专业实践的机会与时间,间接或直接地造成了家庭经济困难大学生专业能力较弱的结果。

2.家庭经济困难大学生通用能力稍显欠缺

家庭经济困难大学生因为家庭背景、生活压力等,进入大学校园后,可能出现学习基础弱、社交能力差以及自卑心理等一系列问题,往往较少开展沟通、表达、组织能力等通用能力的提升训练。调查研究发现,家庭经济困难学生群体也普遍对自己的通用能力较为不自信,并表现出较强的通用能力培养诉求。

3.家庭经济困难大学生就业发展较不明确

调查研究发现,非家庭经济困难学生对自己的职业兴趣较为明确,对自己的未来生涯规划更加明晰,同时较之家庭经济困难学生群体有更加明确的职业目标。家庭经济困难大学生受代际影响,往往容易忽视自己的职业兴趣,调查中绝大部分家庭经济困难大学生表示进入大学前并没有接触过职业生涯规划等课程,这也导致了他们对人岗匹配与未来职业发展考虑较少。

4. 家庭经济困难大学生更加积极应对就业压力

调查研究发现,家庭经济困难大学生的期望薪资待遇普遍低于非家庭经济困难大学生,而且他们对创业或者升学的意向动力普遍低于非家庭经济困难大学生,但是标准差较大,说明家庭经济困难的大学生就业求职的主要目标非常明确。同时,家庭经济困难大学生对就业环境与就业待遇等的接受阈更广,表现出来的就业压力应对态度更加乐观积极。

(二)对策建议

1. 积极营造高校资助育人就业帮扶氛围

"三全育人"中心在"育",重心在"全",造成就业困难毕业生无法顺利就业的原因既有心态、能力等主观因素,也有社会、环境等客观因素。而对于家庭经济困难的大学生而言,很少有机会在前期接受相关职业规划培训指导,他们对自己的职业定位、职业兴趣、未来选择的职业发展以及就业求职的行业发展趋势等都不清楚,很容易迷失,进而对工作和生活失去信心。在开展高校资助育人工作时,应发挥积极的能动作用,在就业帮扶中营造家校联动前置引领、校院联合中期培养以及校企合作后置帮扶的氛围。一是积极引导家庭经济困难学生家庭既注重知识学习也注重能力培养,让其能够全面发展。二是加强学生在校期间的有效保障,整合教育资源,提升学生的就业能力。三是拓展相关校企合作单位,为家庭经济困难学生提供岗位实习、就业求职的指导与途径,为其形成良好的就业能力打下基础。

2. 积极落实高校资助育人就业指导体系

能力培养是提高资助育人水平的关键,高校要贯彻落实新时期资助育人理念,加强对家庭经济困难学生就业能力提升的指导体系建设。首先,高校应发挥教师在资助育人工作中"最后一公里"的作用,积极协调教育资源,给学生提供真实的就业能力学习锻炼平台,更好地锻炼、提升学生就业能力。其次,高校应该发挥同辈帮扶的作用,通过学生资助社团、就业指导组织等开展资助育人活动,增强学生的相关专业就业能力和通用能力。最后,高校要积极搭建就业帮扶平台,增加家庭经济困难学生的社会实践岗位。通过校内模拟企业、企业就业指导课、企业参观指导等途径邀请企业、社会的校友参与就业指导,形成育人闭环。

3.积极激励家庭经济困难学生自我成长

学生自我成长意识是学生成长和进步的主动力,高校要充分认识到调动家庭经济困难学生自我成长意识的重要性。高校不仅可以通过思想教育引导学生树立正确的价值观,不断坚定其直面未来的信心,而且可以引导其结合兴趣、特长以及专业表现等做好职业生涯规划。此外,高校还可以通过媒体平台,树立典型进行宣传,在营造良好氛围的同时鼓舞学生个体提升对自我的认知,也可以设计相关的家庭经济困难大学生就业资助计划与奖励项目,助力就业帮扶。

后脱贫攻坚时期高校学生资助认定工作问题及对策研究

方啸虎　卢科润

　　我国已进入以治理相对贫困为重点的后脱贫攻坚时期,资助育人策略也需要因时而异、因势而新,立足现阶段贫困认定标准,实现精准资助。笔者聚焦高校学生资助认定工作,以浙江工业大学各学院的家庭经济困难学生认定情况为基本数据来源,通过调查问卷和数据分析等方式,进一步深入探讨后脱贫攻坚时期现有高校资助育人体系下,传统资助认定的难点以及"相对贫困"认定过程中的不足之处,并初步总结具有普遍实践意义的相关对策性结论。

一、后脱贫攻坚时期高校学生资助认定工作问题

(一)资助政策顶层设计与资助工作现实困境的矛盾有待解决

　　学生资助是教育扶贫的一项重要内容,是做好教育扶贫工作的基础和关键。随着我国进入以治理相对贫困为重点的后脱贫攻坚时期,高校仍存在对学生资助政策"相关资助小组不清楚、资助学生不明白、教师了解不系统"等现象。如图1所示,由辅导员、资助对象、资助认定小组成员、普通学生组成的调查对象中,仍有13%不太了解资助政策的具体相关要求,接近半数(43%)的调查对象对资助政策仅为略有了解,而非常了解资助政策的仅占11%。

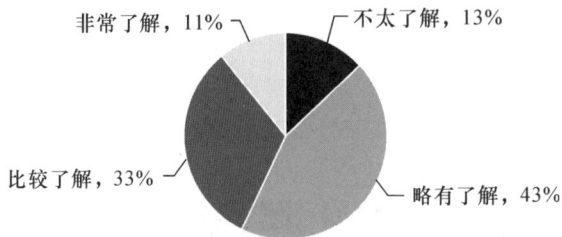

图 1　关于是否了解高校资助政策的调查

(二)全员育人的要求与资助育人队伍建设的矛盾有待解决

资助工作队伍人员配置不足,工作任务繁重。目前各高校承担学生资助管理工作的大多是以辅导员为主体的思政教育工作者。这些人员还需要承担其他学生日常管理中的事务性工作,这些工作安排在一定程度上制约了资助育人工作水平的提升。另外,高校学生资助工作具有较强的政策性和专业性,实现精准资助需要有较为稳定的工作队伍和完善的保障体制,而承担相关工作的人员普遍年轻且流动性强。

资助认定小组的专业程度有待提高。资助认定小组对于学生资助工作的了解程度,直接影响资助认定工作的开展。表 1 显示,仅有 50.00% 的资助认定小组成员经历过诚信宣誓以及资助政策解读、资助评定流程介绍等专业培训;14.20% 的资助认定小组成员表示接受的培训较为形式主义,缺乏实质性意义;35.80% 的资助认定小组成员则表示未接受过相关培训。除此之外,表 2 显示,66.67% 的资助认定小组成员在认定过程中不考虑与评定对象的人际关系情况,而其余成员则会经常或偶尔考虑该方面。

表 1　资助认定小组成员是否经过相关培训的情况调查

单位:%

选项	有专业的培训	有培训,但较为形式主义	没有培训
所占比例	50.00	14.20	35.80

表 2　资助认定小组成员是否会考虑与评定对象的人际关系的情况调查

单位:%

选项	不考虑	偶尔考虑	经常考虑
所占比例	66.67	29.17	4.16

(三)学生全面发展与个人精神富有短板的矛盾有待解决

在教育部 2019 年发布的《关于取消一批证明事项的通知》中,明确取消了高校学生申请资助时需由家庭所在地乡、镇或街道民政部门对学生家庭经济情况予以证明的环节,改为申请人书面承诺。在实际工作中,从原来的需要相关部门的盖章证明,到仅需申请学生单方面的书面承诺,学校资助工作者无法精准核实家庭经济困难学生认定的主要材料,对资助认定工作提出了更高的要求。

此类依靠诚信申请助学金的模式看似体现了社会的进步和国民精神素质的提高,但在实际的工作过程中并非一帆风顺。部分学生会在填写《家庭经济情况调查表》时夸大家庭的贫困程度,更有甚者故意捏造一些虚假信息。民政部门的盖章不再是必要的步骤,这对学生的自觉诚信意识提出了更高的要求,在一定程度上导致《家庭经济情况调查表》并不能完全反映学生家庭的真实情况,失去了它应有的可信度,使工作人员并不能完全了解学生的真实家庭情况,为资助认定工作的开展带来了些许不便。表 3 显示,48.53% 的年级或班级资助认定小组成员表示,少部分受助学生提交的申报材料存在不太诚信的情况。

表 3　资助认定小组成员对受助学生提交的材料是否诚信的看法调查

单位:%

选项	全部很诚信	少部分不太诚信	大部分不太诚信
所占比例	51.47	48.53	0.00

(四)认定后缺乏长期跟踪、动态调整和监督

在以往的资助管理工作中,存在注重申请发放环节但缺乏对资助认定对象动态跟踪等情况,这导致补助发放后,没有建立对受资助学生的日常生活情况、学习学业情况、心理性格等方面长期的综合评价和分析,这也不利于资助工作的长期标准化和有效考核,难以形成对资助工作的有效评估和反馈。当前,仍存在学生资助资金去向不明,甚至"伪贫困生"利用资助资金肆意消费的

情况。如图 2 所示,46.02%的调查对象都不会关注受助对象的吃穿用度,对此并不太在意。由此可见,补助发放后,资助工作没有进一步跟踪资助资金去向、不会根据受助学生的实际生活情况进行动态调整、忽视对受助学生吃穿用度和消费情况的有效监督。

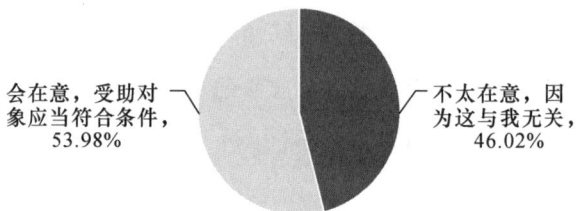

会在意,受助对
象应当符合条件,
53.98%

不太在意,因
为这与我无关,
46.02%

图2 关于调查对象是否会关注受助对象吃穿用度的调查

(五)新时期的资助认定问题

伴随着脱贫攻坚战的全面胜利,我国进入了以相对贫困为主要存在形式、以建立健全脱贫减贫长效机制为重点要求的后脱贫攻坚时期。在已全面建成小康社会、中国人民的物质需求基本得到满足的背景下,如何确定相对贫困的标准成为该时期亟须解决的难题。

根据我国国情与社会背景,并结合绝对贫困与相对贫困的辩证关系,笔者将相对贫困大致分为四个类型:知识贫困、精神贫困、隐形贫困、代际贫困。各高校在开展资助认定工作时,可适当结合以下四种贫困类型,更为精准地认定相对贫困。

1. 知识贫困

后脱贫攻坚时期相对贫困存在的一个重要原因就是知识贫困,知识贫困使知识系统功能失灵,进而产生相对贫困。清华大学教授胡鞍钢等认为:"知识贫困衡量的不仅仅是教育水平低下的程度,而是指获取、吸收和交流知识能力的匮乏或途径的缺乏。"[1]

个体家庭方面,一部分学生由于家庭原因,受教育水平有限,获取知识的

---

[1] 胡鞍钢,李春波.新世纪的新贫困:知识贫困[J].中国社会科学,2001(3):70-81,206.

途径单一,这导致其吸收、消化知识的能力匮乏,虽能解决基本的生存温饱问题,但无法获得长足的发展;社会环境方面,改革开放以来,人民物质生活水平提高,但受各类因素的影响,社会道德水准呈现下滑趋势。金钱至上、自私自利、奢靡享乐等思想蔓延到大学校园中,影响大学生的思想道德水平。这在一定程度上造成了知识贫困现象的出现,同时也衍生了除"如何界定知识贫困"之外的一系列资助认定问题。例如,有些学生违背诚信原则,通过递交不属实的申请材料、拉拢资助认定小组成员等方式来获得资助认定资格,进而获得资助。

2. 精神贫困

精神贫困是指个体或群体虽然能够满足基本的生存需要,但现有的精神资源低于正常的精神需要,进而抑制精神生产活动的进行,是一种精神懈怠、精神失常和精神失灵的复杂现象。[①] 作为相对贫困的一种类型,精神贫困会使精神系统失灵,进而产生相对贫困。

精神贫困和物质贫困具有辩证关系,二者相互作用,相互影响。但物质贫困带来的也许是积极的影响,让贫困成为一种动力,具有推动作用;其消极的影响则是造成精神世界的贫乏,让人产生懒惰懈怠、不思进取的心态。精神贫困则往往使人陷入物质贫困,甚至加剧物质贫困。因此,物质贫困对人的精神是双向作用的,而精神贫困对人则是单向作用的,精神贫困能够消磨人的意志、打击人的理想、摧毁人的志向,使人陷入"精神贫困→物质贫困→精神贫困"的贫困恶性循环。

问卷调查结果显示,58.54%的资助对象偶尔存在精神信念消极、精神能力低下、精神动力不足、精神行为懒惰等问题(见表4)。可见,精神贫困问题需要被重视。

表4 关于资助对象是否存在精神信念消极、精神动力不足等现象的调查

单位:%

选项	经常存在	偶尔存在	不存在
所占比例	2.44	58.54	39.02

[①] 王太明,王丹.后脱贫时代相对贫困的类型划分及治理机制[J].求实,2021(2):51-69,111.

3. 隐形贫困

隐形贫困是后脱贫攻坚时期一种复杂的、难以彻底解决的、长期存在的贫困现象。隐形贫困是贫困的一种流动形式和潜在形式。隐形贫困意味着贫困的情况难以察觉,结果不容易甄别。后脱贫攻坚时期的相对贫困也具有该特征,所以将隐形贫困作为相对贫困的一种类型进行研究。

隐形贫困在高校学生中多表现为超出自身经济水平的超前消费以及伴随而来的精神压力。表 5 显示,大部分受助学生都有过冲动消费的行为,仅有7.32%的受助学生能做到从不冲动消费。由此可见,不良消费习惯是部分高校受助学生陷入隐形贫困的一大诱因。

表 5 关于资助对象冲动消费频率的调查

单位:%

选项	总是	常常	偶尔	很少	无
所占比例	0.00	2.44	31.71	58.53	7.32

4. 代际贫困

代际贫困是特定的家庭组织结构在特定的条件下出现的一种贫困代际传递的复杂社会现象。后脱贫攻坚时期,代际贫困使家庭系统功能失灵,进而出现相对贫困。代际贫困成为后脱贫攻坚时期相对贫困的发生机制在于:一是代际贫困具有异于绝对贫困的特征。代际贫困侧重贫困的积累与传递,而绝对贫困侧重物质贫困。二是代际贫困的致贫因素多。家庭贫困、经济落后、政治因素、资源变现能力差、心理承受能力弱、文化水平低等都会导致代际贫困的发生。针对代际贫困,如何进行界定与调查?代际贫困学生除金钱帮助外,急需哪些帮助?关于此类贫困的诸多难题都需进一步明确与解决。

二、解决长期存在的资助认定问题

尽管现阶段已进入后脱贫攻坚时期,但传统意义上的资助认定问题仍将长期存在。对此,高校可从以下几点出发,完善资助育人工作体系,更好地进行资助认定工作。

(一)加强政策宣传,完善育人队伍

建立健全资助政策宣传机制。高校应健全政策宣传机制,把学生资助宣传工作作为确保完成教育精准扶贫目标的重要内容。积极开展资助宣传月,充分利用学校官网、学院公众号、校园刊物、普及讲座等多种媒介和载体进行宣传,依托微博、微信、QQ 等新媒体平台,做好精准资助政策的解读工作,便于学生及时有效地了解政策要求。[①] 同时,各年级辅导员也应及时密切联系资助对象或潜在资助对象,通过面谈、访问等方式将学生资助宣传工作落到实处。

组建专业化资助工作团队。学校应成立专门的学生资助管理机构,组建专业化学生资助团队,注重对资助团队的业务培训,增强其服务意识和责任意识。针对问卷中 60.97% 的资助学生认为资助认定标准的科学性有待提高的现象,要着力提高资助工作人员素质,邀请有经验的专家学者进行主题讲座,推进资助工作更加高效、科学地开展。同时,学校也可开设与资助相关的公开课程,深刻剖析资助工作中的典型案例,寻求更加科学合理的处理方式。

除资助专项工作人员外,高校也应注重各学院资助认定小组的选拔方式以及专业培训。表 6 显示,45.38% 的资助认定小组成员由自主报名产生,41.26% 的成员由班级推选产生。这说明大部分资助认定小组成员拥有主动参与资助认定工作的兴趣和热情,并且得到了班级同学的信任。95.83% 的资助认定小组成员认为资助认定工作责任十分重大,从而时刻保持着责任感。由此可见,各高校可采取学生自荐和班级推荐的方式选拔产生资助认定小组成员,这有利于提高资助认定小组的专业性和民主性。

此外,各高校应重视并完善对资助认定小组成员的培训工作。首先,安排专门的老师解读最新资助政策并介绍资助评定流程,在正式资助评定开始前,进行多次模拟和优化,以更好地应对特殊情况,完善评定规则。其次,通过庄

---

① 刘东,巩晶骐. 脱贫攻坚背景下建档立卡学生资助育人体系的构建——基于西安某高校 1101 份调查问卷的数据分析 [J]. 黑龙江教师发展学院学报,2020(8):148-150.

严的诚信宣誓和平时的道德强化,提高资助评定小组成员的思想觉悟,增强成员的责任意识,杜绝出现"人情评定"的现象。

表6 学生成为资助认定小组成员方式的情况调查

单位:%

选项	自主报名	班级推举	其他
所占比例	45.38	41.26	13.36

(二)严格审核材料,落实诚信教育

首先,各高校应当意识到,当下依靠诚信申请助学金的模式正处于发展的初期,目前的不成熟阶段是学生资助工作发展的必经之路。

在材料审核方面,高校可通过班会、年级会的形式说明资助认定所需的纸质证明材料,并向学生强调提供真实材料的重要性。同时,资助专项工作人员以及资助认定小组成员应当对各项材料认真审核、严格把关,资助辅导员可通过面对面谈心谈话、与家长电话交流等形式全方位、多角度了解材料的真实性,提高困难生认定的精准性。

此外,高校应加强对学生的诚信教育、感恩教育、励志教育,将其与日常学生管理工作相结合,教育引导学生在社会主义核心价值观的正确引领下养成诚实守信的优良品质。

(三)推进动态跟踪,完善检查体系

建立资金监管体系和保障制度。高校资助资金监管小组应提前明确资金补贴范围,让受助学生列出资金使用清单,再下发资金。受助学生做好账目记录并保留支出证明(消费记录截图、发票等),资助小组跟踪其消费情况并审核支出账目,以保障资助资金的正确使用。对于资金使用账目出入较大或者存在高档消费情况的受助学生,可结合实际取消其评定资格。

建立动态的受助学生信息库。根据《家庭经济情况调查表》建立学生基本档案,并依据学生在入学前后的消费情况对其实行动态管理。尤其在新生开学之际,学校相关工作人员可对学生是否有家长接送、是否开车接送、学生的穿着、父母亲的穿着等情况进行基本的记录,便于日后工作的开展,为资助认定小组判断学生提交的相关证明材料的可信度和真实性提供依据。

建立专业监督小组及举报制度。资助认定结束后的监督检查环节仍属于资助认定工作的重要阶段。从图2和图3可见,近一半(46.02%)的调查对象不会留意受助对象的吃穿用度,仅有50.44%的调查对象表示会举报不符合资助认定条件的"伪贫困生"。

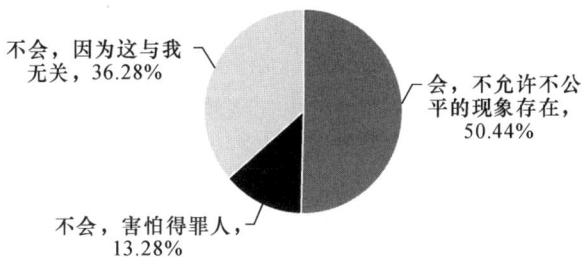

图3　关于调查对象是否会举报"伪贫困生"的调查

因此,各高校应建立包括师生在内的专业监督小组及"虚假申请"举报制度,并安排学校相关工作人员通过不定期的宿舍走访对受助对象的日常消费情况及学习情况等进行调查,了解其对助学金的实际使用情况。工作人员一旦发现受助对象提交的证明材料不属实,则立马取消其后续申请资格,维护资助工作的公平公正。

三、解决现阶段存在的相对贫困资助认定难题

高校应意识到现如今中国已进入后脱贫攻坚时期,扶贫工作已由绝对贫困治理转为相对贫困治理,并充分认识到资助认定工作对于社会和谐、民族发展乃至中国梦实现的重要价值。在此基础上,高校可将知识贫困、精神贫困、隐形贫困、代际贫困这四种相对贫困类型作为主要攻破点,探索后脱贫攻坚时期的新型资助认定方式。

(一)健全教育帮扶,消除知识贫困

国家助学金能在一定程度上解决学生的经济困难,帮助学生顺利完成学

业。然而,高校资助工作不只是要提供物质支持,对于学生的知识文化教育也要予以重视。面对当下学生精神帮扶教育有待加强的现状,高校首先要认识到,资助认定工作只是扶贫扶智的第一步,要在提供物质资助的基础上,进一步采取各项有效举措,培养学生对知识的学习、吸收、交流、转化、利用、更新的能力,更加有针对性地输出,提供个性化、多样化的知识学习资源,增强学生的知识获得感,提高其综合能力,促进其全面发展,最终实现学生对美好生活的追求。

根据问卷调查结果,73.17%的贫困生表示希望得到学习指导,这也给高校资助工作提供了指引——从受助者的角度出发,提供学生所需要的帮助及支持。此外,良好的心态是大学学习乃至整个人生发展至关重要的环节,"思想脱贫"更是在新时代背景下除"物质脱贫"之外尤为关键的一环。调查数据显示,46.34%的学生认为除助学金外,学校还可以提供心理咨询。

因此,高校必须加强大学生思想道德教育、诚信教育,让他们深刻理解国家开展贫困生资助的目的和意义,打消"假贫困生"准备申报的念头,让家庭经济真正贫困的大学生认识到贫困的实质,最终促进贫困生资格认定工作的顺利开展[1]。高校可以通过发挥课堂的主阵地作用、校园文化的熏陶作用、主题实践活动的体验感悟作用等,提高学生的知识文化水平。此外,如图4所示,75%的受助学生认为优秀学子经验分享会是有必要举行的。他山之石,可以攻玉,高校可提高此类学习交流活动的开展频率,让受助生在交流中学习,汲取有益经验,提高其自身能力。

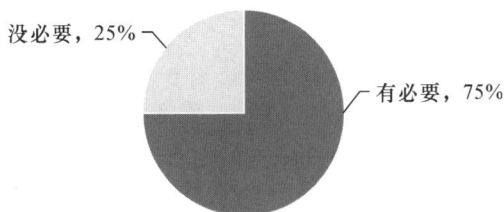

没必要,25%   有必要,75%

图4　关于开展优秀学子经验分享会的必要性调查

---

① 王林.新时期高校贫困生资格认定工作的思考[J].太原城市职业技术学院学报,2021(2):107-110.

(二)加强思想引领,克服精神贫困

高校的根本任务是立德树人,需要强化当代大学生的诚信意识和责任意识,使受助学生自尊、自强、自信、自立,要加强感恩教育,将大学生思想政治教育和资助育人工作落到实处。高校资助工作要以习近平新时代中国特色社会主义思想为指导,不断提高受助生的思想道德修养,帮助其树立正确的人生观、价值观,使其坚定信念,自立自强。

要帮助贫困学生形成正确的认识,帮助其树立学习与生活的自信心,促进其更好发展。许多贫困学生虽接受学校的资助,却背负着沉重的心理负担,久而久之形成了自卑、孤僻的性格,从而影响其学习和正常的社会交际。针对这一现状,高校资助工作者应深入一线了解家庭经济困难学生的实际状况,有针对性地进行除经济资助外的精神帮扶,实现对学生的精准资助,使帮扶更加有力,使教育更加有效,使效果更加明显。有学者主张扶贫必扶智,应从多维视角关注学生发展,构建"四资助"模式,即经济资助、学业资助、就业资助和精神资助,实现对高校家庭经济困难学生的资助由单一保障型向多元发展型转变①。总之,高校精准资助工作的开展不能仅仅注重对贫困学生的物质资助,更需加强对其思想的引导。

(三)培育消费理念,减少隐形贫困

表 7 显示,有 77.2% 的学生认为对"超前消费族""月欠族""白条族"等因超前消费、过度消费等导致贫困的受助学生,应对其进行思想教育,不应一味地对其进行资助,不断资助对培养其良好的消费习惯有百害而无一利。

另外,针对学生在户口所在地不属于贫困类型,但因在高校所属地消费水平较高而陷入隐形贫困的情况,高校应做到一视同仁,不应有地域歧视和地域偏好,应考虑不同地域学生在高校所在地的消费水平。高校所在地是学生的主要消费场所,在经济贫困地区不满足资助认定要求的学生到了经济富裕城市上学,消费水平随之提高,以其经济条件完成学业可能捉襟见肘。因此,高

---

① 梁玉丽,刘占卿,田海勇. 高校资助育人研究的回顾与展望[J]. 衡水学院学报,2020(4):89-95.

校在进行资助认定时,应充分考虑该部分隐形贫困学生在高校所在地的消费情况以及此类情况给家庭带来的具体影响。

最后,针对游走在贫困边缘的学生和因突发家庭重大灾害导致隐形贫困的学生,高校应给予额外关注,思考是否能在其错过资助申请未获资助的情况下特殊处理,为其争取获资助的权利或者为其提供额外资助。问卷调查结果显示,72.30%的学生认为应该对错过资助认定提交时间但因家庭发生重大变故而导致贫困的学生进行特殊处理(见表8)。

表 7 对于资助对象因超前消费导致贫困的看法调查

单位:%

选项	进行思想教育,经后续考察后再予以资助	不影响后续的资助	无所谓
所占比例	77.20	11.30	11.50

表 8 关于是否应该特殊处理因突发变故导致贫困情况的调查

单位:%

选项	应该特殊处理	不应该特殊处理	不做评价
所占比例	72.30	11.70	16.00

(四)助力阶级跃迁,改善代际贫困

在对家庭情况进行调查时,高校应格外关注由于代际关系而陷入贫困的学生。针对代际关系调查时出现的难题,高校可向当地政府请求帮助,以获得符合代际贫困的在校学生名单,或让符合条件的学生盖当地政府公章以证明其情况属实。此外,高校应当为情况属实的学生提供除物质资助外的更多帮扶。如图 5 所示,19.20%的受资助学生想获得生活帮扶,如基本生活用品等;23.70%的受资助学生则更倾向于接受心理帮扶,如积极向上的心理引导、定期的心理咨询以及心理问题的解决;51.80%的受资助学生认为最为重要的是学习帮扶,如安排优秀学子进行针对性帮助、定期举办讲座开阔眼界等。

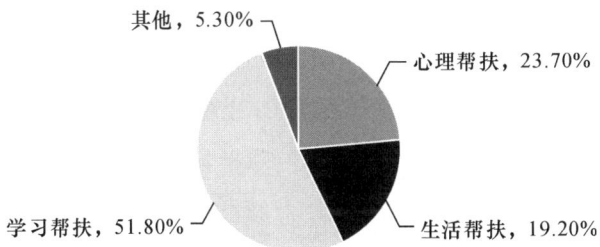

图 5　关于资助对象帮扶需求的调查

正如王春丽在研究中提道："贫困代际传递指的不仅是贫困现象的继承，而且包含导致贫困的不利因素在代际间的传递。"①高校应深刻认识到代际贫困学生冲破原生家庭限制的不易，如贫困积累、贫困传递、资源变现困难等条件。对代际贫困学生而言，进入大学本身就尤为困难，高校不应也不能让任何一位学生因原生家庭导致生活困难，甚至无法专心完成学业。因此，在资助认定的过程中，高校应充分考虑受助学生的代际关系，这不仅为资源变现困难的家庭提供帮助，也为贫困家庭实现阶级跃迁贡献力量。

四、结　语

做好资助认定工作，完善资助育人体系，有助于高校受助学生完成学业、实现其人生价值，对于打破贫困的代际传递、维护社会安定稳定、实现中国梦具有极其重要的意义。在后脱贫攻坚时期，面对长期存在的资助认定问题，高校应当立足新形势，探索资助认定方式在新时期的新方式。此外，高校贫困生不再局限于经济贫困，而出现了知识贫困、精神贫困、隐形贫困、代际贫困等相对贫困类型。传统资助模式下的单纯经济扶贫已不再适合资助新模式的要求，因此，高校应拓展多样化资助方式，注重能力资助、有偿资助、激励资助和个性化资助。

新形势下，资助工作需要较大灵活性与对口性。高校在国家资助"奖、助、

---

① 王丽春.后扶贫时代的相对贫困问题及其治理机制研究——以河北省 H 县为例[D].南昌:江西财经大学,2021.

勤、贷、补、拓"并举的综合模式下,可将资助重点侧重于"心理扶贫""素养拓展""平台提供"等方面。针对知识贫困,结合资助对象的发展需求,开展学业帮扶、就业指导等,助力学生实现全面发展;针对精神贫困,加强精准的思想政治教育、心理辅导帮扶、励志感恩教育等,帮助家庭经济困难学生确立自立自强、积极向上、自信乐观的良好心态;针对隐形贫困,主张扶贫必扶志,应从多维视角关注学生发展,帮助学生树立正确的受助观,对其进行人文关怀、心理和精神帮扶,以提升受助学生的心理健康素质和综合发展素质;针对代际贫困,为家庭经济困难学生设计各种发展性资助项目,积极鼓励他们参加勤工助学、技能培训、社会实践、志愿服务等活动,着力提升家庭经济困难学生的综合素质和社会竞争力。

加强高校家庭经济困难学生
就业指导工作的若干思考

卢佳星　刘　琼　应丰蔚　黄镓诚

高校对学生的资助工作在实施过程中能缓解学生的经济压力,但是也会使学生产生依赖心理或是更为自卑,这会导致学生就业能力不强,就业压力增大。从当下看,高校家庭经济困难生(简称困难生)仍存在就业理念落后、就业目标过于高远、就业规划模糊不清、就业能力暂且不足等问题,易陷入就业困境,而高校资助工作在学生就业指导方面仍存在指导普适、形式单一、轻视价值观塑造等缺陷。笔者以经济学院"济梦计划"的实施为例,该计划在为家庭经济困难生提供经济补助的同时,通过将"扶贫"与"扶智""强志"相结合,提高困难生个人素质,使其树立正确的价值观,助力困难生乐就业、就好业,实现个人的全方面发展。

一、引　言

(一)研究目的

党的二十大报告强调"完善覆盖全学段学生资助体系"[①],言约旨远,对新时期的学生资助工作提出了更高要求,指明了前进方向,即在迈向第二个百年

---

① 习近平.高举中国特色社会主义伟大旗帜　为全面建设社会主义现代化国家而团结奋斗——在中国共产党第二十次全国代表大会上的报告[M].人民出版社,2022:34.

奋斗目标的新征程中,学生资助工作要为推动建设教育强国、办好人民满意教育作出新的更大贡献。而资助育人是落实立德树人根本任务的重要抓手,资助是手段,育人是目标。

但是在迅速发展的现代社会,数据调查显示,越来越多的大学毕业生尤其是家庭经济困难生就业形势愈加艰巨,与经济状况良好的学生相比,困难生普遍存在就业签约时间滞后、企业签约率较低等现象。在保证资助政策落实到每一位真正有需要的家庭经济困难生身上以改善其生活的同时,如何提高困难生的就业率以及助其树立积极的就业价值观是目前需要解决的问题。

家庭经济困难生就业问题的解决,不但能够解决困难生自身未来的社会生存问题,而且能够极大地减轻其家庭的负担甚至能反哺家庭、社会,有利于个人的可持续发展和社会的稳定。所以只有努力将资助政策精确落实到每一个困难生,并且将资助与就业连通,才能真正做到有益于困难生,实现社会和谐发展的目标。

(二)国内外研究现状

目前,我国已经建立起了较为成熟的、多元化的高校资助体系,但是对困难生的帮扶仍以物质资助为主要方式,而要打破指导普适性以实现精准帮扶的一个重要手段就是建立以精准就业为中心的资助模式[①]。国外有学者探讨了家庭经济困难学生在劳动力市场中的困境,指出这些学生不仅面临就业机会有限的问题,还受到社会资源匮乏的影响[②]。除此之外,还有学者通过对女大学生的调研发现,家庭经济困难会使其产生自卑情结,从而造成其在社会活动、就业求职方面信心不足[③]。从本国现状出发,我国高校学生资助体系也有不完善的地方。周颖认为,究其根本,我国目前资助工作还是存在浮于浅层的

① 何伟峰,马书彬.基于精准就业的高校贫困生资助模式探索[J].创新创业理论研究与实践,2019(22):133-134.

② Grammegna D A,Giarrizzo D D. Education and the determinants of early school leaving in Campania[J]. Journal of Education and Culture Studies,2020(1):40.

③ Arora T,Alhelali E,Grey I. Poor sleep efficiency and daytime napping are risk factors of depersonalization disorder in female university students[J]. Neurobiology of Sleep and Circadian Rhythms,2020,100059.

问题,应该将资助重点从困难生"上学难"转到如何保障困难生实现高质量就业[①]。所以在高校中,经济补贴学生生活只是资助工作的必要手段,而资助工作的主要目的是育人[②]。刘晨洁也提出,以帮助学生就业为导向创新高职德育模式,可提高学生的职业素养,让学生对就业有正确认识和信心[③]。还有许多高校进行了制度改革,建立了一系列困难生帮扶政策,如王秀珍提出"与用人单位加强合作"以改善家庭经济困难生就业资源贫瘠的现状,让学生有机会通过实践形成就业竞争力[④]。李一杨和李喜峰认为,如今要加快转变对困难生的资助方式,利用项目立项资助方式,以学生自身成长方向为导向,使其在获得资助的同时提高个人能力[⑤]。

(三)研究价值

1. 理论价值

资助育人和提供就业指导是高校实现育人职能、发挥教育帮扶作用的重要方式,也是为社会创造人才资源、提高本校育人深度的重要途径。在现有资助体系的基础上,结合解决现实问题得到的经验,探索出一条能够深度融合资助育人与就业实践的道路,不仅能让困难生从中获得帮助,促进其全面发展,改善困难生就业难的现状,还有利于社会建设与和谐发展,将党和国家的政策落到实处。

2. 现实价值

高校实行以就业为中心的发展型资助模式,旨在帮助家庭经济困难生顺

---

① 周颖."党建+就业"资助新模式下的高校扶贫对策研究[J].黑龙江教师发展学院学报,2021(6):14-16.

② 张学会."五育并举"高校大学生资助育人体系探索[J].淮南职业技术学院学报,2023(1):113-115.

③ 刘晨洁.以就业为导向的高职德育模式改革路径研究[J].经济师,2023(5):173-174.

④ 王秀珍.高校贫困生资助模式的优化与创新[J].西北师大学报(社会科学版),2015(6):115-119.

⑤ 李一杨,李喜峰.纺织专业贫困生资助与就业研究——评《高校贫困生资助新模式》[J].染整技术,2018(12):133.

利完成学业和平稳就业。这样的资助模式除了传统的物质资助,还包括心理辅导、精神引导、就业规划等活动,能够促进学生全方位发展和能力的提高。在信息化迅速发展的现代社会,当快节奏和竞争成为常态,学生心态与价值观容易受到外界影响,此时高校资助模式对家庭经济困难生提供的不能仅仅局限于经济援助,而要秉持对每一位学生负责、对社会负责、对国家负责的态度,利用多样化的方式提高困难生的个人素质,教育他们不能仅靠经济援助安于现状,要通过各种各样的实践去发展自我,利用好学校的资源。同时,发展型资助模式要以促进困难生平稳就业为核心,整合资源,提高其就业能力和就业竞争力,增强其就业信心。发展型资助模式设置考核评价机制,在学生获得帮助的同时也提高他们提升自我的积极性,培育他们的感恩意识与回馈社会的价值观。

因此,发展型资助模式是既包含经济援助,又承载育人功能的资助方式,在此过程中,资助仅是手段,育人才是根本。该模式以学生的成长成才为导向,在帮助困难生摆脱经济困境、解决日常生活问题的基础上,努力推动他们全面发展,最终实现精准就业,顺利走向社会,使他们成为有理想、有抱负、有能力、有感恩和奉献之心的社会人才。

3. 研究意义

高校资助政策能为家庭经济困难生提供基本的生活来源,缓解其经济压力,为其顺利毕业提供保障,同时在一定程度上增强困难生的信心,提高他们公平参加就业的竞争力,减轻家庭负担。

但是相对地,许多资助政策在实施过程中也会产生一定的负面影响。高校资助原是旨在帮助家庭经济困难生顺利完成大学学业,但在减轻压力的同时容易使其产生依赖心理,存在学生经济困难且学习成绩较差的情况,这就导致其在就业环境中竞争力下降,就业前景灰暗。与此同时,高校补助也可能增加学生心理压力,一般困难生的评比程序是个人提出申请,后开展班级民主评议,最后全校公示,这会使其产生自卑心理,故不愿与陌生人交流,这在就业的双向选择环节可能使其处于劣势地位。

调查显示,面对未来就业,家庭经济困难生的压力并不比普通学生小,甚至他们更为焦虑,担心自己因为没有工作而拖累家庭,所以对于就业更为迫切,但是目前就业环境形势较为严峻,就业难度增大。

于是,如何帮助家庭经济困难生树立正确的就业价值观以及高校资助政策如何更加精准化地对家庭经济困难生就业实现全过程、个性化的帮扶成为目前高校资助工作需要聚焦的问题。

二、高校家庭经济困难学生就业观念上存在的若干问题

(一)故步自封,就业理念落后

高校资助工作旨在帮助学生规划好自己的未来,包括就业、创业或继续深造等。然而,在实施过程中,很多学生都存在故步自封的现象,即安于现状,不愿意接受新鲜事物,就业理念落后。首先,许多困难生认为只要能找到一份稳定的工作就已经非常幸福了,而对于自己的兴趣、发展空间和薪资水平等因素,缺乏认真思考和选择。这就导致了他们的职业发展道路过于单一,难以适应市场竞争的需要。其次,还有一些困难生缺乏对行业趋势和未来发展方向的了解,总是跟风盲目选择热门专业,忽视了自身的优势与不足,没有明确的职业定位和规划。随着社会环境的变化和行业的调整,他们很容易被市场淘汰,承受就业压力。

此外,在高校资助工作中,一些困难生可能会寄希望于政策支持或者补贴来解决自己的就业问题,而不积极主动地探索和开拓就业渠道,进一步导致他们的就业观念僵化。

(二)好高骛远,就业目标不切实际

家庭经济困难对大学生就业产生影响。很多家庭将希望寄托在大学生身上,认为工作是缓解家庭经济困难的有效途径,因此毕业生在就业时往往考虑家庭因素多于自身成长发展。一些学生迫切地想要摆脱困境,导致其对工作的期待过高,这不符合市场规律。部分困难生对"知识改变命运"的理解失之

偏颇,希望通过高薪资工作实现个人价值、减轻家庭压力。很多家庭经济困难的毕业生不愿回到农村,而"走出农村"既是他们的期待,也是家族的期待。这些期待与实际情况之间的差距会使部分家庭经济困难毕业生出现观望心态,导致"就业慢"现象。对于已经就业的毕业生,他们通常对就业的满意度较低,也反映出其在求职过程中的无奈心理。

然而,对于未来的就业方向与岗位的选择,好高骛远只会让个人陷入迷茫,造成长时间的焦虑和推迟选择的情况。同时,在动态的市场环境下,许多理想与现实之间的差距也可能导致学生就业压力加大。

(三)飘忽不定,就业规划模糊不清

一些困难生在校期间缺乏对自身职业发展的规划,对职业选择感到迷茫。他们没有明确的职业目标和计划,也没有具体的实施方案,只是随波逐流地选择就业方向。这样的就业态度会影响学生的职业发展,导致其毕业后无法择业、走不上自己所希望的职业道路,进而影响整个人生规划。

在当前的社会环境下,高校毕业生的就业形势面临越来越大的挑战。因此,在资助工作中培育学生正确的就业理念至关重要。然而,许多学生通过教育方式得到的职业指导并未充分考虑个人的实际情况,或仅仅是为了应对学校的要求,导致学生的就业规划模糊不清。

首先,很多困难生只注重课外活动的奖项与称号,却鲜有关注职业规划与行业发展趋势之间的联系。

其次,困难生往往将自己视为被供养者,认为找工作的过程必须是稳定、轻松和流畅的。他们缺乏对实际职业市场的认识,并没有意识到就业规划需要与市场需求、个人能力等相统一。当他们遇到挫折和感到有压力时,常常选择放弃或逃避,而不是积极应对。

(四)力有未逮,就业能力有待提升

在现实生活中,很多困难生在校期间只注重学习专业知识,忽视了其他方面的能力提升,如沟通能力、团队协作能力、创新能力等。但是这些能力在日后的就业中同样重要,甚至有时比专业知识更重要。因此,一些学生在求职过

程中会发现自己缺乏足够的就业能力,无法胜任应聘的职位。

大学生的综合素质对于就业创业至关重要。但是,家庭经济困难生往往因教育资源有限,在计算机、文娱活动和素质拓展方面缺乏基础和经验积累,这可能会导致他们在语言表达、组织能力和实践创新方面存在不足。此外,地区经济落后也影响这些学生的思维方式和就业实力。

除了教育资源的缺乏,家庭经济困难生还缺乏其他社会资源。在获取准确的职业信息方面,由于渠道的局限性,这些学生通常只能依靠学校和老师发布的信息。长期以来,这些学生缺乏必要的社会资源,这使他们在职业生涯规划上缺乏有经验者的指导。因此,许多家庭经济困难毕业生的就业过程仍处于盲目状态。

三、高校家庭经济困难学生就业指导工作上存在的不足之处

(一)资助形式单一,能力培养多元化亟待重视

当前高校资助工作在学生就业指导方面存在很多不足之处。其中,资助形式单一、能力培养多元化不足是比较严重的一个问题。

首先,高校的资助形式主要为资金补助,缺乏相应的多元化措施。这种单一的资助形式难以满足学生的多样化需求。因为每个学生的情况都不一样,他们所需要的支持也各不相同。资金补助只是提供了一种表面的帮助。而现代社会竞争激烈,学生除了需要经济上的帮助,还需要更加全面和深入的扶持,如个性化服务和定制化的解决方案等。因此,多元化的能力培养应该是高校资助的迫切需求。

其次,能力培养方面的不足已经引起了广泛的关注。一些学校和政府部门已经开始采取积极的措施来改善这种状况。例如,在工程教育领域,一些高校已经开始推出工程实践课程和实践项目。通过这种实践性的课程和项目,学生可以更加深入地了解自己的专业,并积累更多的实践经验。这种方式不

仅可以提高学生的技能水平,还可以帮助他们为未来的职业规划打下基础。

(二)就业指导普适,职业筹谋个性化亟待解决

在高校资助工作中,就业指导是非常重要的一个环节。然而,在实际操作中,就业指导往往存在普适性较强但没有针对学生个性化需求的问题。

第一,大部分高校提供的就业指导方式主要是宣讲会、招聘网站、简历撰写等通用方式。这些方式对于某些专业或职业来说十分适用,但对于另外一些专业或职业来说并不足够。例如,有些专业的学生未来需要转行到其他领域发展,或者毕业生想要创业,这些个性化的情况需要有相应的个性化就业指导。

第二,需要更加关注就业指导的时效性和针对性。高校通常有一个较为固定的就业指导计划,但是这种计划往往无法及时跟上市场变化和学生成长步伐。随着互联网和新技术的发展,越来越多的新兴职业涌现出来,这些职业在过去可能并不存在,因此要求高校及时了解最新行业趋势和市场变化以有针对性地进行就业指导。

第三,就业指导也应该注重发掘学生的个人特长、优势和职业追求,并帮助学生定位自己的职业规划。由于每个学生的优点不同,所以要根据他们的实际情况来制定更加符合自身的职业规划。

(三)感恩意识淡薄,实践教育生活化更需完善

家庭经济困难生物质生活条件不好,他们在大学生活中常常会接触到不同经济条件的同学,并且也逐渐脱离了象牙塔的保护,开始融入社会。但是,由于经济上的窘迫,他们常常有强烈的自卑心理和较大的心理落差,无法直视自身的生活状态,成为精神与物质的双重匮乏者。在这种情况下,家庭经济困难生往往会感到深深的自卑,这导致他们无法正常地与其他同学交往。同时,受消极情绪的影响,他们也倾向于抱怨他人、埋怨社会的不公,缺乏感恩意识。

随着我国高等教育改革的快速推进,越来越多的学校增加了录取人数,导致困难生的数量不断增加。政府尽力通过扶助政策缓解学生的经济压力、解决其生活困难。但是在资助工作中,有些精神教育引导措施被忽视,这导致一

些学生缺乏感恩意识,并没有意识到回报他人和回馈社会的重要性,需要正确引导学生的思想道德水平和价值观念。

随着社会的发展和生活水平的提高,经济也在快速发展,给人们提供更好的生活条件。但在这一背景下,如果困难生缺乏正确的价值取向引导,则会出现过度渴望金钱等不良现象。他们的思想意识已经发育完善,如果缺乏正确的价值取向引导,则会出现一系列问题,包括冷漠、社会责任感缺失、感恩意识淡薄以及理想信念不坚定等,这些问题会严重影响他们的未来发展。

四、多元化资助体系助力就业蓄势腾飞

(一)扶贫育人,鱼渔兼授,提升就业能力

1.扶贫济知,聚焦新生适应

新生刚入学时对学院资助相关的具体政策了解并不准确、深刻,并且对新的环境会感到迷茫与担忧,为普及政策和鼓励有困难的同学积极申报,学院采取多样化的方式,如开展"校园济梦行"活动、"济梦辅导员"活动等,由辅导员深入学生基层,深入了解家庭经济困难学生的经济状况和具体需求,针对家庭经济困难新生开展系列主题学习和实践锻炼,提供政策宣讲、资助答疑等一对一服务,了解学生思想动态,为学生解决实际难题,帮助学生更快地适应校园生活。在拉近辅导员与学生距离的同时,使学生放下心防,加强学生对学院政策的信任感,使每一项政策都能够真正落实到有需要的同学身上。

通过心理团辅活动等密切关注学生心理,定期邀请校外心理专家为家庭经济困难新生开展讲座,有计划、有针对性地对受助学生进行心理引导,缓解其心理压力,促进他们的自我发展,提升其幸福感。

同时通过设立相关栏目与朋辈互助小组,帮助困难生树立自己的人生目标和努力方向,由高年级优秀学长带领,帮助经济困难、学业困难的学生提高自身学业水平。

2. 扶贫强志, 聚焦价值塑造

学院除了给家庭经济困难生提供物质上的帮助, 还注重对学生的价值观塑造。学院加强党支部的领导帮扶作用, 通过结对的方式建立困难生导师制, 结合本院特色, 为他们制定个性化的生涯规划, 提升资助育人的实效性, 发挥党员的先锋模范作用, 通过良好的党员形象塑造与引领学生的价值观。

同时, 学院积极鼓励困难生参加校内外志愿服务活动, 要求受助学生每学年完成相应志愿服务工时。活动采用"1+1+X"模式进行, 即基础公益服务+专业公益服务+其他公益服务。学院定期对活动进行阶段性审核及认定, 学生完成后可兑换特色"爱心印章"。这有助于提高困难生的积极性与责任感, 帮助其树立为社会奉献的良好价值观。

3. 扶贫提智, 聚焦能力提升

注重改善学生生活环境。除了价值观塑造以及心理适应, 学院还注重提高学生各方面的能力。学院构建经济资助、知识辅助、人际互助"三助合一"的资助育人新模式, 以考级考证为抓手, 构建考级考证补贴制度、"课程超市"、"抱团考证"三大平台。考出四六级证书、教师资格证等证书可申请一定补贴, 以朋辈经验分享的形式, 向家庭经济困难学生传授成功考取各类证书的经验和知识, 提高学生的专业素质; 开展资助项目申报, 以项目制的形式对困难生的科研项目进行资助, 提高学生创新创业能力, 助力困难生成长成才。

此外, 依然紧抓勤工俭学这一重要渠道, 设立多种勤工岗位, 鼓励学生用自己的劳动换取报酬, 在获得补贴的同时还能提高自己的实践能力。与此同时, 学院还面向家庭经济困难学生组织暑期社会实践队伍, 带领学生参与暑期社会实践, 帮助学生深入了解社会, 使学生在实践过程中增长才干、锻炼毅力、培养品格。

(二)扶贫成才, 积厚成器, 指导就业规划

1. 助力方向选择

为帮助处在迷茫动摇期的家庭经济困难学生尽快找到自己努力的方向,

学院定期组织名企走访活动并开展职业规划培训。学院与圣奥、中天等资助方企业沟通，带领学生进行企业走访活动，帮助学生深入了解企业，找到自己心仪的岗位，提前为求职就业做好准备，同时学院通过理论传授、活动练习、团体辅导、实践运用等技术方法，帮助学生做好角色转化和环境适应，帮助其确立奋斗目标、确定生涯规划。

2. 助力就业补给

面对求职不顺的家庭经济困难生，学院会为其提供实习就业岗位推荐。学院根据学生求职意愿以及用人单位的要求，为其重点推荐五家用人单位，从而提高困难生的就业竞争力以及实践能力。从长远来看，这能够提高困难生就业成功率以及就业质量，实现人才的可持续发展。

在求职期间，学院还为困难生提供就业交通费用补贴，减轻他们的求职压力与经济负担，助力其成长成才。

3. 助力技能提升

对于缺乏求职经验的学生，学院每年与企事业单位合作，围绕职业形象设计、职场礼仪、简历设计、面试技巧等，对家庭经济困难学生进行专题培训，增进学生对于职场的了解，帮助学生熟练掌握应聘技巧，减轻学生压力，为学生顺利就业提供保障。

同时也将补贴落到实处，学院为困难生提供免费面试证件照补贴以及免费修改简历服务，帮助学生完善简历，提高求职成功率。

4. 助力心态调整

面对就业压力，许多学生会感到焦虑和不安，但是求职并不是一帆风顺的旅程，如何在碰壁时依然保持积极的心态成为准备就业的学生急需解决的问题。学院为困难生开设心理团辅，制定"就业助跑"心理团辅菜单，开展分主题分阶段的心理团辅课程。围绕"凝聚力提升""时间管理""压力管理"三大主题，帮助困难生学会与人相处、实现团队合作，缓解其求职就业过程中的压力。

(三)扶贫回馈,心怀温暖,树立感恩之心

1. 强化感恩教育

感恩是思想道德建设的关键内容,是人类情感中一种非常重要的态度。在心理学研究中,感恩被认为是一种积极的情感体验,能够促进人们的心理健康和幸福感。当下困难生出于个人自卑情绪、学校精神引导缺失、社会责任感缺失等原因而感恩意识淡薄,学院对此采用感恩回馈仪式来激发学生的感恩之心,组织学院全体困难生参加圣奥助学金感恩回馈仪式,全体困难生可以通过书信、视频、节目表演等形式进行感恩回馈,增强困难生回馈奉献社会的思想意识和行动能力。

2. 提倡回馈社会

在感恩学校、社会、国家资助的同时,也要提倡学生将这份感恩内化于心、外化于行,通过自己切实的行动来回报社会。学校通过成立"感恩资助心向党政策宣传我来讲"资助政策宣讲团来对困难生进行感恩奉献价值的引导,每学年面向学院全体困难生招募宣讲团成员,宣讲资助政策以及资助典型,强化困难生的感恩意识。

五、结论及意义

进入 21 世纪以来,中国扶贫工作开展得如火如荼,而就业是民生之本,是解决贫穷现状的重要途径,于是解决家庭经济困难生的就业问题逐渐成为国家脱贫攻坚战取得胜利的重要一环。在以就业为目标的资助背景下,对高校家庭经济困难生的资助工作不仅是资助,更重要的是育人。在离开学校正式迈入社会之际,毕业生尤其是困难生总会面临严峻的就业压力,从个人因素来看,有学生就业能力不强、逃避就业压力、没有目标规划或是目标过于高远的原因;从外部因素来看,也有学校对困难生就业指导缺少精确性、学校依旧

以传统的物质补助为主而忽略了个人能力的发展、学校缺少对困难生的价值观的引导以及就业帮扶的原因。

对此,浙江工业大学经济学院吸收以上经验与教训,实施"济梦计划",除了以多样化的方式(如"心理团辅""感恩宣讲团"等)帮助学生树立正确的价值观,增强学生的感恩意识以及社会责任感,更注重就业方面对家庭经济困难生的精确化帮扶,通过走访企业、职业规划培训等活动帮助学生尽早树立自己的就业目标与方向;通过建立"三助合一"模式来提高学生各方面的能力,为良好就业奠定基础;采取就业岗位推荐、提供交通补贴等措施提高困难生就业率及就业质量,减轻其就业压力;通过"心理团辅"活动定时开展心理疏导,缓解学生的就业焦虑心态;通过修改简历、企业分享等方式助力学生求职技能提升,提高学生就业竞争力。

资助不仅是给一名家境困难的学生以物质补助,授人以鱼不如授人以渔,重视就业的高校资助政策不仅要帮助学生全方位发展,更是有助于社会教育资源的公平分配。响应国家政策的号召,转变资助政策使其能够精确地帮助到每一位学生,不是使其仅获得短期的利益,而是对其开展长远的帮助,浙江工业大学经济学院开展的"济梦计划"值得参考借鉴。

打造"麦田计划"升级版，交出共同富裕大场景下资助育人高分答卷①

励立庆　陈　芳　叶爱芳　郑楚琪

一、引　言

在习近平新时代中国特色社会主义思想尤其是习近平总书记关于共同富裕和教育重要论述的指引下，浙江工业大学学生资助工作围绕习近平同志在浙江工作期间对学校提出的"努力建设成为各类优秀人才的培养基地和工程科学技术的研究开发基地"（简称"两个基地"）重要指示精神，立足建强"两个基地"、赋能"两个先行"的新时代使命要求，落实立德树人根本任务，以关爱每一位学生健康成长为根本任务，坚持将学校顶层设计和学院创新突破相结合，不断夯实"扶困"基础，持续强化"扶志""扶智"导向，全面加强学生的物质保障、能力提升和人格完善，努力让每一位浙工大学子都享有奋斗出彩的机会。

学校的资助工作始终与时代要求和教育发展同行同向。自 1997 年全国高校开始面向全体学生收费起，学校同步开展对家庭经济困难学生的资助和

① 基金：浙江省哲学社会科学规划"高校思想政治工作"专项课题"'三全育人'内涵特征、驱动机制与实现路径研究"（22GXSZ062YBM），浙江省高校重大人文社科攻关计划规划重点项目"共同富裕大场景下高校资助育人工作高质量发展研究"（2023GH041），浙江工业大学 2022 年度人文社科预研基金项目"新时代'三全育人'内在要求、运行机理与实施策略研究"。

关爱工作；2008年，学校出台对家庭经济困难学生的认定办法，健全奖、助、贷、勤等制度体系，实施分类分层帮扶。2013年11月，习近平总书记在湖南湘西考察时，首次提出"精准扶贫"重要思想[①]，学校积极响应号召，"麦田计划"资助育人工程于2014年应运而生。取名"麦田计划"，旨在通过比照"在适宜的播种季节里、适宜的阳光水分中，麦种经过精心培育，在田野里生根发芽、苗壮成长"的麦种成长过程，寓意对家庭经济困难学生实施"全程呵护、精准帮扶、资助育人"。党的十九大报告强调要"健全学生资助制度"[②]。2017年出台的《高校思想政治工作质量提升工程实施纲要》提出，要打造"资助育人质量提升体系"，把"扶困"与"扶智"、"扶困"与"扶志"结合起来，形成"解困—育人—成才—回馈"的良性循环。这些都为高校资助工作提供了方向指引和目标引领。

2021年建党百年之际，中共中央、国务院赋予浙江"高质量发展建设共同富裕示范区"的新使命[③]；2023年9月，习近平总书记在浙江考察时，提出了浙江"在推进共同富裕中先行示范"的新期望[④]。

浙江工业大学"麦田计划"资助育人工程牢牢把握时代脉动，不断丰富育人内涵，坚持"全员共创、全面发展、全体共享"的工作理念，积极构建富有针对性、开放性和有效性的资助育人品牌矩阵，教育引导家庭经济困难学生"受助思源、获奖思进、勇担责任、回报社会"，以高质量资助育人为共同富裕示范区建设提供坚实支撑。

二、"麦田计划"资助育人工程升级历程与实施路径

从工作演进的角度，"麦田计划"资助育人工程是一个基层创新和学校创造相结合的育人典型案例，可以分为学院层面的积极探索（1.0版）和学校层面

---

① 唐任伍.习近平精准扶贫思想阐释[J].人民论坛,2015(30):28-30.
② 决胜全面建成小康社会　夺取新时代中国特色社会主义伟大胜利——在中国共产党第十九次全国代表大会上的报告[M].人民出版社,2017:46.
③ 中共中央、国务院关于支持浙江高质量发展建设共同富裕示范区的意见[N].人民日报,2021-06-11(1).
④ 始终干在实处走在前列勇立潮头　奋力谱写中国式现代化浙江新篇章[N].人民日报,2023-09-26(1).

的系统升级(2.0版)两个阶段。

(一)"麦田计划"(1.0版):学院层面的积极探索

第一,聚焦资助工作突出难题。问题意识是开展工作的起点和切入点。资助工作的主要问题包括:一是注重物质帮扶,忽视能力提升[①]。单纯的物质援助只能暂时缓解困难,却无法使学生真正摆脱困境。尤其要关注个体差异和需求,提供心理、实践、技能、就业等方面的支持。二是注重单向发力,缺少育人合力[②]。资助工作虽然一定程度上满足了资助对象的眼前所需,但难以在深层次上促进学生的全面发展。对内要协同党建、教学、科研、后勤等部门,发动导师、班主任、辅导员、管理及后勤等各方人员的力量,对外要整合校友、企业、政府等社会力量。三是注重个人获得,忽视奉献回馈[③]。一些资助对象关注个人利益、计较个人的得失,将获得资助当成理所当然的"福利",对于学校和社会的关爱、帮助和善意视而不见,忽视了自身的责任和义务。

第二,创新资助工作育人举措。着眼于补齐家庭经济困难学生的心理、视野、能力等短板,外国语学院着力开展提升家庭经济困难学生大学适应能力、强化能力锻造和素养提升、涵盖大学四年的四大行动计划。一是开展"麦田行动"。学院邀请已被录取的资助对象提前来校,参与前置式校园体验活动,内容涵盖资助政策解读、心理健康教育、文化体验、团队建设、学业职业规划、勤工助学、迎新志愿服务等活动,帮助"麦田学员"填平"心理洼地",尽早适应大学生活。二是实施"麦田滴灌"。将专项补助、爱心车票、冬季送温暖、考研补助、就业补助、寒假家访慰问等保障性资助项目精准注入整个求学阶段,做到物质帮扶系统化、适配化、个性化。三是打造"麦田学堂"。整合育人资源,根据"麦田学员"的发展需求,开展贯通四年的麦田讲坛、朋辈互助、企业走访、名校访学等系列活动,拓宽学生视野、提升其能力。四是实施"麦田公益"。通过各类志愿服务、发展性资助计划、暑期社会实践等公益性活动,强化感恩意识、

---

① 唐志文.论新发展阶段推进高校资助育人的高质量发展[J].思想理论教育,2021(11):105-111.

② 邢中先,张平.新中国成立70年来的高校资助育人:历史演进与现实启示[J].广西社会科学,2019(10):177-182.

③ 刘卫锋.从"资助助人"向"资助育人"转变[J].中国高等教育,2016(8):42-44.

责任意识,完善人格、回馈社会。

这一阶段,"麦田计划"呈现出三个特点:一是资助观念由"输血式"向"造血式"转变,坚持学生能力提升和自主发展导向,促进学生个性化、特色化发展;二是资助方式由"单向式"向"多元化"转变,坚持教师主导和学生主体相结合,更加注重人文关怀和学生选择;三是资助重心由"心理脱贫"向"自我实现"转变,以学生全面发展为导向,着力实现社会的整体公平和资助效益最大化。

(二)"麦田计划"(2.0版):学校层面的系统升级

学校积极对接浙江大地率先展现共同富裕美好社会的战略愿景,从全局角度谋划资助工作。

第一,强化工作前置延伸,凸显全过程资助育人实效。通过推动资助工作向前延伸,提升资助工作的知晓度、温暖度和满意度。一是通过资助政策宣传的前置提升知晓度。学校资助中心协同学校相关部门,组织资助对象结合招生宣传资助政策;通过暑期社会实践小分队,深入山区欠发达地区向困难新生家庭讲好资助故事;通过新媒体矩阵发布《同行筑梦》宣传片推介资助政策。二是通过帮扶措施前置提升温暖度。学校完善《浙江工业大学绿色成长方案》,开通暑期资助电话热线,做好新生入学的接洽;开辟"线上绿色通道"为偏远地区家庭经济困难学生发放交通补贴;为资助对象准备"爱心礼包",为重点保障家庭学生发放"精弘关爱助学金",积极为家庭经济困难学生顺利入学创造条件。三是通过拓面开展"麦田行动"前置校园体验活动提升满意度。学校邀请新生资助对象提前2—3周报到,系统开展"麦田思政第一课"、杭州文化名胜探访、知名企业实地考察参观、实习岗位体验、迎新志愿服务等活动,助力受助对象"先跑一步",更好地适应并规划大学生活。

第二,围绕学生全面发展,健全全方位资助育人体系。坚持以"学生成长为中心",构建物质有保障、能力有提升、素质有优化的资助育人体系。一是以物质帮扶解困为导向,深入实施"麦田暖阳"计划。推进全国学生资助信息管理系统、浙江省学生资助"一窗受理"平台以及校内智慧学工系统的数据共享和融合联通,通过数字赋能推进精准管理,助力家庭经济困难学生应助尽助。完善资助对象认定、奖助学金申请、困难补助等资助业务的线上办理审批流程。加强学生消费数据分析和跟踪回访,开展资助的隐形动态调整,确保保障型资助100%全覆盖。调研数据表明,98.21%的学生对学校资助工作感到满意。二是以能力提升为导向,实施"麦田沃壤"计划。强化重点群体就业精准帮扶,紧扣"摸需求""送岗位""给补贴"等重要环节,严格实施"一生一档,一生一策"责任帮扶机制。开展"宏志助航""麦田成长营"培训计划,提升资助对象的就业能力,促进高质量充分就业。2023届家庭经济困难学生前往"211工程"大学及以上高校深造读研的比例和在党政机关工作的比例分别为60.48%和9.25%,均高于学校毕业生总体水平;家庭经济困难学生整体就业率为89.9%,与全校总体水平基本持平。三是以强化综合素质为导向,深入实施"麦田滴灌"计划。持续开展"青风"资助文化节系列活动,积极探索将文化育人、价值引领融入资助工作的全过程。据统计,浙工大家庭经济困难学生100%参与公益志愿活动,每学期平均工时数为82.31小时,其中有73.21%的资助对象每学期参与公益志愿服务五次以上。

第三,着眼资源优化整合,完善全员资助育人格局。注重整合校内外资源,着力构建学生主体、学校主导、社会参与的资助育人长效机制。一是凸显学校主导,强化校内协同育人。以学校党委为统领,强化顶层设计、统一部署、统一建设,广泛动员和组织相关部门协同推进。学校资助中心协同校团委,共同组织暑期社会实践"麦田计划"专项队伍,开展"勤工助学"之星评选,促进学生在实践中增长才干;协同心理中心开展"向阳工作坊"心理团辅系列活动,促进家庭经济困难学生心理健康成长;协同后勤服务集团设立"一站式"社区资助育人实践服务基地,促进受助学生开展自主学习、教育和服务;每年定期与二级学院联合开展资助文化主题活动,积极创建"一院一品"资助文化品牌。二是凸显学生主体,发挥朋辈力量的榜样示范引领作用。组织"自强之星""励志人物""尚德学子""最美毕业生""毕业生在基层"等典型评选活动,近年来发布榜样励志人物专题公众号推文200余篇,积极营造选树典型、学习典型的良好氛围。2024年3月,优秀校友、资助对象周功斌致力乡村振兴的事迹获《浙江日报》报道。三是借力社会参与,积极引入社会力量更好发挥育人效益。加强与社会企业和爱心力量的沟通与合作,将资助观念从关注资助对象的物质保障转化为支持其全面成长,不断创新资助形式,形成"亘美班""青穗班""圣奥爱心社""泰隆之星"以及"筑梦领航"国际交流成长基金等 20 余项发展型社会助学项目，为引导学生自主开展各类公益创新实践活动、选拔优秀受助学生访学交流、融通"扶困""扶智""扶志"创造了坚实条件，提供了有效保障。

三、"麦田计划"资助育人工程迭代升级取得的阶段性成果

"麦田计划"从 1.0 版跃升至 2.0 版，在工作理念、工作体系、育人模式等方面实现了全面创新、系统升级，育人实效彰显，初步构建起具有浙江内涵、校本特色的资助育人长效机制和育人范式。

第一，工作理念创新发力。"麦田计划"积极融入浙江省扎实推进中国式现代化省域先行、在推进共同富裕中先行示范的大场景，以工作新理念促成工作大视域、大格局。一是强化"三大赋能"，推进资助工作迭代升级。强化理论赋能，以习近平总书记关于共同富裕的重要论述武装思想、指导实践、推进工作；强化价值赋能，深刻领会中国式现代化是全体人民共同富裕的现代化，是物质和精神都富裕的现代化，以共同富裕的内涵要求强化价值指向；强化组织赋能，倡导学生组织在党组织的统领下，积极发挥自我教育、自我管理、自我服务的"三自功能"，在完成"他助—自助—助人"的过程中，实现能力和素质的提升。二是强化"三个链接"，推进资助工作形式创新。强化"理论"与"实践"链接，成立"共同富裕研习团"，将理论学习与实践体悟相结合，更加深刻领悟"两个确立"的决定性意义，更加坚定自觉地做到"两个维护"；强化"常态"与"长效"链接，积极探索喜闻乐见、有效有力的工作载体和活动方式，将好经验好做法及时总结提炼加以传承推广；强化"线上"与"线下"链接，以"三会一课"、主题党团日活动为载体，积极探索研讨学、云端学、实地学的新模式，增强活动的丰富性、多样性、有效性。三是强化"三个聚焦"，推进资助工作有章可循。强化聚焦"重点群体"，特别关注经济困难与心理困难、学习困难等交织的"多困生"，做好"一人一档、一人一策"；强化聚焦"工作难点"，多鼓励、多给予机会，用心用情用力打开心扉，增进学生自信和团结；强化聚焦"时政热点"，提升学

生的关注力、外向力、政治力。

第二,工作体系稳健有力。将资助育人纳入"大思政"工作体系,强化实践育人、凸显精神富有、打通全程一贯。一是整合校内外资源,创新资助育人模式。充分利用浙江省的政治优势和民营经济发达的特点,积极拓展实施以亘美海外游学计划、海天国际交流成长基金、"我行我承诺"公益助学、"聚心 e家"助学之家等为代表的社会资助项目,将更多的社会爱心力量引入大学生困难群体的成长成才过程。二是强化"扶志"与"扶智",推进精神富有。学校围绕提升家庭经济困难学生的诚信品质和勤俭意识,设计开展精准资助的个性化方案,提升资助育人的针对性和实效性。以"和润师友计划"等良师导学为抓手,着力培育受助学生正确的价值观、成才观和就业观;以"青风"资助文化节等实践活动为载体,积极强化家庭经济困难学生的创新意识、实践能力和人文素养;以"7 号室友"党员领航工程、"圣奥爱心支教"等朋辈互助为渠道,全面提升学生的诚信品质、感恩意识、责任担当。三是四年一贯,促进资助育人提质增效。遵循学生成长成才规律,围绕"入学前—入学初—在校时—毕业后"等不同阶段的学生需求和特点,循序开展学前教育赋能、资助政策宣讲、能力提升计划、奖励激励计划等,帮助新生尽快适应大学生活,保障资助对象 100%全覆盖,引领学生提振发展信心、锤炼能力本领、感恩回馈社会。

第三,育人模式辐射劲力。在工作探索过程中,形成了一系列可复制、可推广的经验,产生了良好的示范效应。一是形成"教师主导、学生主体"的社团化运作模式。学院层面健全"学生党支部—麦田班—学院麦田分中心"的社团运行构架,充分发挥其自我教育、自我管理、自我服务和自我发展的功能;依托"麦田中心联盟",促进受助学生实现"他助—自助—助人"的成长蜕变。二是形成先行一步、补齐短板的前置式育人模式。邀请受助学生提前到校,开展多维度、全方位的专业认知教育、感恩教育、实践锻炼、能力提升,助力其尽早适应并规划大学生活,补齐入学前因经济、心理等因素造成的发展短板。三是形成校地融通、开放办学的育人模式。积极吸纳、整合校友资源、社会企业、专业导师等校内外力量,强化企业走访和调研,开展"亘美班"等定制化的资助育人工作,实现人才培养实效和社会效益的双丰收,达成高校与社会、企业的合作共赢。

第四，育人实效彰显给力。"麦田计划"通过理念创新、平台搭建、模式放大，全面提升能力、素质和抱负。一是补齐经济短板，夯实基础保障，提振发展动力。"麦田计划"已建立涵盖"奖、助、贷、补、勤、减、免、偿、险"九位一体的保障型资助政策体系。2021—2023年，累计发放各类资助金13468.54万元，各级各类奖助学金受益学生共计39243人次。共有2790名学生参与校内固定勤工岗，占认定学生比例的36.53%。二是补齐心理短板，增强发展自信，勇于主动担当。"麦田计划"通过心理普测、个别访谈等，积极把握受助学生心理特点，有计划、有针对性地对受助学生进行积极心理引导，解答心理困惑，提升心理品质。开展"青风"资助文化节、"书香墨缘"旧书捐赠、感恩母亲节等系列活动，推出励志青春人物专题。调研结果显示，96.19%的资助对象在受助过程中感受到温暖并对此充满感恩之情。三是补齐能力短板，催生内生动力，提升目标追求。"麦田计划"通过实施发展型资助，为学生提供课题研究、志愿服务、社会实践等立项资助，学校发展性资助计划累计立项2035项，评选优秀项目297项。自2014年起启动优秀家庭经济困难学生北京大学暑期学校学习计划，有近200名品学兼优的家庭经济困难学生参与。经跟踪回访，2017届参与北京大学暑期学校学习计划的受助学生的毕业升学率达到52.17%。四是补齐抱负短板，拓宽视野格局，回馈奉献社会。2023年，60名学生前往英国、法国、德国、日本等国家的高校学习交流，丰富学生第二校园经历，拓展国际视野，占全校对外访学交流学生人数的12%，并全额资助5名学生前往北京大学暑期学校学习。此外，通过实施"禾润行动"助学帮扶、"绿色跑道"海外高校交流学习计划等，积极引入社会资源，有效激发"麦田学员"的责任意识、感恩意识，扩大其视野格局。五是树立励志典型，凝聚榜样力量，促进文化认同。2021—2023年，"麦田计划"涌现出一大批受惠于物质帮助、得益于道德浸润、提升于能力拓展、成长于精神激励的生动典型和励志榜样。其中，1名本科学生获"中国大学生自强之星"荣誉称号，2名学生获浙江省普通本科高校国家奖学金特别评选推荐，2名学生获浙江省"勤工助学之星"荣誉称号，1名学生获评浙江省"争做最美资助人"活动优秀典型。这些榜样人物的培养与凝聚，彰显了学校资助育人工作的实效，促进了全校师生对资助文化的认同。"麦田计划"资助育人工程入选浙江省高校思想政治工作精品项目、教育部高校思想政治工作精品项目和团中央基层团组织典型经验做法。

四、结语与展望

党的二十届三中全会做出了以进一步全面深化改革推进中国式现代化的动员令①,对深化教育综合改革作出系列部署。"麦田计划"资助育人工程将紧抓改革契机,以坚持学生发展为中心苦练内功,展现大情怀;以坚持系统观念融入构建大思政格局,塑造新优势;以坚持守正创新坚定信心,把握新机遇;以坚持以制度建设为主线不断迭代升级,提升工作新境界。

第一,进一步打造资助育人四个新高地。一是打造"全链条帮扶"高地,促进大学生全面发展。对接完善"先富带后富"的帮扶机制,加强资助工作顶层设计,深化实施"一人一档、一人一策",为不同专业年级、性格特点、个人志向的家庭经济困难学生提供"全过程"、套餐式、个性化帮扶。建立健全资助对象步入社会获得成就后回馈母校的通道,形成贯通校内外全生命周期的"全链条帮扶"资助育人模式。二是打造"资助资源拓展"高地,构建校企命运共同体。加强与地方企事业单位、杰出校友、社会组织的合作,以"互惠双赢"的方式,积极拓展解困助学渠道。在积极向社会争取捐赠、资助,设立奖助学金、发展基金等物质资源的基础上,围绕学生成长发展需求拓展勤工助学、实习挂职、交流访学等实践资源,为受助学生在兴趣培养、能力提升、视野开阔等方面创造更多的机会和条件。三是打造"扶志"教育高地,助力大学生精神富有、充盈。共同富裕是社会主义的本质要求,是中国式现代化的重要特征,是习近平新时代中国特色社会主义思想的重要组成部分。通过"共同富裕研习团",深入把握习近平总书记关于共同富裕重要论述的理论渊源、精神实质、内涵要义和时代价值,争当精神富有的先行者、能力提升的奋斗者,成为新时代践行共同富裕思想的宣传员、行动派、实干家。四是打造"资助文化"高地,推进中华民族现代文明。共同富裕,文化先行,将资助育人理念与文化育人理念有机结合,

---

① 中共中央关于进一步全面深化改革 推进中国式现代化的决定[EB/OL].(2024-07-21)[2025-02-18]. https://www.gov.cn/zhengce/202407/content_6963770.htm.

健全志愿服务体系，参与"最美浙江人"和"浙江有礼"品牌培育行动，推动社会主义核心价值观深入人心。围绕建设人类文明新形态，聚焦资助文化认同、提升资助文化自信、形成资助文化品牌，倡导弘扬诚信感恩文化，坚定勤劳创新致富的志向，丰富精神文化生活，创新文明实践，推动中华文化繁荣发展。

第二，进一步推进资助育人示范新成效。一是形成"富志"和"富智"同频共振新成效。通过系统全面、及时跟进学习党关于共同富裕的创新理论，夯实"富志"基础，提升格局境界，通过融入大思政、丰富大舞台，增加"富智"浓度，提升专业能力和综合素养，使资助对象的理论学习和实践实战产生"富志""富智"同频共振的体悟实效，成为知行合一推动共同富裕示范区建设的有生力量。二是形成工作品牌与成才典型互促共进新示范。以"麦田计划"为"端点"，充分发挥全国招生的优势，通过省外经济困难生资助育人的溢出效应，引领推动育人理念更新和共富进程。以"一校一品""一院一品"为导向，加强经验交流和工作研讨，共同促进资助育人工程的品牌互鉴和迭代升级。加强典型人物的选树和宣传，建立典型案例库，编写《麦田人物志》，放大榜样引领效应。三是形成专家化、有情怀、肯扎根的工作队伍新标杆。破除思想观念和体制机制弊端，以学校资助工作中心为依托，以"麦田计划"辅导员工作室为牵引，以资助专项辅导员和管理干部为主体，加强理论与政策研究，规范工作培训，打通职务（职级）晋升通道，提升学生资助工作水平，服务共同富裕省域先行大局。

实践探索篇

健全资助体系架构，实施精准学生资助

——"梦想小鸭"资助团队

化学工程学院

一、目标思路

教育是国之人计、党之大计。党的十八大以来，以习近平同志为核心的党中央把教育摆在优先发展的战略位置，习近平总书记就教育发表了一系列重要论述，在全国教育大会上明确了"九个坚持"的顶层设计、思路原则和任务要求[①]，深刻回答了关系教育现代化的重大理论和实践问题，丰富发展了党对教育的规律性认识，引领教育改革更加深化、教育质量不断提升，教育事业取得历史性成就，发生历史性变革。党的二十大报告首次将"实施科教兴国战略，强化现代化建设人才支撑"[②]作为一个单独部分，这充分体现了教育的基础性、战略性地位和作用。

在习近平新时代中国特色社会主义思想指引下，浙江工业大学化学工程学院全面贯彻党的教育方针，紧紧围绕立德树人的根本任务，进一步健全学生资助体系架构，全面落实精准资助政策，深入贯彻资助育人理念，持续加强规

---

① 牢牢把握教育改革发展的"九个坚持"——论学习贯彻习近平总书记全国教育大会重要讲话[N].人民日报，2018-09-14(2).

② 习近平.高举中国特色社会主义伟大旗帜 为全面建设社会主义现代化国家而团结奋斗——在中国共产党第二十次全国代表大会上的报告[M].人民出版社，2022:33.

范管理,创立"梦想小鸭"资助团队,全力保障家庭经济困难学生顺利完成学业,助力家庭经济困难学子圆梦。

落实学生资助工作,是促进教育公平和社会公平的必然要求,是建设人力资源强国的迫切需要,是加快推进教育现代化的重要基础。资助是手段,目的是育人,全面贯彻资助育人理念,把立德树人根本任务融入学生资助工作全过程,对家庭经济困难学生身心发展、道德品质培养、学业帮扶、就业指导等给予全方位的关怀和帮助,着力构建物质帮助、道德浸润、能力拓展、精神激励有效融合的资助育人长效机制,助力学生全面发展。

二、工作举措

(一)加强组织领导,完善资助体系

化学工程学院高度重视资助育人工作,不断优化资助育人方案,切实提高整体队伍的资助育人水平,实现资助育人贯穿学院教学、管理和服务的各项工作。学院针对家庭经济困难学生资助工作,成立专项学生资助工作领导小组,将资助育人工作摆在更加突出的位置,建立"副书记—辅导员—班主任"三级学生资助管理体系,通过学业帮扶、生活帮助、就业指导等形式,力图将资助工作做实做细,优化学生资助工作全流程服务,确保学生资助工作各个环节落实到岗、精确到人。真正做到以学生为本,想学生之所想,急学生之所急,把困难学生利益放在前、把资助工作做在前,努力让资助工作更贴心更暖心。

(二)优化资助体系,确保应助尽助

把好事办好、实事办实,不断提高认识、压实责任,把规范和加强学生资助管理工作作为解决家庭经济困难学生急难愁盼问题、落实好学生资助政策的重要抓手,确保精准资助、应助尽助。坚持实事求是客观公平、坚持定量评价与定性评价相结合、坚持公开透明与保护隐私相结合、坚持积极引导与自愿申请相结合四项基本原则,制定科学的认定体系,认定内容、过程、方法透明,确保认定公正、准确、全面地了解学生实际情况，既要引导学生如实反映家庭经济困难情况，主动利用国家资助完成学业，又要充分尊重学生个人意愿，遵循自愿申请的原则。

（三）拓宽资助渠道，畅通"绿色通道"

建立健全多种形式有机结合的学生资助政策体系，建立涵盖"奖、贷、助、勤、补、免"的健全资助保障体系，为家庭经济困难学生提供全过程、全方位帮扶，确保每一名家庭经济困难学生顺利入学并完成学业。学院设置70余个勤工助学岗位，鼓励学生积极参与，实施发展性资助计划，每年项目立项和指导约10项，投入专项经费资助家庭经济困难学生参加学业提升、社会实践、综合素质培训以及访学活动等，鼓励家庭经济困难学生参与暑期社会实践，支持学生勤工助学服务总队等社团建设。"绿色通道"是学生资助工作的第一站，也是家庭经济困难学生梦想起航的第一站，及时了解学生家庭有关情况，在新生报到现场开辟入学"绿色通道"，简化报到手续、提高办事效率、保护学生隐私，确保家庭经济困难学生顺利入学、安心就学。

（四）规范经费执行，资助落到实处

优化资助资金分配方式，对资金投入、资助范围、资助标准实行动态调整，进一步规范资助资金发放程序，实现资助对象、资助标准、资金分配、资金发放"四个精准"。强化资助队伍建设，加强政策理论、业务技能培训，提高资助队伍的政策执行力和数字化综合管理能力。聚焦精准资助、资助育人和规范管理等方面，深入开展理论研究，切实提高学生资助工作的科学化、智慧化水平。2022—2023学年，学院认定资助对象本科生150人，其中特别困难生84人，本科生国家助学金获得者共150人。该学年本科生困补经费共拨付34.65万元，使用经费15.6万元。

（五）强化资助举措，提升育人实效

坚持扶德扶智扶志并重，除国家助学金、国家励志奖学金外，23人获得精弘计划绿色成长新生助学金，1人获得张子良助学金，学院特举办"冬季暖阳"

送温暖活动,为 210 名经济困难生送去生活必需品。学院着力打造"解困—育人—成才—回馈"的良性循环,不断深化学生资助工作的育人属性,培养造就具有坚定理想信念、深厚家国情怀、强烈责任担当的青年,教育和引导受助学生"勇担责任、回报社会",在受助中实现人生价值,为中国式现代化和中华民族伟大复兴贡献青春力量。

三、经验启示

(一)助学——落实精准资助,安心入学就学

精准的核心就是要确保该资助的学生一个都不能漏,重点加强了两个方面的工作。第一,解决认定依据的问题,明确认定的依据,防止漏报、虚报,确保每一名学生的家庭经济状况如实上报。贫困是一个动态的过程,高度关注动态的因病和因灾致贫的家庭,动态调整资助对象,保证及时进行资助,进而实现精准化,应助尽助。第二,细化工作程序。有针对性地开展申请资助、认定资助工作,明确各个环节,确保信息对称,做到公开、公正、公平。坚持四项基本资助认定原则,畅通"绿色通道",通过各类奖助学金、勤工助学岗位、学业指导和心理帮扶等多项措施进一步落实资助工作,全方位、立体化、多角度助力家庭经济困难学生成长成才,为学生成长发展提供贴心细致的帮扶和支撑,让学生们享受到学院最优质的育人资源。

(二)筑梦——强化励志成才,培养"梦想小鸭"

学院始终牢记为党育人、为国育才的初心使命,落实立德树人根本任务,坚持用习近平新时代中国特色社会主义思想铸魂育人,坚持"以生为本,资助育人"的工作理念,不断延伸资助工作的广度和深度,抓好精准资助和资助育人,培养每一个努力的"梦想小鸭",促进学生德智体美劳全面发展,引导、培养受助学生爱国奉献、自立自强、诚实守信、知恩感恩、勇于担当的良好品质,鼓励他们努力做有理想、敢担当、能吃苦、肯奋斗的新时代好青年。

（三）铸人——提升全面素质，培养社会接班人

改革开放以来特别是党的十八大以来的实践表明，全面建设社会主义现代化国家，科技是关键，人才是基础，教育是根本。党的二十大报告明确提出，"教育、科技、人才是全面建设社会主义现代化国家的基础性、战略性支撑。必须坚持科技是第一生产力、人才是第一资源、创新是第一动力，深入实施科教兴国战略、人才强国战略、创新驱动发展战略，开辟发展新领域新赛道，不断塑造发展新动能新优势"，对"坚持教育优先发展、科技自立自强、人才引领驱动，加快建设教育强国、科技强国、人才强国"进行整体谋划。[①] 这充分体现了马克思主义中国化时代化的探索与创新，对于我们党领导人民共同应对百年变局，齐心协力战胜前进路上风险困难，充分彰显和发挥教育的基础性、先导性、全局性地位和作用，坚定不移向着实现第二个百年奋斗目标和中华民族伟大复兴中国梦奋勇前进，具有非常重要的战略指导意义。

因此，高校培养高素质人才具有重要意义，化学工程学院也旨在全面提升学生的各方面素质，从德、智、体、美、劳五个方面贯彻落实人才培养方案，定期开展学生情况汇报工作，让辅导员和班主任了解学生的生活和学习，更好地指导他们，帮助学院家庭经济困难学生树立正确的人生方向。

（执笔人：许文朔）

---

① 习近平.高举中国特色社会主义伟大旗帜　为全面建设社会主义现代化国家而团结奋斗——在中国共产党第二十次全国代表大会上的报告[M].人民出版社，2022：33.

让温暖的烙印点缀每位
生工学子的逐梦蓝图

生物工程学院

一、目标思路

每学年开学,学校启动学生资助对象认定工作时,有不少学生心存疑问:认定标准是什么、谁能申请、有何用处,对资助政策不乏误解。

自 2015 年脱贫攻坚以来,绝对贫困家庭持续减少,至 2020 年全国脱贫攻坚任务完成,这类家庭已然消失,高校资助工作呈现新特点:一是绝对贫困消除,贫困生人数随之下降,单纯依经济因素认定经济困难生已显片面;二是学生承压多样,不单经济上需资助,心理、个人发展能力也亟待关注帮扶;三是高校资助力度加大、标准渐升,社会捐赠踊跃,如我院 2020 年以来获得社会捐助 215 万元。

在上述背景之下,我院资助工作坚守"以关爱学生为核心,按需求精准分配,助学生励志成才"的工作方针,筑牢基础资助根基,力促学生个性发展。第一,于常规工作层面精耕细作、特色工作板块匠心独运,双轨并行打造学院资助工作品牌,稳步推进、扎实落实各项资助任务。第二,积极拓宽帮扶渠道,广泛汇聚各方资源,构建起密织完善的保障网络,实现学院经济困难生保障全覆盖。第三,巧妙施力,以奖助学金为"双引擎",激发优秀经济困难生内生动力,驱动他们奋勇向前;着重强化实践创新能力培养,引领学生在磨砺中成长、在实践中蜕变,全方位开创学院资助工作崭新局面。

二、实施举措

(一)强化政策宣讲,点亮认知明灯

新生入学伊始,我院便将资助工作巧妙融入始业教育环节,精心筹备资助专项宣讲会作为新生"第一课",力求每位学子在踏入校门之际,便能清晰知晓学院各项资助"利好"。资助辅导员化身"政策使者",登台详解资助政策细则,以通俗易懂之语、生动鲜活之例,拆解晦涩条文;设答疑环节,耐心回应学生疑惑,驱散学生初入校园的懵懂与不安,确保资助政策深入人心,为后续帮扶筑牢认知根基。

(二)深化信息共享,夯实落实精度

秉持"不落一人"理念,我院着力提升资助效能,组建资助评审观察小组,依托"一窗受理""智慧学工"等前沿信息平台,打破数据壁垒,编织信息"天网"。海量学生数据在此汇聚、碰撞,精准比对筛选出真正需要帮扶的贫困学子,让资助资源如精准"甘霖",点对点润泽,保障国家与学校每项资助政策落地有声,全程可溯,高效执行。

(三)优化资助形式,助力全面成长

学院跳出传统资助"框架",多维度拓展资助形式,赋能学生长远发展。校内广设勤工助学岗位,依学生专长"量体裁衣",于劳动实践中锤炼其自立自强品质;对外积极撬动校友、企业资源"杠杆",设立多元奖助学金,构筑激励"阶梯",助力学生逐梦攀高;更邀杰出校友回校,以亲身经历铺陈励志篇章,于娓娓讲述中,传递感恩奉献精神,滋养学生心灵,引领价值航向。

(四)实化暖心交流,传递关爱温度

辅导员化身"知心人",定期开启"心灵恳谈",深入探寻学生家庭、生活状况,翔实记录点滴,在动态比对中敏锐捕捉细微变化。面对敏感、心理压力大的学生,无缝对接心理中心,搭建"心理护航"专线,守护内心安宁;聚焦学业遇困群体,协同班级"盟友"、教师"智囊",会诊学习难题,量身定制帮扶"药方",以全方位、持续性关怀,托举困难学生跨越坎坷,向阳生长。

三、成效与特色

(一)筑牢根基,靶向攻坚,目标100%全面开花

学院资助工作仿若精密齿轮组,协同运转、丝丝入扣,扎实铺就精准资助之路。秉持"不落一人、不错一户"原则,深度排摸学生家境,精心构筑、持续完善学生资助档案,让每份帮扶皆有精准"靶向",直击需求痛点。

2020—2024年,学院资助"资金池"扩容至320万元,校级与院级经费"双轮驱动",化作及时雨润泽学子心田。经严格审核、民主评议把关,精准认定393名本科贫困生,特困、普困学子皆纳入关怀版图,提交申请学生认定率稳定在100%;助学金评选严循标准,393人依困难程度各获其助,国家与学院助学金无缝衔接,认定对象百分百"应助尽助",暖手更暖心。

寒冬之际,慰问物资满载关怀奔赴,精准覆盖资助群体,契合需求、传递温情;健康防线筑牢,平安保险补贴全程护航,返乡路上,补贴相随,两类覆盖均达100%,以全方位守护,为学生求学、归家、生活"兜底"保障,彰显资助力度与精度。

(二)外联内合,聚沙成塔,资助育人"共同体"强势赋能

资助育人,恰似众行致远,学院深谙此道,化身"枢纽",联动校内校外,编织协同"网络"。动态管理如敏锐"触角",统筹协调似强劲"引擎",高效整合碎片化资源,激活资助育人"一盘棋"。

"校友导师计划"重磅登场,百位校友精英"归巢",搭建起经验传承"高架桥",助力贫困学子跨越职业"沟壑";"校友励志传薪火"系列讲座、课程燃情开讲,安徽华恒生物科技股份有限公司董事长郭恒华、宁波欧联运通国际航空物流有限公司董事长崔晓益、校友程文辉等企业掌门与校友贤达倾囊相授,15场

盛宴聚焦就业、创新、励志前沿,"干货"满溢,拓宽学子视野,校准职业航向。

校友与企业爱心涌动,215万元捐赠倾囊注入资助"血脉",多元奖助学金各绽异彩。从崔晓益、生工诗语等校友专属助学金,到生工金鑫、华恒等企业设立奖学金,再到中意、华图教育基金"添柴加薪",每一注资金皆是希望"火种",点燃贫困学子奋进之火,汇聚成资助育人磅礴合力。

(三)精耕细作,多维赋能,解锁贫困学生"成长密码"

学院化身"成长筑梦师",为贫困学子量身定制"进阶攻略",全方位挖掘潜能,铺就多元发展"星光大道"。

赛场之上,贫困学生身影闪耀,课外科技竞赛参与率"满格",在国际与国家级舞台上屡绽华彩。在国际基因工程机器大赛(iGEM)等赛事中,金奖荣耀加身,连获佳绩,省级以上获奖"硕果累累",60余项荣誉见证拼搏,科研创新"基因"深植;培训期间,管理、沟通、新媒体运用等技能"充电"不停,综合素养拔节生长。

公益路上,贫困学子亦为"先锋",六成投身学生会与社团,八成热衷志愿服务,超3000小时奉献时长铭刻担当,最高230小时个人记录书写"感恩长卷",于回馈社会中彰显资助育人成效,完成从受助到反哺"华丽转身"。

(四)创新驱动,志能并济,资助"新生态"厚植成长沃土

学院秉持"扶贫先扶志,资助重育人"理念,打破传统资助"次元壁",在经济"输血"基础上,注入精神"强心剂"、形成技能"助推器",重塑资助"新生态"。

座谈会搭建"心声桥",精准把脉学生诉求,励志与心理"双辅导"并行,引导学子正视困境、砥砺自强,化贫困压力为奋进动力;帮扶策略依成长"节奏"动态调整,从"物质救济"迭代为"励志强能"模式。

勤工助学岗位"推陈出新",30余个岗位"多点开花",事务、技能、管理多元布局,"资助生"特招岗别具匠心,驱动劳务升级,莘莘学子于有偿实践中磨砺技艺、锻造能力,实现从"受助者"向"赋能者"蜕变,在成长轨道上稳健飞驰,绽放多样青春光彩。

四、价值与推广

在学院资助工作版图中，积极引入校外资助力量，恰似百川汇海，构筑起"三全育人"的坚实共同体，持续雕琢并完善独具特色的资助体系"拼图"。

学院匠心打磨"基础资助筑牢根基、发展型资助添翼赋能、社会力量协同共进"的混合型资助模式，其中，企业与校友捐赠宛如熠熠生辉的纽带，一头系着往昔校园情谊，一头连着当下助学使命。这份捐赠不只是资金的流转，更是初心的传承，在点滴帮扶间，满溢助学温情，深挖扶志潜能，彰显投身公益的担当，恰似春风化雨，既纾解贫困学生经济困窘，又拉紧校友与母校情感纽带，让感恩与回馈成为校园文化中最动人的旋律。借由杰出校友鲜活故事，于校园中竖起精神标杆，从课堂内外到生活点滴，全方位熏陶在校学子，厚植感恩情怀，强化社会担当，催生内生动力。

资助育人，不止于"助"，更重在"育"与"成"。贫困学生于受助旅程中，以汗水浇灌成长，用劳动探索价值边界，从被动接受帮扶迈向主动创造改变，恰似破茧成蝶，在影响周遭、奉献社会的进程中，找寻自身光芒。伴随资助形式推陈出新、资助方式迭代升级，"立德树人"主线贯穿始终，劳动与诚信教育交织渗透，资助工作悄然完成华丽转身，从单纯"输血"保障，蝶变为激发内生"造血"机能；从物质"扶贫"浅滩，驶向精神"扶志"深海；从基础"助人"援手，进阶为全方位"铸人"雕琢，力保每位学子不因家境羁绊梦想脚步。

展望前路，学院锚定家庭经济困难生能力跃升坐标，于顶层规划"精耕细作"，对实施细节"绣花深耕"，开启长期探索征程。扩宽生工励志人物评选"舞台"，借力新媒体"扩音"，让励志故事搭乘时代"快车"，以榜样力量激荡群体奋进涟漪，锤炼莘莘学子综合素养，为国家社会"输送"栋梁之材。在此过程中，助学内涵不断升华，物质馈赠只是开篇，更要着眼于道德涵养、能力拔节、精神提振，催生"解困—育人—成才—回馈"的良性循环生态，精塑以生为本、导向成才的资助"气候"，为学子逐梦铺就坚实多元的成长通途。

（执笔人：李军、钟金林）

资助精准施策,创新协同育人

药学院、绿色制药协同创新中心

一、背景与做法

高校学生资助工作是我国高等教育整体工作的重要组成部分,对于培养找国家庭经济困难学生成长成才起着重要作用。习近平总书记强调"扶贫先扶志"①,"要加强扶贫同扶志、扶智相结合"②。为了实现受助学生的可持续发展,形成资助育人的长效机制,除了对学生的经济帮扶,还要格外注重对其心理、精神上的帮助,在资助过程中加强"扶志"教育。学院、中心以习近平新时代中国特色社会主义思想为指导,以习近平总书记关于教育和扶贫的重要论述为遵循,不断推进精准资助,提升资助育人效果。

(一)规范认定程序,健全组织机制体制。

针对国家级奖助学金,成立学院、中心经济困难生认定工作领导小组和国家助学金评审工作领导小组,指定专人负责本科生、研究生助困工作,建立经济困难生特殊群体库,以资助认定工作为基础,关注突发家庭变故,全面动态掌握学生家庭经济状况;通过"助、贷、缓、补、勤"等一系列方式,力争全覆盖、多角度进行有效帮扶。

---

① 脱贫攻坚战冲锋号已经吹响　全党全国咬定目标苦干实干[N]. 人民日报,2015-11-29(1).
② 提高脱贫质量聚焦深贫地区　扎扎实实把脱贫攻坚战推向前进[N]. 人民日报,2018-02-15(1).

(二)强心强能强行,搭建能力提升平台。

依托学院、中心"四业课堂""药创空间"体系,在"扶困"与"扶智""扶志"交融中,提升精准资助育人效果。帮助资助对象了解学业、专业、行业、企业,对学生进行学业指导、就业帮扶。

(三)深化价值引领,彰显青春榜样力量。

学院、中心每年聘任国家奖学金获得者为"药学先锋"宣讲团成员,各年级、专业开展"药学先锋"优秀学子报告会与升学交流会。开展包括"荣药讲坛""硕博论坛""溯采讲坛"在内的学术讲座。通过官媒,推出"荣药先锋"国奖专栏、毕业生专栏、团队专栏,为资助对象树立榜样,强化榜样引领作用。

二、成效与特色

2023 年,学院、中心启动并完成困难学生认定工作,共认定 159 名家庭经济困难本科学生,其中家庭经济一般困难学生 66 人,家庭经济特别困难学生 93 人,困难生占学院人数比例为 12.97%;其中省外困难生 125 人,五类生和建档立卡学生 23 人。共认定 122 名家庭经济困难研究生,其中家庭经济一般困难学生 67 人,家庭经济特别困难学生 55 人。全年累计设置院内勤工助学岗 300 余个,共计服务时长超 7800 小时,派校岗 180 余个,学生参加勤工助学岗位 800 余人次。截至 12 月,累计支付勤工费用 10 余万元。学院、中心困难生年度使用经费总计 9.35 万余元,其中临时困补 2.2 万元、年终慰问等节日礼包近 4 万元,累计支付助教费用 4200 元,助管经费 50 余万元。

"扶智"以强能,学院以"四业课堂"为平台,建立学业指导帮扶体系,助力资助对象学业生涯发展。采用朋辈辅导、专题讲座等具体形式,开展学业规划、学业困惑、专业选择、学习困难等方面的指导帮扶。完善学院、专业两级学业指导体系,推动资助育人深入化与精准化。学院每周组织学生力量对本科生必修课课堂精准点到;坚持早打卡和年级、班级晚自习,制定班级学委考核制和责任制，促进学生养成良好的学习习惯。严格落实学业预警制度，每学期期末对不及格课程超过 6 学分或绩点小于 1.5 的学生进行红黄学业警示。各年级、专业开展"药学先锋"优秀学子报告会与升学交流会 16 次。在专业兴趣培养方面，以"药学概论课"为主要载体，邀请学院知名教授、各系主任等为新生上课，旨在培养新生的专业认可度，培养新生对药学专业的兴趣。

"扶志"以强心，学院以精准资助专项计划为舞台，助力资助对象追梦。学院借助学校"发展性资助计划"，瞄准学生特定需求，施以精准设计，配以政策和资金倾斜，旨在支持资助对象立大志、敢尝试、圆梦想。"发展性资助计划"科技专项旨在支持和帮助综合素质突出、敢于"做梦""追梦"但经济困难的药学学子。2022 年，立项"发展性资助计划"科技专项 2 项，3 名资助对象在第八届中国国际"互联网＋"大学生创新创业大赛中斩获金奖。

"发展"以强行，学院以就业帮扶计划为抓手，助力资助对象顺利求职就业。学院、中心针对直接就业的资助对象毕业生，专门建立资助对象毕业生基本信息库，包括学生的生源地、联系方法、考研情况、考公情况、工作意向、就业困难程度等信息，根据用人单位的要求和学生的思想变化及时更新。学院、中心就业辅导员还积极地与各专业老师、各医药企业沟通联系，收集就业信息，开设人才超市，使资助对象就业更加精准化。

育人树典型，以典型宣传激励学生立大志、求卓越。2024 年，"浙工大药学协同研究生会"微信公众号全新升级为"浙工大先锋药学"，更加聚焦对学生的全过程培养。利用协同创新平台的资源，德国马普胶体与界面研究所所长泽贝格尔（Seeberger）教授，生物工艺百晓生行业平台创始人俞越，杭州博拓生物科技股份有限公司总经理吴淑江，杭州奕安济世生物药业有限公司总经理兼生产质量部高级副总裁张晞晨、工艺生产质量部商务拓展及战略副总裁丁丁，杭州岸金生物科技有限公司总经理骆世忠，美国北加州医科大学执行副校长兼医学院代理院长杨芳莘教授等国内外知名专家学者及企事业单位高级管理人员来中心讲学，开展各类学术讲座 16 次。通过官方微信公众号推送优秀学生事迹 21 篇，强化榜样引领作用。

育人重实践，发挥体验式教育的价值引领作用，鼓励学生以行动回馈社会。学院、中心搭建形式多样的实践平台，支持资助对象参与志愿服务实践，在奉献中践行感恩,在行动中传递友善。以急救救护为例,组织开展救护员证和 CPR＋AED(心肺复苏和除颤仪)证培训,构建"急救救护＋X"场景,实现药学生"大学第三证"的全面覆盖,让学生参与学校各体育赛事担任志愿者。杭州第 19 届亚运会期间,药学院全体小青荷通过救护员培训并获得"救护员证",顺利完成志愿服务,向全世界展现了新时代的青年风采。在助人奉献的实践中,资助对象既收获了快乐与自信,也收获了对于国家和社会更深刻的理解和认同,这激励着他们将感恩、付出和奉献作为自己坚定的人生信条。

三、价值与推广

学院、中心秉持经济资助与扶贫扶困相结合、成长资助与感恩教育相结合、发展资助与能力提升相结合的资助育人理念,集中汇聚学院优势资源,创建资助育人与学风建设相协同、资助育人与创新创业相协同、资助育人与升学就业相协同、资助育人与实践育人相协同、资助育人与榜样教育相协同的资助育人载体,通过实施思政育人常态化、资助运行制度化、资助管理信息化、资助工作公开化、资助体系协同化的资助育人实施策略,实现了对家庭经济困难学生从扶困到扶智再到扶志的递进。

(执笔人:郭丽娜)

以资助为基础，全面打造学生培育平台

环境学院

一、目标思路

在当前推进教育改革和国家脱贫攻坚战略的新形势、新任务、新要求下，"资助育人"正在成为重点工作。开展学生资助工作要转变观念，创新方式，把资助和育人有机融合起来，把资助工作落脚到人才培养这个核心任务上。资助育人就是要以扎实的资助工作为基础，培养受助学生的科学精神、思想品德、实践能力和人文素养，引导青年学生树立正确的世界观、人生观和价值观，最终实现成长成才。

环境学院紧紧围绕立德树人根本任务，将培养青年学生全面发展作为资助育人工作的目标，搭建平台，让受助学生同样享有人生出彩的机会；抓住"培育和践行社会主义核心价值观"这一核心，把握时代责任和努力方向，加强青年榜样力量的引领教育，指引青年学生健康成长、建功立业；强化创新精神和实践能力，推荐学生参加学校就业培训会，开展考研考公宣讲会，增强受助学生就业创业的核心竞争力；创新多种渠道，结合青年学生的需求，打造绿色书库平台，结合教育信息化的进程，结合新媒体的特点，创建依托线上服务线下的新模式新方法。学院资助工作以资助为基础，全面打造学生培育平台。找准"结合点"，将资助与育人紧密结合，精准发力；注重实际成效，跟进学生发展成果，切实推动资助育人工作取得实效。把"扶困"与"扶智"、"扶困"与"扶志"

结合起来，建立物资资助、道德引领、人文关怀、能力发展"四位一体"的资助育人模式，形成"解困—育人—成才—回馈"的良性循环。教育学生自觉践行社会主义核心价值观，坚定理想信念，磨砺精神品质，增强社会责任感，掌握扎实本领，为实现中华民族伟大复兴施展才华，作出贡献。

二、成效与特色

资助育暖。学院通过考研慰问找准资助育人落脚点，护航成长助成才。一是创新工作载体，落实开展考研考公分享会，邀请往年成功上岸的学子返校为在校生开展经验分享座谈会，从择校方向、复习安排、学习调整等方面开展培训，给在校生展示了有关考研考公的全方位画卷；二是延伸工作形式，利用考研考公慰问会的形式，组织书记、院长座谈会，邀请书记、院长为学生分析历年考试形势，鼓励学生勇于造梦，敢于追梦，用自己的努力让梦想照进现实；三是细化工作内容，学院长期开设勤工助学岗位，鼓励学生劳有所得、自立自强。面向家庭经济困难学生开展中秋慰问、冬季慰问、春节慰问等多项特色品牌活动，为全体考研同学赠送"加油包"，给每一名家庭经济困难学生送上"环境人"的温暖。

资助育美。育人树典型，以典型宣传激励学生立大志、求卓越。以"十佳大学生"评选为工作主线，充分挖掘受助学生典型事迹，大力开展榜样教育。聘任优秀学子为"学生宣讲团"，在课余时间开展资助政策宣讲和榜样力量宣传，充分发挥其政策传播与励志引领作用。近年来受助学生成绩不断提升，在全院评奖评优中获得奖学金的学生比例逐年提高，2020 年获奖学金学生比例为 23.86%，2021 年获奖学金学生比例为 34.67%，2022 年获奖学金学生比例为 36.50%。保障受助学生就业，在学院促就业行动的助力下，受助学生能保证百分百就业。在学院升学率逐年上升的背景下，受助学生榜样引领作用也不断体现，展现着大学生的青春风采。2017 级学生潘谦谦获校十佳大学生称号，保研至清华大学；2018 级学生袁文婷获国家奖学金，保研至南方科技大学；2018 级学生瞿钟情获校十佳大学生提名，保研至湖南大学；2019 级学生孔正获浙江省国家奖学金特别评审奖,保研至北京师范大学;2019级学生杨帆在校期间多次获得优秀学生奖学金、浙江省政府奖学金,以专业第一的成绩保研至厦门大学。优秀的学子发挥示范作用,起到榜样引领和辐射作用,学院举办年度表彰大会,将榜样的力量宣传得更深更远。

育人聚全力,以"三全育人"体系,树牢学生自立自强人格。学院每年指导学生积极参加资助文化月活动,着力培养受助学生自立自强、诚实守信、知恩感恩、勇于担当的良好品质,并在多项比赛中斩获佳绩,获"励志奋进新征程·青春喜迎二十大"主题作品三等奖、"资助暖人心·逐梦我先行"微讲述大赛二等奖、"资助育人·筑梦未来"文创设计大赛三等奖。

资助育新。环境学院"绿色书库"新媒体学生公益项目在环境学院传统品牌活动"绿色书库"的基础上,通过开发线上借还书平台,借助环境学院微信公众号这一载体,面向全校师生征集闲置书籍和学习资料,实现闲置书籍校内循环使用,并通过微信公众号推送、个人朋友圈转发以及线下校园内摆摊、张贴海报等方式宣传和传达"资源利用最大化"的绿色生活方式。"绿色书库"顺应人们的互联网使用习惯,为广大师生提供"手指一点"即有志愿者上门送书或收书的服务,提高师生参与意愿,简化参与流程,降低参与成本,有效扩大"书库"规模,增加循环使用率。"绿色书库"线上借还书平台自2016年3月上线以来,已经征集到书籍和学习资料816本。利用书库打造育人平台,"绿色书库"规模不断扩大的同时,运营人员的缺口也随之加大。平台聘请勤工助学人员长期维护书库的运行,实现网络新媒体运用从"联系渠道"向"教育方式"转变,通过提供志愿服务,以亲切务实的、贴近青年成长实际的方式,对青年实现思想引导;将"大道理"转化为青年易于接受的"小道理",将过去思想引导的"离线模式"(以线下活动为主)转变为"在线模式"(线上线下结合),将"单向传播模式"转变为"上下互动模式",打造独具环境特色的网络新媒体文化产品。

三、价值与推广

图宏志远,促进"资助+育人"融合。我国脱贫攻坚战已取得全面胜利,高校资助工作也需根据新形势采取新策略,进一步发挥育人功能。在资助育人中强化劳动教育,使劳动精神成为家庭经济困难学生成长成才的内生动力,是激励学生自立自强、奋发有为的有效抓手。环境学院通过"绿色书库",创造更多勤工助学岗位,将劳动育人与资助育人有机融合,实现对处于"拔节孕穗期"的家庭经济困难学生的物质帮助、道德浸润、能力拓展与精神激励。"输血"更"造血",明确劳动育人目标。在全院范围选拔品学兼优且具有强烈劳动奉献意愿的家庭经济困难学生组建"学生勤工助理"。在向学生提供连续性资助支持的同时,制定针对性劳动育人培养计划,联合爱心企业、社区街道共同打造校内外实习实训平台,设定学业成绩、社会服务、劳动工时等发展目标,形成科学有效的劳动育人与资助育人成效评价体系。

"扶困"更"扶志",加强诚信教育与劳动教育。将劳动观念与劳动精神培养作为资助育人的重点任务,把诚信、励志、感恩教育融入育人工作全过程。详尽解读资助与培养政策,建立受助学生个人诚信档案,强化学生契约精神,引导学生在参与劳动实践的过程中磨砺意志、经受考验、增长才干,以诚实守信、勇担责任的品格回报社会,实现"解困—育人—成才—回馈"的良性循环。

"受助"更"助人",选树榜样标杆。选树优秀典型,组建"学生宣讲团",凝练代表性事迹,依托线上线下多渠道开展广泛宣传,通过彰显榜样的力量,用身边人讲好身边事、用身边事激励身边人,让卓越精神在朋辈间有效传播,助力更广泛的学生群体自发自觉地投身学习,成为奋进、开拓、奉献的社会主义建设者和接班人。

(执笔人:孟佳琪)

"七彩阳光"发展型资助
育人工作探索与实践

材料科学与工程学院

一、目标思路

　　浙江省教育厅印发的《2022 年浙江省学生资助工作要点》强调,要深化资助工作改革创新,以"数治＋智治"推动精准资助全面落实落细,以"发展性资助"推进资助育人内涵式发展,促进学生资助工作更加公平高效,提高浙江省学生资助工作整体质量,形成符合新时代发展要求和浙江实际的资助工作局面。

　　以此为契机,学院围绕学生健康成长,继续深化"七彩材院"学生工作品牌,完善"协同育人"工作体系。以实现精准帮扶、资助育人为目标,将资助、实践、发展、感恩等环节有效贯穿于资助体系实施的全过程,教育和引导广大学生"受助思源、获奖思进、勇担责任、回报社会"。努力实现精准实施基础保障性资助,从以下"三大方向""四大模块"搭建"七彩阳光"资助工作品牌,确保不让任何一个学生因家庭经济困难而失学。

二、工作举措

(一)以党为向,坚持党对学生资助工作全面领导

教育资助既是保民生、暖民心工程,又是促进教育公平之举。学院全面贯彻党的教育方针,紧紧围绕立德树人根本任务,自觉担当"为党育人"政治责任,大力推进精准资助,全面深化资助育人,持续加强规范管理,有效落实各项学生资助政策,努力使家庭经济困难学生同样拥有人生出彩的机会。学院充分利用关键的时间节点做好资助宣传,在新生报到当天,向学生发放《资助宣传手册》,同时热心解答学生和家长的疑问,使学生和家长了解国家资助政策,及时提出资助申请。

(二)科学为向,不断完善学生资助工作体系建设

紧紧围绕"三全育人"的总目标,学院认真学习习近平总书记关于高校资助工作的重要论述,将育人作为资助工作的出发点和落脚点,促进学生全面发展,切实提高学生思想水平,帮助学生掌握知识本领,拓宽学生思维界限,增强学生自主意识,精准帮助有困难有需要的学生家庭。学院严格按照相关办法进行科学管理,明确并规范各类奖助学金申请流程,精准识别资助对象,确保实现"应助尽助"。

(三)智治为向,提高"一窗受理"平台利用比率

学院持续探索"互联网+资助"模式,依托"一窗受理"省级资助平台,通过数字化、智慧化手段,从完善政策体系、规范工作流程、精准资助育人、强化队伍建设、增强宣传实效等多维度创新学生资助工作体制机制,不断完善学生资助信息数据库,建立动态调整的学生资助信息管理系统,努力做到资助对象精准、名额分配精准,着力提高学生资助工作实效。

(四)物资模块,丰富学生物质生活

学院以不让一个学生因家庭经济困难失学为目标,切实落实各项资助政策,坚持资金资助和物质资助两手抓,积极推进学生资助工作扎实有序开展。每年,学院定期组织"冬日暖阳"系列活动,通过问卷调研、谈心谈话、领导面对面等形式进行摸底,深入了解学生所想、所急、所需,开展内容丰富、形式多样的冬季物资发放活动。

(五)资金模块,保障学生在校学习

学院认真贯彻落实财政部等五部门印发的《学生资助资金管理办法》,进一步完善学生资助政策体系与机制,改进资助资金申请提交流程,提升资助资金发放效率。学院会定期组织"校卡补贴""爱心车票"等资助活动,同时设立教育基金专项资助,内容涵盖游学、访学、实践、调研、科技立项等方面,切实做好学生资助工作。

(六)视野模块,提高学生综合素质

学院坚持推进育人为本的"发展型"资助,在巩固"保障型"资助的同时,不断助力资助对象成长成才,推动学生资助向"发展型"拓展。为此,学院专门制定了"材子家人携手计划""万里杭州路计划"等特色活动。活动进一步拓宽了学生视野,培养了学生的家国情怀,不仅使新生收获精神财富,而且也给受过资助的高年级学长学姐一个感恩母校的机会,营造学生互助的良好氛围,形成"受助—自助—助人"的良性循环。

(七)美劳模块,加强学生美育劳育

一直以来,学院认真落实各项学生资助政策,夯实资助对象的基础管理工作,逐步建立并完善多元化学生资助体系,不仅帮助学生解决经济困难,而且不断探索、创新、推进资助工作的高效化、多元化,把美育、劳育与经济资助结合起来,助力资助对象走得更快更远。学院创新开展"食堂里的思政课""农田里的思政课""初秋摄影节"等活动,切实提高学生美育、劳育水平,也让资

助工作更具"鲜活度""烟火气"。同时,学院积极为资助对象提供各类勤工岗位,尽可能给资助对象提供通过劳动获得资助的机会,进一步帮助资助对象树立正确的劳动价值观,培养其优秀的劳动品质。

三、案例成效与特色

2021—2023 年,学院共帮扶资助对象本科生 113 人,研究生 161 人,无一人因经济问题退学。

(一)物资资助方面

学院为了减轻资助对象过冬压力,举办"冬日暖阳"系列活动。其中的"冬季送温暖"活动将会为被认定为特别困难的资助对象送上过冬物资。2020 年,学院特意将"冬季送温暖"活动对象从特别困难生拓展至学院全体资助对象,学院为每位资助对象发放两套保暖内衣和一套法兰绒毛毯,活动共有 496 人次参与,使用助困资金 52360 元。

学院还为每一位资助对象建立数据库,每一位责任辅导员都会在日常学习生活中对资助对象加以关心和爱护。学期前后,学院领导也会走访资助对象,关心询问其学习生活中遇到的困难和对学院资助育人工作的建议。资助对象纷纷表示感谢学校和学院对其的各项资助,并表示会努力学习以回馈社会。

(二)资金资助方面

学院依照相关办法,协助资助对象申请国家助学金、国家励志奖学金等校内外各类奖助学金,保证应得尽得,不落下任何一名资助对象。同时,为了减轻资助对象回家过年的资金压力,学院在每年寒假开展"爱心车票"活动,减免资助对象部分车票费用,帮助资助对象过个安心快乐年。另外,为了让资助对象放心申请学生平安险,学院针对资助对象开展平安险补贴活动。在日常学习生活中,除资助对象外,部分学生可能会遇到突发经济困难,如洪涝灾害、父母去世等。遇到此类情况,学院会立即联系相关学生,了解突发事件相关情况,想学生之所想,启动临时助困,帮助学生渡过难关。

学院也会在每学年的新生始业教育中开展相关讲座,介绍相关资助措施,从国家贷款到国家奖助学金,从社会资助到校级、院级奖助学金,从临时助困到学校借款等,尽早帮助资助对象熟悉资助举措,方便其及时申请各项奖助学金。同时,对于奖助学金的申请,各年级辅导员也会对资助对象进行一对一、点对点通知,并全程关注申请通过情况。

(三)开阔视野方面

学院资助对象大多家庭经济贫困,这就导致他们往往不会离家很远,很难得有机会去省外甚至是县外看看不一样的风景,去领略祖国的壮丽山河,去开阔自己的视野。为此,学院积极配合校资助中心开展"材子家人携手计划",从高年级学长学姐中选择合适的人选帮助资助对象尽快适应大学生活,除了提供学业上的帮扶指导,还会带资助对象走进杭州和湖州,去看看大千世界。2021年起,学院在每年的"青风"文化节上面向学院全体大一资助对象,开展"万里杭州红色行"活动,由辅导员带领资助对象前往浙江革命烈士纪念馆、"五四宪法"历史资料陈列馆、杭州博物馆等地参观学习,学党史,悟思想,强信念,跟党走,提高资助对象视野水平。

(四)美育、劳育方面

为了缓解学生家庭经济压力、增强学生劳动意识,学院在各个校区开设院内勤工岗位,岗位工作内容包含美术设计、摄影摄像、办公办事、礼仪服务等,可以从办公技能、团队合作、待人处世等角度提升资助对象的综合素质。每学期初,学院统一开放勤工助学报名申请,会优先安排资助对象到勤工岗位。除了勤工俭学,学院也会面向学院全体在校生举办"初秋摄影大赛""食堂里的思政课""老兵红色故事分享会"等校园文化活动。各年级辅导员会在相关活动中关心资助对象的报名情况,并对其进行指导,争取使资助对象在各项活动中有所收获,有所成长。

四、价值与推广

"七彩阳光"资助育人工作品牌是学院"七彩材院"学生工作品牌的重要内容,其特色与亮点在于不只关注学生物质上的经济困难,更关注对家庭经济困难学生思想精神层面的提升。为此,学院专门开展了"万里杭州红色行""食堂里的思政课""农田里的思政课"等众多特色思想教育类活动。根据师生反馈,活动很好地弘扬了中华民族传统文化,帮助同学们深入了解中华民族传统习俗,进一步教育同学们学会感恩,极大地激发了同学们的民族自豪感,让同学们在社会大课堂中受教育、长才干、求真知、作贡献。此类活动形式多样,内容丰富,但规模控制在中等左右,让资助对象尽情参与活动。活动涉及部门少,场地多为红色景点、街道田园等公共资源,方便各学院借鉴与学习。为了有更好的活动成效,资助对象的辅导员也会在活动中留心关心资助对象活动参与情况,平时谈心谈话也会重点关注资助对象在思想精神层面的发展,尽可能保证活动参与效果。

(一)师生和家长对学院资助育人工作效果评价

学院广大师生与家长对学院资助育人工作整体评价良好。自建院以来无一起投诉事件发生。以下是来自学院2020级本科生苏××对于学院资助育人工作的评价:

> 我是材料学院本科生苏××,家里为低保户,母亲没有收入,全靠父亲打零工为生,家里除供我上大学外,还有一名弟弟在读高中,生活比较困难。在材料学院的三年,学院对我十分关照,细心指导我进行各类奖助学金的申请,以补贴我的生活费。学院为我们提供了很多的勤工岗位,让我们能够在课余时间通过自己的努力来补贴家用。过年的时候学院也会热心地为我们送上衣物、毛毯等过冬物资,并提供车票补贴等,让我们能够更专注投入学习。我和我的家人都十分感谢学校和学院的资助,我经常告诫自己要怀着一颗感恩的心来感谢学校和学院对我的帮助,要做到

知恩图报。

（二）难点重点问题解决情况

资助工作信息化进一步推进，每年的资助系统申请流程也在不断完善，这给资助认定和奖助学金的申请与评比带来了一定的挑战。面对新的系统与新的流程，学院辅导员认真对待，及时学习新系统的操作与运用，交流经验，保证在公平公正的前提下，顺利完成各项认定与评比工作，无任何投诉事件发生。

（执笔人：章力文）

"食光系列"三维解困:构建
多元融合的资助育人体系

食品科学与工程学院

为落实立德树人的根本任务,进一步做好家庭经济困难学生的资助工作,食品科学与工程学院始终坚持把促进家庭经济困难学生成长成才作为学生资助工作的出发点和落脚点,在开展资助工作的同时,着力强化思想政治教育、美育和劳动教育,推进落实困难生五育并举,着力培养受助学生自立自强、诚实守信、知恩感恩、勇于担当的好品质,健全并完善学院的资助育人体系。

一、工作举措

(一)夯实基础,强化制度保障与精准识别

为扎实稳步推进学生资助工作,学院组织辅导员认真学习资助政策,严格评定程序,层层细化工作,按照公平、公正、公开的原则,进行家庭经济困难学生认定以及国家奖学金、国家励志奖学金、国家助学金、浙江省政府奖学金、校级各类优秀学生奖学金、先进班集体等评审工作。为帮助家庭经济困难学生度过一个温暖的冬季,学院向不同年级、不同需求的学生提供个性化温暖大礼包,以帮助受助学生树立自信,提升自身形象气质。为更好地实现精准资助,为进一步加强家校联动,为保证学院对学生的各项帮扶举措落实到位,学院全面落实假期学生回访工作,通过回访及时发现问题、解决问题。

(二)融合创新,拓展资助育人载体与平台

为促进受助学生德智体美劳全面发展,学院启动"青年耕耘计划",以德清县各街道(镇)为大学生思想政治教育实践平台,以立德树人为根本任务,下设"丰收思政课堂"和"民俗美育课堂"两大品牌活动,以田间劳作、民俗体验等劳育、美育为载体,促进青年学生成长成才。为充分利用网络创设资助新平台,学院借用"辅导员碎碎念"专栏,作为微信公众号中的资助窗口,同时也能够为家长提供关注和了解学校相关资助内容的平台。为深入了解受助学生情况进行精准资助,学院发挥"食光心理辅导站"的作用,做好学生的谈心谈话工作,真诚沟通情况,给予可行性建议,陪伴学生积极勇敢面对困难。

(三)专业赋能,促进育人成效与社会回馈联动

为引导和激发学生树立"受助思源、获奖思进、传递爱心、回报社会"的理念,学院为学生提供良好创业平台——"食"光书咖,使学生通过创业增强社会责任感。为引导学生在志愿服务中提升自己并将所学专业知识回馈给社会,学院定期组织"食安卫士"实践活动,将食品安全知识带进社区,实现"解困—育人—成才—回馈"的良性循环。

二、成效与特色

学院始终坚持"应助尽助"的原则,严格按照相关办法,精准帮扶家庭经济困难的学生,明确并规范各类奖助学金与困难生认定申请流程。学院定期开展相关资助讲座,帮助学生尽快了解国家助学贷款等各类奖助学金的资助流程。在资助工作的稳步开展中,2021—2022 年度食品科学与工程学院共认定家庭经济困难本科生 81 人,并积极筹措补助资金,发放共计 50800.77 元的困难补助。为帮助经济困难学生温暖过冬,学院在 2022 年度"冬季送温暖"系列活动中共计发放 9750 元的物资,共有 39 人次参与活动;发放返乡补助资金共计 14462.5 元;学院共招募勤工 52 人次,总计工时 1236 小时。

（一）思想解困，强化思政引领与价值引导

学院充分发挥思政教育与劳动教育在资助育人中的重要作用。学院"丰收思政课堂"系列活动以劳动教育为主体，探索以劳树德、以劳增智、以劳健体、以劳育美的以一育带动全育的"五育"融合创新路径，充分发挥劳动教育在立德树人中的重要作用。结合学科特色、办学定位与劳动教育的契合点，推进专业理论知识在劳动教育中的实践，积极打造"专业＋劳动实践""创新创业＋劳动实践"的劳动育人模式。"民俗美育课堂"旨在通过深入德清乡村，探索中华民族优秀的民俗文化，提升学院学子对美的认识和鉴赏水平，让学院学子在正能量的熏陶下，强化审美教育、情操教育和心灵教育，培养了同学们美的理想、美的情操和美的品格。

（二）实践解困，搭建多维成长平台

学院坚持推进以育人为本的发展型资助，不断鼓励学生树立"助人自助"的思想理念，促进"解困—育人—成才—回馈"的良性循环。学院提供的"食"光书咖平台，以学生为创业主体，为学生提供更加多元化的工作岗位，鼓励学生在接受学校与社会资助的同时通过劳动实现增收，缓解经济压力。与此同时，"食"光书咖以服务学院和学校为主要宗旨，积极配合学校和学院开展各类活动，为师生提供一个温馨放松之地，服务好每一位顾客，宣扬好学院精神，打造学院独特品牌文化。

学院大力支持受助学生投身社会实践，躬行践履。"青春使命・共筑食品安全梦"，在学院食安卫士暑期社会实践团十六载接力传承中凝聚形成，也是每一个食品学子都在坚守的"团魂"，鼓励青年学生奔赴祖国最需要的基层一线了解国情民情社情，助力健康中国战略。

（三）心理解困，注重内在支持系统建设

"倾听'食'光，与君同行"，学院发挥"食光心理辅导站"的作用，通过心理解困充分发挥心理育人在资助中的重要作用，帮助受助学生找到倾听他们诉说的窗口，塑造其阳光心态，克服心理障碍，培养健康人格，提高心理素质，做

好学生的陪伴与引导工作。学院为每一位资助对象建立心理档案,严格保密并定期完善心理档案,及时关注学生的心理状态变化。

做好精准识别是当前做好资助育人工作的前提。每学期,学院领导与老师都会通过不同的形式走访资助对象,关心学生在生活学习中遇到的困难并询问他们对学院资助育人工作的评价与建议,学生对学院与学校的各项资助工作表示由衷的感谢。

习近平总书记在全国高校思想政治工作会议上指出:"要运用新媒体新技术使工作活起来,推动思想政治工作传统优势同信息技术高度融合,增强时代感和吸引力。"①多元文化的交融和多重思想的碰撞,使大学生在成长过程中需要更加个性化、精细化的教育和指导,即大学生思想政治教育工作要"坚持以学生为中心""坚持问题导向",要更加贴近学生特点,满足学生的实际需求,做好贫困生的思想解困工作。"辅导员碎碎念"中的"成长碎碎念"板块以引导学生德智体美劳全面发展为目标,开展生涯规划引领,引导学生合理规划自己的学习和生活,为学生的成长成才打下坚实基础。"辅导员碎碎念"网络育人工作室具有丰富的知识性、元素的多样性以及活动的互动性等特点。学院将"辅导员碎碎念"专栏与资助相结合,通过网络平台为学生答疑解惑,并通过榜样的力量,增强贫困生的自信心,使其不断努力,实现自己的人生价值。

三、价值与推广

"食"光系列活动和"青耕计划"是学院资助育人工作的重要品牌,其重点在于将"助学"与"助人"并重、"育心"与"育德"并举,构建"思政教育、劳动教育、网络思政、心理育人"相结合的资助育人服务体系,推进全员全过程全方位育人。为此,学院开展了"丰收思政课堂""民俗美育课堂"等蕴含专业特色的思想教育活动。受助学生与德清当地基层干部交流和共同劳作,在潜移默化

---

① 把思想政治工作贯穿教育教学全过程 开创我国高等教育事业发展新局面[N]. 人民日报,2016-12-09(1).

之中引导大家树立正确的劳动观,使大家懂得辛勤的劳动是建设社会主义和共产主义的根本保证,懂得劳动的伟大意义;让大家在民俗文化中全面提升感受美、表现美、鉴赏美和创造美的能力,让大家在润物细无声的熏陶和讲述中感受中国传统文化的精髓,了解民间工匠技艺的精湛。该类活动形式多样,输送优秀"青耕学员"到街道挂职,为资助对象提供适当接触社会的机会,以此提升青年工作阅历、增长见识,同样也为相关资助辅导员提供深度了解资助对象的机会。

(一)难点重点问题解决情况

《高校思想政治工作质量提升工程实施纲要》提出了"扶智"和"扶志"的概念,并倡导将"扶困"与其相结合。一般来说,家庭经济困难学生的原生家庭条件较差,或者在其成长过程中遭遇一些变故,可能会使他们心智不够成熟,心理感知过于敏感,遇到困难有畏难情绪、不够勇敢和自信、对自我缺乏正确的认识等。目前的贫困资助工作大部分以经济资助为重点,忽略了对学生的综合教育和精神鼓励。面对偏重经济资助的问题,学院将"思想解困、经济解困、心理解困"结合起来,加大与家庭经济困难生的谈心谈话力度,充分利用微信公众号平台,引导家庭经济困难生积极参加"青耕计划",帮助大家树立正确的人生观、价值观。

(二)师生和家长对学院资助育人工作的效果评价

学院广大师生对学院资助育人工作整体评价良好,以下是来自学院2021级本科生朱××同学对于学院资助育人工作的评价:

> 我是一名普通贫困生,家中四口人,只有父亲在外地打工赚取收入,又因前几年父亲遇到诈骗而负债累累,我和妹妹的学费、家中老人生病所需费用都加重了生活负担。学院了解情况后,耐心帮助我通过流程完成认证,并细心指导我如何申请助学金,生活上对我十分关照,为我提供许多勤工途径以赚取一些零用钱,也让我明白自食其力的道理,鼓励我独立自强。学院老师常常鼓励我努力学习,为我排疑解难,鼓励我用自己的力量赢取奖学金。在返乡期间,学院还会为我补贴车票,减少上下学的开

销,使我更专注投入学习生活。我和我的家人十分感谢学院的资助,对学院资助工作充满敬意和谢意。受助的经历也教会我做人要怀揣感恩之心和助人为乐之心。

(执笔人:蒋静璐)

服务"两个先行",培养铸就大国重器的时代新人

——ME 发展型资助育人工作

机械工程学院

浙江省第十五次党代会明确浙江省共同富裕示范区建设要在高质量发展中奋力推进中国特色社会主义共同富裕先行和省域现代化先行的目标和任务,新战略的提出赋予了省属高校新的发展使命。高校资助工作既关乎"两个先行"这一政治任务,也关乎高校立德树人的根本任务。而高校资助育人既是实现"两个先行"的本质要求和关键举措,也是发展内生动力的内在价值和重要抓手,更是阻断贫困代际传递的核心基础和重要途径。随着脱贫攻坚战落下帷幕,国家建设发展进入第二个一百年的新征程,高校资助育人工作也面临数字化改革和校园现代化建设的新挑战,应担负起作为校园共富新引擎的新使命。

一、工作举措

在这样的背景下,浙江工业大学机械工程学院积极回应发展需要、积极承担角色使命,从理念到举措全方位完善学院资助政策与方式。

(一)转变资助理念,更注重"扶智"与"扶志"

高校资助育人工作进一步发展和完善,需要将"物质扶助"与"精神资助"

理念相结合,高校资助育人理念应由"资助"转变为"育人",由"兜底性"经济政策转变为引导学生提升能力的帮扶政策,以造血型"扶智"与"扶志"手段为重点。机械工程学院以学校资助政策为依托,搭建"ME带你看世界"平台,利用校友、企业资源和学院资助专项经费,通过设立"家庭经济困难生国际交流成长公益基金"资助优秀困难生出国交流学习,开阔国际视野,提升理想抱负,积极引导学生脚步走出去、目光走出去。对于对外交流学习归来的学生,学院举办"交流分享会",并将此纳入机械工程学院当年的资助文化节系列活动。一方面,让学生"走出去","带回来"一些新的想法和理念,实现自我提升;另一方面,有效培养学生的感恩意识和服务意识,真正实现"发展型资助"。同时,以"ME空间"学生中心为运营实践场所,通过组织新生快速适应校园分享会、大学生助学贷款诚信教育、"一封家书"感恩活动、"ME暖阳"行动之考研慰问活动、冬季送温暖活动、困难生实地走访活动、访学经历分享会、感恩季系列活动、心理健康讲座等,拓展思想引领的方式方法,引导学生树立感恩心、报国心。

(二)转变资助方式,更注重"成长"与"共享"

高校资助育人工作进一步发展和完善,需要从"单一资助"向"多维资助"模式转变,从输血型"给钱给物"的传统资助手段向造血型"内源发展"的新型资助手段转变。机械工程学院推出"精弘携手"项目,首期学员从机械工程学院奖学金获得者当中遴选,在报到当天直接对接携手对象,以期为携手对象做好360度的引领工作,让携手对象最快速适应大学校园,构建成长长线。同时,在传统的以金钱和物品资助的基础上,机械工程学院进一步打造资源整合的育人发展平台,以"ME大机械"和"浙工大机械研会"两个新媒体平台为信息发布的主渠道,帮助学生在平台中获取信息、增长能力、展示才干、收获荣誉,弥补"钱物"等表层资助覆盖面有限这一缺陷,通过促进相对贫困学生个人素质的全面发展,从根源上真正阻断贫困代际传递。打造"资助社"学生组织,以资助委员为抓手,形成共建共享合力。同时,推出机械工程学院"家庭经济困难生发展性资助计划"项目,积极引导学生自主开展志愿服务、社会实践、科技项目、党建项目、寻访校友和其他公益类项目,贯穿学生成长全过程。

(三)转变资助方向,更注重防止"新发生贫困"和"返贫"

高校资助育人工作进一步发展和完善,需要实现从"阶段资助"向"持续教育"的延伸。在"两个先行"的新目标要求之下,高校资助育人工作的宏观目标已经从"脱贫攻坚"转变为防止"新发生贫困"和"返贫",资助对象从普通贫困问题学生到兼顾刚脱贫、仍在返贫边缘家庭的学生以及因灾因病等突发事件致贫或返贫家庭的学生等相对贫困群体。机械工程学院增加对精神贫困、学业贫困、成长贫困等贫困新类型、新表现形式对象的重点关注,增加对突发事件相关学生群体的资助,为全院资助认定群体提供返乡车费补贴。同时,打造机械工程学院"资助社"平台,以各年级资助委员为抓手,做好主动观察、上报、关心等工作,全面建立起资助新屏障与动态台账管理机制。

二、成效与特色

(一)把握育人工作本质,让资助与思政有机融合

育人是党和国家资助政策的题中之义,是高校资助工作的生命和灵魂,充分发挥高校资助工作的育人功能,对于培养社会主义新型人才和实现教育公平具有十分重要的意义。机械工程学院将资助工作作为思想政治教育的重要抓手,把资助育人导向贯穿"奖、助、勤、贷、免、补"等资助工作,以资助工作为抓手,面向困难群体开展共性与个性相结合的思想引领工作,以开学绿色通道、日常实习实践、毕业温暖慰问等重要时间节点为契机,重点通过设立"家庭经济困难生国际交流成长公益基金",为困难生群体提供更多拓宽视野、树立远大理想抱负的机会与引导,并结合日常思政工作开展和"五育并举"工作改革,将资助育人工作做到开学前、毕业后,覆盖全体、各类、各层次困难群体,真正实现"三全育人"成效。

(二)把握能力培养关键,培育资助育人品牌

结合新形势下"两个先行"高校资助育人工作的新要求与新变化,机械工

程学院将资助育人品牌建设的定位从以资助兜底为重点转变为以能力培养为重点,落脚到育人维度上,着力推动"人的富裕"和"人的现代化"。通过校内外访学活动、信息化平台建设等举措,学院 ME 发展型资助品牌更注重提升家庭经济困难学生的综合素质,强调引导他们形成正确的人生观、世界观和价值观,从能力维度推动实现以劳获保的资助方式,并培养资助学生的沟通、实践、组织等全面能力,强调使其成为信仰富足、能力富足、本领富足、担当富足的"富裕青年"。

(三)把握资源整合方式,打造资源共享平台

机械学院深刻把握"两个先行"要求的平台化发展,努力发挥多方资源的集合地优势,整合多方资源和力量打造资助育人平台,以平台化发展激发学生的自主活力。一方面以学院全覆盖式的新媒体渠道打造虚拟的资源共享平台,充分发动多方资源和力量,打通社—校—企三级联动的资助育人平台,构建信息整合的网络矩阵,帮助受资助学生获取更及时、更丰富的各类信息。另一方面以 ME 空间、ME 咖啡吧为依托,打造实体的资源共享平台,为受资助学生提供更多的实践场地,由此激发以学生为本的资助育人内生动力,进行资助育人资源的"第三次分配"。

(四)把握风险防范机制,完善全方位资助政策

针对当前已经基本消除绝对贫困的大形势,学院及时关注到因突发事件致贫或者返贫的学生群体,及时思考、完善相关的资助方式,及时推出困难生返乡车费补贴等举措,努力打造脱贫攻坚与共同富裕之间的"缓冲带"。同时,以"资助社"为抓手,进一步关注突发灾害、突发疾病等导致的突发性贫困,让相关突发事件的资助工作也有规章制度可循,设置好资助标准、资助内容、资助方式等,把握好"两个先行"大背景下高校资助育人在防止新发生贫困和返贫方面的风险防范机制。

(五)把握人才输送方向,形成人才培养闭环

高校资助育人工作要着力实现个人发展与社会进步的价值诉求。机械工

程学院坚持以"浙江精神"办学,立足浙江发展浙江,以浙江发展的需求为出发点、以推动"两个先行"为落脚点,将人才输送作为开展资助工作的最高目标,通过搭建国际视野平台、搭建校企合作平台、搭建实习实践平台,打通资助学生反馈社会的渠道,积极引导相对贫困地区学生勇于、敢于选择回到家乡、回到祖国建设需要的地方,积极参与地区发展建设。进一步与资助育人的思政功能形成完美契合,充分发挥高校人才输送、区域建设以及资助育人的实效,真正推动省内相对贫困地区的建设发展,与高校就业工作形成育人闭环。

（执笔人：陈佳妍）

"e知学堂"，从知到行

信息工程学院

一、目标思路

高校家庭经济困难生资助工作一直以来都受到学校的高度重视，通过"奖、助、贷、免、补、勤"等多方位的资助体系，给资助对象的生活和学习提供了物质保障，家庭经济困难学生"入学难"的问题已经大有改观。但出于生长环境和经历等原因，很多资助对象在即将"走出校园"时，成为一定意义上的弱势群体，在升学和就业等方面存在诸多困扰。因此，实现资助工作从"授之以鱼"到"授之以渔"的"资助育人"模式，帮助资助对象提前做好职业生涯教育，提高其升学、就业竞争力显得尤为重要。

因此，信息工程学院学工办结合学校资助工作具体要求，主动探索如何进一步发挥发展型资助工作的育人功能，成立"e知学堂"，探索"三位一体"式的资助对象职业生涯教育模式。

二、工作举措

信息学院"e知学堂"成立于2015年11月，是资助学生社团化管理的首次尝试，"e知学堂"学员来自学院不同年级、不同专业。至今已成功举办八期活动,累计资助 270 余人。

(一)资助对象就业弱势状态分析

第一,资助对象缺乏课外实践能力导致其综合素质不高。大多来自闭塞、落后地区的他们,在进入大学之后,面对千变万化、丰富多彩的世界有些迷茫,加上家庭经济困难而导致的经济压力,他们通常会感到自卑,落差感激增,适应不良者就会逐渐内向、离群索居,在学习和生活中出现不良心理,导致这些学生不能在平时的学习生活和实践锻炼中很好地参与,能力得不到提高。

第二,资助对象的就业社会资源积累有限导致就业途径单一。资助对象在大学里能享受的教育资源与非资助对象是一样的,但是在校园之外,社会关系单一的学生就业面非常狭窄,实习途径、就业方向等消息也相对闭塞,继而使资助对象明显地表现出一定程度的消极心态,如此将失去很大一部分社会资源。

第三,资助对象被寄予过高的家庭期望而导致其就业定位不明确。出于家庭背景和社会关系等方面的原因,面对尚不完善的"双向选择、自主就业"的毕业生就业机制,同时在就业思想上被家长寄托着留在大中城市工作的希望,很少有资助对象愿意到贫困的地方去创业,不能正视现实"先就业",过高的家庭期望成为资助对象"有业不就"的重要诱因之一。资助对象在面临就业时,压抑感、紧张感和矛盾感会更加突出。

(二)"e知学堂"培养目标及培养方案

学院在学堂的开班仪式上开展领导恳谈日活动,倾听资助对象内心真实的诉求。在此基础上,学院尝试为"e知学堂"学员制定个性化培养方案、搭建实践平台、提供兼职机会、举办主题沙龙等,更好地帮助资助对象做好学业规划,提升其就业竞争力。

"e知"走访:每年组织 2—3 次走访企业、与其他高校进行跨文化交流和实地走访活动,优秀学员将有机会享受学院专项经费补贴,帮助学员更好地对接社会,让资助对象能够更好更快地做好自己的学业及职业规划,提高其在专业上的竞争力。

"e知"沙龙:定期(每月一次)开展学员沙龙,互相分享学习生活经历,共同成长进步;邀请企业相关人员、优秀学长或老师等开展交流会,为学员答疑解惑;营造和谐氛围,增强资助对象的归属感和自信心。年底学院也会为资助对象学生开展"温暖e冬"谈心慰问活动,给予其鼓励和支持,帮助缓解其生活和学业上的压力。

"e知"实践:学院积极响应学校的发展性资助计划,在学堂内部开设"e知实践"板块,组织学员申报"e知学堂"资助项目,给予班内成员经费,让学员利用暑期社会实践、发展性资助计划等契机,开展志愿者服务等公益活动,进一步提升学员的社会适应能力,同时对学员进行感恩教育和爱心传递的引导,让资助对象在这一平台充分锻炼自己。

三、成效与特色

(一)"e知学堂"工作成效

截至2022年12月,"e知学堂"完成了从策划、筹备到成功建立的过程,并且初步完成了内部组织建设,规范了社团内部的运行。目前,已成功组织滨江海创基地的参观学习、"暖暖e家"主题沙龙、多期学员成长助航计划等活动。同时,建立"e知学堂"线上QQ交流群,进行线上的小型沙龙交流活动若干次,为学院学生资助工作提供了新的载体和抓手。

第一,团体内部交流便捷,提高了学生资助工作的效率。在没有成立"e知学堂"之前,学院的家庭经济困难生散落在不同专业和班级,每人家庭情况、学习情况、心理状态、生活情况均有所不同,给辅导员的梳理排查和学校的统一管理造成一定困难。通过"e知学堂"统一整合学院的家庭经济困难生,实现一体化管理,进行了学校教学与思想政治教育的有效资源的整合,进一步拉近了学生与学院、与辅导员的距离,有效起到了桥梁的作用,提高了学院学生资助工作的效率和影响力。

第二,利用活动的强延伸性,提高了学生的自我管理和规划能力。随着社会竞争的日益激烈,高校对大学生的能力培养也趋于多元,包括创新能力、适应社会能力、实践操作能力、人际交往能力等。以"e知学堂"活动丰富的形式,为家庭经济困难学生提供更多"走出去"和"请进来"的机会。一方面,强化感恩教育,增强学生的感恩意识和公益意识;另一方面,在广泛开展活动的同时,主抓重点项目,引导家庭经济困难生提前进行学业和职业规划,尽早为自己的未来做好准备。

(二)"e知学堂"工作特色

1. 建立资助育人与就业指导工作相融合的机制

融合学科、校企资源,实现数字经济人才培养目标下的教育资源共同富裕。一是构建各专业之间信息共享、职责明确、协作指导的扶贫协作机制,并根据学校扶贫工作的要求全面排查贫困学生困难情况,个性化制定帮扶措施,组建帮扶小组,跟踪就业状况,搭建线上与线下相结合的就业指导平台;二是通过设立高校与企业之间的"校际关系网""协作单位"等方式,拓宽求职途径;三是积极整合资源,探索新时代共同富裕资助育人工作高质量发展,做好物质帮扶、完善资助制度、繁荣资助文化、强化扶智扶志,促进学生德智体美劳全面发展。

2. 构建资助育人机制与人才培养特色有机结合的模式

坚持"以人为本"的理念,加强"校、企"的联合培养。一是从精神层面上摆脱贫困,根据贫困大学生的心理特点开展帮扶,引导其积极参加心理社团、就业社团,以学促教;发挥辅导员的组织功能,发挥辅导员的心理育人作用;成立一个学习团队,在提高学生发展潜力的基础上,增强他们的自信心。二是推进校企合作,实现共赢发展。加强校企联动,搭建合作平台,建立产学研合作基地、毕业生实习实践基地等,为家庭经济困难大学生提供更多的专业实习和社会实践机会。充分利用校友资源,建立长期的人才培养输送机制,既可以拓宽学生就业渠道,又可以为校友企业提供人才保障,实现双赢发展。

3. 深化资助育人与感恩教育相融合的模式

建立反哺机制,引导受资助学生实现"被助—自助—助人"的转变。着重培育家庭经济困难学生的责任担当意识和感恩意识,引导和教育学生发奋图强、回馈社会。通过开展常态化的感恩教育,鼓励学生参加志愿活动,以所学反哺社会。树立家庭经济困难学生成长成才的模范榜样,促进其崇高理想信念的形成,引导学生把个人发展需要与社会需要结合,立报国之志,强报国之行。

四、价值与推广

强化资助育人理念,2022 年,共有 388 位学生获得各类奖学金,其中 1 位资助对象获国家奖学金,7 位获浙江省政府奖学金,4 位获得优秀学生一等奖学金,17 位获得优秀学生二等奖学金,58 位获得学习单项奖学金,7 位获得其他单项奖学金,104 位资助对象获国家励志奖学金。学院大力支持资助对象学生参加科技竞赛和科研项目,积极为学生提供竞赛指导机会和科研导师选择机会,培养资助学生的专业实践能力。2022 年,学院共有 98 位资助对象参与学生会和社团组织,126 位资助对象参加勤工俭学,107 位参与志愿服务活动。2022 年,学院共有 3 支队伍完成学校第十一届发展性资助计划项目结题,共10 支队伍完成学院第七期"e 知学堂"活动项目结题,共 11 个项目申报学院第八期"e 知学堂"活动项目。

在学院组织带领下,资助对象参加浙江工业大学友好学校德国亚琛工业大学校方说明会活动,了解学校概况和学科内容以及留学申请和交换项目,培养了自身的对外交流能力和综合素质,开阔了视野。学院积极从企业获得资助基金,如海天国际交流成长基金,用于资助贫困生国际游学,全方位让贫困生感受到学院给予他们的温暖和关怀。

"e 知学堂"资助育人工作承载着物质帮扶、情感激励、心理疏导、能力提升等育人功能,将"扶困"和"扶志"结合,对学生不只有物质上的帮扶,更注重精神上的激励。紧密结合"三全育人"理念,构建全面、系统的资助育人体系,促使资助育人工作更加注重资源的整合,多措并举,形成合力,真正提高资助育人工作的时代性和实效性。

"e知学堂"资助育人体系在构建新体系、进行新探索的过程中,总结出的资助育人经验和培养出的学生得到家长和用人单位的充分肯定。通过发掘贫困大学生的个性差异,瞄准大学生的发展需求,深入研究不同群体的需求差异,制定有针对性的"一对一"大学生帮扶提升方案,建立"一人一案"的项目台账,有针对性地为大学生的成才创造条件。

"e知学堂"不仅提高学生的个人综合素质,而且引导学生心怀感恩,反哺社会,为推进共同富裕贡献信息学子的力量。学院将继续挖掘助学渠道,努力争取社会的资助、社会企业的善意之举,助人更暖人,鼓励受助学生用知识回报社会,用爱心传递温暖,感恩回馈社会。

(执笔人:张敏、方睿鸽)

"筑梦 E 心"实现资助体系覆盖，推进资助育人成效

计算机科学与技术学院（软件学院）

一、目标思路

学生资助工作在迈向第二个百年奋斗目标的新征程中，要为推动建设教育强国、办好人民满意教育作出新的更大贡献。"筑梦 E 心"资助发展团队是浙江工业大学计算机科学与技术学院、软件学院开展家庭经济困难大学生资助工作的重要工作力量，以"精准帮扶、特色培养、师生共建"为工作原则，旨在实现对家庭经济困难学生的精准帮扶和培养提升，赋予较强事务性工作属性的资助工作以文化内涵，调试出资助育人的最佳温度，将科技、就业、心理和团学等教育模块有效贯穿于资助体系实施的全过程，变单向的"物质资助"为多元的"发展支持"，教育和引导受助学生"受助思源、获奖思进、勇担责任、回报社会"，在受助中实现"人文化成"，努力为加快建设教育强国、办好人民满意教育作出新贡献。

二、成效与特色

（一）"筑梦团队"——师生共建，多元发展

筑梦 E 心团队为计算机学院全体辅导员共同参与组建的团队，该团队有

辅导员 14 名,针对每位辅导员的专业特长,打造五育融合的"筑梦 E 心"资助品牌。"温暖 E 心"活动,采用寒冬送温暖、留校慰问、路费补贴等多种形式,做到应扶尽扶,精准资助;"职通 E 心"活动,开展就业指导、社会实践等活动,加强院企合作,培育学生自强品质;"学业 E 心"活动,开展名师讲坛、朋辈互助、榜样学习分享会,帮助学生开展学业规划、树立向上信念;"成长 E 心"活动,组织素质拓展、志愿服务,培养学生多方面的能力,弘扬奉献精神;"体魄 E 心"活动,组织趣味运动会、校园跑大赛,加强体育锻炼,增强学生体质。变单向的"物质资助"为多元的"发展支持"。

(二)"筑梦班级"——团结互助,共同提升

"筑梦班级"的创立为家庭经济困难大学生的成长成才、人际交往提供新的平台。在每年资助认定工作结束后,所有同学统一编入各自年级的"筑梦班",正式成为"筑梦者"。从大一到大四,通过一系列学院组织的活动,同学们要完成从筑基、筑才到筑梦的蜕变成长。每个年级的"筑梦班"挑选 3—4 人组建学生工作团队,由学院资助工作辅导员指导,由高年级学生骨干和优秀的"筑梦者"负责"筑梦 E 心"的策划和落实。

(三)"筑基行动"——筑立基础,培养德行

"筑基行动"帮助家庭经济困难新生尽早适应大学生活,感受大学文化,树立自强信念。邀请已被录取的家庭经济困难新生提前来校,参与成长实践。整个活动为期一周,入学辅导重在理论部分,学院组织专业教师、心理咨询师、辅导员、高年级优秀学子、校友等开展学业规划、职业发展、资助政策、心理健康等方面的专题辅导工作。实践部分由学生参加学院提前安排好的勤工俭学实践以及迎新志愿服务工作,每位学生在整个活动期间的食宿全免,另外还可获得工资。

(四)"筑梦平台"——院企合作,共同提升

学院与企业达成合作,共同进行资助培养。通过团队对接企业,组织开展一系列企业参观活动,根据学生的发展需求,为其量身定制培养计划。与恒生

电子股份有限公司联合开设"金融科技创新训练营"，联合杭州市西湖区科技局、浙江省软件行业协会、杭州安恒信息技术股份有限公司、浙江中控技术股份有限公司等单位，共建浙江特色化软件学院。所有学生可以根据自身实际自愿参与"筑才学堂"的活动。"筑才学堂"开展名师讲坛、朋辈互助、榜样学习等活动，并根据具体情况不断完善和充实。"筑才学堂"以育人为根本目的，为学生成长发展提供贴心细致的帮扶和支撑，让学生享受到学院最优质的育人资源。

（五）"筑梦公益" —— 勇担责任，学会感恩

团队组织的"筑梦公益"通过各类志愿服务、发展性资助计划、暑期社会实践，鼓励学生参与社会公益服务。近年来，"筑梦Ｅ心"团队积极引导支持筑梦学生深入乡村，关爱留守儿童，前往浙江天台，为当地留守儿童举办为期五天的暑期实践活动；在四川万源7所学校设立爱心Ｅ站并发起物资捐赠，总价值4万余元，受惠学生达1100余人；与杭州市西湖区留下街道共建"亲亲小候鸟"暑期训练营，该活动被《留下发布》报道。根据学校发展性资助计划的实施要求，学院提供专项经费支持，采取项目团队化运作方式，鼓励学生走出校门，联系实际开展调研，体会到自身的价值和奉献的快乐。

三、价值与推广

授人以鱼，不如授人以渔。2017年中共教育部党组印发的《高校思想政治工作质量提升工程实施纲要》提出，把"扶困"与"扶智"、"扶困"与"扶志"结合起来，建立国家资助、学校奖助、社会捐助、学生自助"四位一体"的发展型资助体系，构建物质帮助、道德浸润、能力拓展、精神激励有效融合的资助育人长效机制。"筑梦Ｅ心"资助品牌将工作重点从以物质保障为主转向以物质保障为基础、满足学生多元需求、推动学生全面发展的发展型资助，最终促使学生可持续发展。

（一）一以贯之党对资助工作的全面领导

过去十年，我国学生资助工作取得了前所未有的成就，建成了覆盖"所有学段、所有学校、所有家庭经济困难学生"的中国特色学生资助政策体系，为促进教育公平、助力打赢脱贫攻坚战、建设人力资源强国奠定了坚实基础。新时代学生资助工作取得的成绩归根到底在于坚持党对学生资助工作的全面领导。学生资助战线要把学习、宣传、贯彻、落实党的二十大精神作为当前和今后一个时期的首要政治任务。

（二）一以贯之立德树人为核心的资助育人体系

党的二十大报告强调，要"全面贯彻党的教育方针，落实立德树人根本任务，培养德智体美劳全面发展的社会主义建设者和接班人"①。多年来，学院培养了无数计算机青年学子，而他们也在用自己的方式照亮别人。比如优秀校友周功斌，作为曾经的励志学子，在他毕业后依然心怀感恩之心，坚持要带着淳朴的乡民一起走上脱贫致富、振兴乡村的道路，他的事迹曾多次被央视报道。又如"尚德学子"王志文，连续四年作为负责人开展支教项目，促成我校桑洲社会实践基地挂牌落成，他的事迹曾受到中国青年网、浙江新闻、浙江团省委、浙江学联、宁波电视台、宁海电视台等的关注、报道。我们始终坚持系统观念，保障资助育人各环节紧密衔接、各关键要素合理配置，不断深化学生资助工作的育人属性，培养造就具有坚定理想信念、深厚家国情怀、强烈责任担当，立志在中国式现代化和中华民族伟大复兴进程中贡献青春力量的时代新人。

（三）一以贯之以数字引领的现代化资助管理体系

党的二十大报告对我国加快建设网络强国、数字中国提出了明确要求。我们要努力构建由数字引领的学生资助管理体系，为推进学生资助治理体系和治理能力现代化提供有力支撑，聚焦精准资助、资助育人和规范管理等方面深入开展理论研究，加强对优秀理论研究成果的转化、共享、推广与宣传，切实

---

① 习近平.高举中国特色社会主义伟大旗帜 为全面建设社会主义现代化国家而团结奋斗——在中国共产党第二十次全国代表大会上的报告[M].人民出版社，2022：34.

提高学生资助工作的科学化、智慧化水平。我院积极鼓励学生申报发展性资助计划,鼓励学生将计算机前沿知识与技术应用到民生、资助等课题中进行研究与探索,如"'互联网+'背景下的高校学生志愿服务活动探索""校园线上闲置物品交易小程序的开发与应用"等均入选发展性资助计划。此外,我院资助发展团队也在实践中不断探索,成功申报并结项省级资助调研课题一项。

（执笔人:吴琦聪、刘丹、张苗苗）

奋斗青春,筑梦未来

土木工程学院

一、背景与做法

浙江工业大学土木工程学院的"筑梦计划",坚持"倾听学生声音,了解学生需求,促进学业成功,助力学生成长"的工作思路,开展了一系列资助育人的实践工作。

(一)加强整体设计,健全资助育人体系

学院健全资助机构设置,设立学生资助中心,配备专职师生辅导员,由学院相关负责人、教师、校友共同参与,形成全员资助育人格局,资助面覆盖学院全体家庭经济困难学生,加强对家庭经济困难学生生活、学习、心理、就业等方面的帮扶。

学院对每一位家庭经济困难学生建档立卡,从入学到毕业,不断丰富其个人档案,分阶段进行固定帮扶工作和特色帮扶工作,建立困难生反馈机制,形成四年一贯制全过程育人资助体系。

学院建立资助育人队伍,学院领导、班主任、辅导员对接寝室,开设"砼声有约"等活动,优秀学生通过"励志班"提供学习帮扶,开展全员、全方位育人工作。

学院加强家庭经济困难生学校教育与社会企业的联系,在毕业阶段,开展

保研考研、就业面试、选调公务员考试、简历制作等分享会,开设简历直通车,为其提供就业机会,帮助其顺利进入人生下一阶段。

(二)创新方式方法,突出资助育人实效

资助育人不只在经济上帮扶,更重要的是能力帮扶、素质帮扶,通过创新工作方式方法,提高对家庭经济困难学生帮扶工作的实效性,为家庭经济困难生的健康成长创造良好环境。

学院设立勤工岗位,让学生依靠自己得到报酬,并获得能力的提升,同时通过年度"勤工之星"的评选推出典型人物,做好采访、推送等工作,起到榜样宣传作用。

学院设置匠人咖啡吧,面向学生招募店长和店员,优先考虑家庭经济困难学生,培养学生的创新意识,训练学生独立思考、发现问题、解决问题的能力。

学院鼓励家庭困难学生参与志愿者活动与社会实践,并提供学院、学校、社会各类实践渠道,提升学生的社会服务能力,培养学生用行动回馈社会的意识。

(三)强化精准帮扶,丰富资助育人内涵

学院精准识别资助对象,把好入口关。采取"信息采集,量化测评,民主评议,验证核实"四段式和"班级—年级—学院"三级认定模式,形成"程序规范、指标明确、动静结合"的家庭经济困难学生精准帮扶模式。

学院根据前期精准识别的资助对象,采集个人意愿,资助有一定学习基础的家庭经济困难学生参加托福、雅思、工程师等发展性学习项目,通过考试后资助其报考经费。

学院鼓励困难学生踊跃参与社团、学生会、班委,锻炼其学习、工作能力,并提拔优秀学生担任学生骨干,使其在校园生活中承担起团队责任。

学院开展"诚信守正·励学力行"主题教育,引导学生增强诚信意识和责任担当,评选"自强之星"并展示其事迹以深化励志教育,进一步丰富资助育人内涵。

二、成效与特色

"筑梦计划"以规范资助体系、强化精准帮扶为原则；以健全资助体系、突出育人实效为导向；以丰富资助内涵、加强整体设计为方法，力求全面掌握资助学生的真实情况（包括人数比例、家庭情况、贫困状态），精准识别特别贫困与一般贫困、表面贫困与真正贫困；根据学生实际情况，实事求是地全方位推进四年一体化资助工作，并取得了一定成效。

（一）打造"土木励志成长营"，关注学生发展成长

学院通过学生自主提交的材料、班级资助小组观察得到的信息、辅导员和班主任谈话的内容，多角度了解家庭经济困难生的思想动态、学习状况、生活状况等，丰富每一位学生的个人档案，方便学院精准识别家庭经济困难学生，在为其提供经济帮助的同时积极推进育人工作，针对学生发展需求，打造"土木励志成长营"。

学院针对学生发展需求，打造诚信教育、心理健康教育、励志教育三大主题教育。一是诚信教育，学院围绕营造诚实守信、自立自强、知恩感恩的文化氛围，开展"诚信守正·励学力行"主题教育，引导学生增强诚信意识和责任担当；二是心理健康教育，由心理专项辅导员主导，开展人际关系、沟通表达、压力管理、自信提升等主题的团体辅导活动，帮助学生养成坚强、乐观、自信等积极心理品质；三是励志教育，学院建立"励志班"，成绩优异的同学结对帮助学习上有困难的同学，筑牢专业知识基础，同时邀请学院教师进行竞赛指导、课题研究指导等，指导学生灵活应用专业知识。在三大主题教育的引领下，助力学生全方位成长。

2023年，"土木励志成长营"成员获评"聚心班助学金"1人次，"张子良助学金"1人次，"康恩贝自强奖学金"1人次，各类奖学金共计54人次，浙江省政府奖学金2人次，还有19人次获得课外科技竞赛奖项。

(二)打造"土木励志大讲堂",强化学生个人素养

学院的"筑梦计划"中不乏具有特色的资助育人工作。学院始终实行"助困"与"育人"相结合的资助体系,打造"土木励志大讲堂",在帮助经济困难生物质脱贫的同时,更关注学生精神脱贫、素质脱贫、能力脱贫。

一是实行双导师制度。学院实行"本科生导师制"和"星匠计划"校外导师制,通过具有丰富职场经验导师的带教、企业实习、实践锻炼、专家点评、讲座培训、与学生结对等方式,为学生职业规划、事业发展提供指导和帮助,使学生提前了解行业前沿信息,拓宽眼界和就业渠道,为提升困难学生的实践就业能力与创新创业精神创造条件。二是丰富锻炼岗位。学院提供各类实践机会,设立包括学科科研助手、行政助理、实验室助理、辅导员助理等勤工岗位,既使学生得到锻炼并提升能力,又带动了学院更多部门与人员参与育人的过程;鼓励学生积极参与学生工作和体、美、劳各类活动,在实践中培养困难生的组织能力、沟通能力、表达能力等综合素养。三是创新实践平台。学院为锻炼学生创新创业和自主运营能力,在学院楼设置匠人咖啡吧并提供相关设备,面向学生招募店长和店员,优先考虑家庭经济困难学生,让学生在学院的"保护伞"下尝试创业。学院根据咖啡行业创业人才所需各项职业能力,培养学生的创新意识和思维,训练学生独立思考、发现问题、解决问题的能力。

2023年,"土木励志大讲堂"成员有41余人参与勤工岗位,学院共支付勤工助学专项基金9.51余万元,其中有一位学生获得校级"勤工之星"称号;有49人参与学生会、社团等学生工作中,有14人担任部长以上任职,学院学生会连续四年获得优秀学院学生会称号。

(三)打造"土木爱心志愿团",引导学生积极服务社会

学院鼓励家庭经济困难生参与志愿者服务和社会实践,提升自己的社会服务能力,通过成立"土木爱心志愿团",引导受助学生以实际行动服务国家、回报社会,增强服务意识和个人能力。

一是组建社会公益志愿服务队伍。创建QQ群、钉钉群,在群内发布学院、学校和社会上的志愿者服务信息;与翡翠社区、翰墨香林社区签订服务协

议,联建志愿服务基地,定期开展安全知识宣传、敬老院义工、社区图书管理等志愿服务活动。二是组建多支社会实践研学队伍。依托学校专业资源,通过社会调研、课题研究、实践服务等形式,深入基层,走向行业前线,将专业知识落到实处;实施发展性资助计划,通过教育实践活动,让学生了解社会,回报社会,锻炼自身的组织与实践能力。

2023年,"土木爱心志愿团"成员有52位学生参与志愿者服务,最高工时达270小时,人均48小时;有36人参与社会实践活动,2人次获得院级、校级以上奖项,其中"励志风暑期实践团队"和"西子印象暑期社会实践团队"获评校级优秀实践团队。

三、价值与推广

土木学院认真学习贯彻习近平总书记关于教育的重要论述和全国教育大会精神,紧紧围绕落实立德树人根本任务,将育人作为资助工作的出发点和落脚点,坚持以教育为导向、资助为手段、育人为目标,打造与"筑梦计划"品牌案例有效融合的资助育人长效机制,不断提升资助育人实效,助力学生全面发展。

(一)注重精准高效,保障资助政策落实落细

目前全国已经实现全面小康,但仍然存在部分家庭条件相对困难的学生,因此强化精准帮扶是资助育人重要的前提工作。通过前期调查等方法准确识别家庭困难学生并对每个困难学生建档立卡,多渠道了解学生情况,实时更新档案资料,同时配备专职辅导员、资助委员,通过他们深入了解不同困难生的不同需求,加强对困难生的精准帮扶,提升资助育人的实效。

(二)创新工作方法,完善资助育人工作格局

学生资助工作的有效开展,工作方法是根本,队伍建设是关键。学院结合中心工作,创新工作方法,开展多样的资助工作模式,以润物细无声的方式提

高学生各方面素质并增强其自强自立的信心。学院建立以学生资助中心为纽带，以相关部门、机构为辅助，以学院学生工作办公室为基础的学生资助工作体系，优化了学生资助运行机制，从而使学生资助工作的基础更加坚实。学院同时组织专业培训班，请学校有关负责人等，对学生资助工作有关人员进行定期培训，不断提高工作能力。

(三)强化思想引领，发挥资助工作育人功能

资助育人，资助是方式，育人是目的，为了达到育人的实效，学院在配合完成"奖、助、贷、补、减、勤、免"的经济资助基础上，把"育人"主线贯穿始终，分析育人工作中存在的问题，探索构建具有"广度""深度""信度""效度"的全员参与、全过程、全方位的发展支持型资助育人体系，切实提高资助育人工作的实效性，为学院家庭经济困难学生的健康成长保驾护航。

学院针对学生在校期间不同阶段的发展规律和发展需求，将资助育人工作贯穿于学生"入学前—入学时—在校时—毕业时—毕业后"的全过程，把握资助工作关键环节，充分发掘育人资源。同时学院坚持将学生资助与思想政治教育相结合，教育引导学生树立远大理想，坚定不移听党话、感党恩、跟党走。并以提升综合素质和技能为重点，打造"筑梦计划"发展型资助体系，推动形成"解困—育人—成才—回馈"的良性循环，使资助育人有实效性的成果。

（执笔人：钱卓豪、李苧薇）

新时代资助育人工作中开展
学业指导的实践与探索

理学院

党的二十大报告强调,要"完善覆盖全学段学生资助体系"①。近年来,我国高等教育事业蓬勃发展,招生规模不断扩大,学生群体日益庞大。但由于区域经济发展不平衡及社会主要矛盾新变化,家庭经济困难学生在一定区域、一定时期、一定范围内还存在,并呈现出需求层次更为多元、心理变化更为多样的新特点、新情况。在此背景下,理学院结合理科学生实际情况,积极推进"双困生"学业指导体系构建,在很大程度上促进了学生脱困成才。

一、工作举措

对贫困生的资助方式多以各类助学金及其他物质赠予为主,这导致一些贫困生认为各项资助就是发钱发物,钱物发放完毕就意味着资助结束,主要表现为"等、靠、要"。同时,部分贫困生因为经济压力,容易产生不利其健康成长的负面情绪,并且可能长期处于这种亚健康状态,他们在一定程度上缺乏将所学专业和非专业的知识与实践经验相结合的主观意识,这导致他们创新实践能力较弱、爱好特长欠缺、社会适应能力较弱、综合素质不强。虽然高校已经开始重视"扶智"育人工作,但是"扶智"育人过程存在不扎实的现象,同时部分

---

① 习近平.高举中国特色社会主义伟大旗帜　为全面建设社会主义现代化国家而团结奋斗——在中国共产党第二十次全国代表大会上的报告[M].人民出版社,2022:34.

贫困生对自己的成长成才要求定位不明确,学校缺乏有效的育人平台和路径,长此以往,不利于贫困生的成长成才,"扶智"工作任重道远。

与此同时,理科专业存在课程难度大、学业两极分化严重、应用场景体验感不足等现实问题,学业困难生比例较高。结合学院学业预警制度,笔者发现,贫困生中有很大一部分同时也是学困生,对于未来学生出现延长学制或中途退学的情况有很大影响,如何更早地发现"双困生"并针对其特点制定适合学生的学业指导方案是工作的主要目标。在帮扶过程中,通过对学生性格特点、心理特点、兴趣爱好的了解,帮助学生确定学业发展方向,并帮助学生结合其家庭状况、经济条件制定合适的学业发展规划。

首先,依据《普通高等学校学生管理规定》,从保障学生合法权益出发,对学院现有的规章制度进行修订。管理制度从学院实际情况出发,明确"双困生"的认定、救助、管理、奖惩等内容。其次,建立由教学线、学工线、心理辅导员、资助辅导员、班团、教师联合组成的"双困生"管理部门,具体负责"双困生"管理工作。再次,建立并完善学业预警制度和家校共同育人长效机制,推动学业预警制度从"事后处理型"管理转变为"事前预防型"管理,通过预警教育帮助大学生正确认识学习危机,正确处理学习困难,防患于未然。最后,针对"双困生"学业指导过程中存在的问题,以调查和访谈结果为事实依据,结合国内外较为成熟的贫困生学业指导实践和经验,从理念认识、制度建设、体系构建三个层面提出对策和建议。

二、成效与特色

对毕业生学业表现情况的统计数据显示,理学院 2016—2018 级本科生累计 640 名,每届学生中因学业困难延长学制或者中途退学的人数分别为 8 人、9 人、7 人,其中贫困生占总退学人数的 33.3%,所占比例不低。从学业预警的统计数据来看,理学院 2019—2022 级在校本科生 1078 名,在校本科生重修课程累计 570 门次,其中贫困生占 110 门次,可见部分贫困生学业困难。结合学院制定的学业预警制度,达黄色预警的"双困生"18 名,达橙色预警的"双困生"

4名,达红色预警的"双困生"5名,贫困生分别占总预警学生的45.00%、33.33%、38.46%。

经过多年实践,"双困生"帮扶已初见成效。以2022届本科生为例,该年级共251名学生,其中贫困生62人,符合学业预警标准的学困生41人,"双困生"16人。在"双困生"面临考研、考公、就业等未来发展方向的选择时,"双困生"管理部门定期进行一对一交流,通过学生案例、就业形势分析、企业介绍等多元化方式拓宽"双困生"的认知面,减少信息差,使他们能够结合所学专业和非专业的知识与实践经验做出自己的选择。在学生备考期间,教学线的资深教师现身说法,开展考研考公分享会,进行深层次的指导与答疑;在学生求职期间,就业辅导员积极探索企业用人需求,开展企业走访工作;在日常生活中,专项辅导员和班长、班主任一起做好保障,缓解学生的经济、心理压力。

在对"双困生"的帮扶过程中,无心插柳柳成荫,我们发现有越来越多的学生愿意主动和老师保持密切联系,接受发展规划指导。最终,2022届本科生初次毕业率达96.33%,就业率达96.33%,16名"双困生"全部完成就业。有的考公考编上岸,有的月薪过万,远超本科毕业生平均薪资水平,资助育人成效显著。

"双困生"帮扶是建立在学院发展基础上的一次创新实践。学院建院时间虽短,但经过20余载的发展已有2个一级学科博士点、1个二级学科博士点、1个专业学位博士点、3个一级学科硕士点和1个专业学位硕士点(光学工程)。在狠抓学科专业、师资队伍建设的同时,学院高度重视思想政治教育和学风建设,2013年起学院启动学风建设专项行动,逐年修订和完善学风建设实施方案,相继实施了学生学习自律行为规范、晚自修管理条例、博学堂、学业预警等制度,不断丰富学业指导的内容和载体。近年来,学院在大量调研的基础上,结合专业和学科特色不断探索"学在理学院"学风建设模式,着力打通辅导员队伍、专业教师、学生朋辈、社会人士及校友四者之间的障碍,有效衔接学业指导第一课堂和第二课堂,持续激发学生学习和思考的主动性,积极推进创新创业训练,不断提升思想政治教育的实效性和针对性,努力培养高素质、学习型、创新型人才。

"双困生"帮扶亦是基于学院朋辈互助平台的一次创新实践。理学院"数理答疑室"作为浙江省教育系统"最美志愿服务组织"(全校唯一)、校级特色党建品牌,面向全校学生开展"高等数学""线性代数""大学物理"等公共基础课答疑,已累计服务 7.5 万人次,有效缓解"双困生"因心理自卑而对答疑畏首畏尾,使答疑成为涵养优良学风的重要途径,帮助学生主动探索学习新方法,激发学习新动力。

三、价值与推广

"双困生"帮扶已为 41 名"双困生"开展学业发展规划指导,有效帮助其获得由"红"转"橙"、由"橙"转"黄",由贫转良、由良转优等不同程度的进步。在"双困生"管理部门通过学业预警制度寻找新一轮待帮扶对象的过程中,有不少难被发现的、学业困难程度较低的贫困生主动联系年级辅导员,希望尽早得到帮扶,有更多的教学老师主动加入帮扶队伍,壮大队伍建设,这从侧面反映了"双困生"帮扶工作取得了一定的成功。

工作初期,帮扶工作开展不尽如人意。贫困大学生感觉接受资助时,受到密集的人文关怀和心理关注,但活动结束之后,这样的关怀和关注就减少了,学习上也面临同样的问题,学生在期中考、期末考等节点会与辅导员约谈,而在学期中被一定程度忽视了。部分贫困生家庭过分重视学习成绩,没有帮助学生形成正确的人生观、价值观,家里不用再像中学阶段那样操心费神,"反正还有学校、老师管着""出不了大事",因而减少对孩子的关心。甚至有贫困生因贫困而心理自卑,这使他们羞于与老师和同学交流,甚至由于生活习惯、心理敏感等问题引起人际交往矛盾。

针对以上难点,除提供经济资助外,我们通过创建"扶智"载体帮助贫困生学好专业和非专业知识,掌握专业和非专业技能,提高就业竞争力。在日常学习过程中,强化"家校合作",形成高质量的育人合力,把促进人的全面发展作为帮扶工作的出发点和落脚点,向学生家长讲解学校管理育人模式、帮扶政策,耐心解答家长的疑问,共同探讨促进学生脱困成才的方法和手段。在帮扶方式上坚持分类分层,对不同类型"双困生"进行分类指导。对初级风险"双困生"以警示提醒、课程辅导和心理辅导为主;对中级预警"双困生"以增压、监控、督促为主,重点进行帮扶;对高级警示的"双困生"以减压、鼓励和疏导为主。

随着高等教育普及率的提高以及社会对教育事业的广泛关注,高校生源逐步多样化,家庭经济困难学生情况的复杂性也在不断增加。面对越来越多的复杂情况,在开展资助工作过程中应不断创新和发展方式方法。

第一,坚持以人为本、精准资助的原则。精准识别受助学生类别,以其需求为基本原则,做好满足受助学生个体终身发展需求的资助工作。可根据学生需要,设计"一人一策"的个性化帮扶方案,让学生在实践过程中提升素质和脱贫能力。

第二,多沟通多交流,建立融洽师生关系是基础。只有相互信任,才能更深入全面地了解学生家庭状况、学生经济贫困之外的其他困扰,才能在学生陷入困境的第一时间给予及时、正确的引导。

第三,坚持多元化的资助手段。扩大"扶智"载体,构建基于学业发展规划的资助育人综合实践体系,形成资助育人的系统合力。

（执笔人:王丹婷、程佳俊）

"亘美班"校企合作资助育人模式探索

管理学院

一、目标思路

2013 年浙江工业大学 60 周年校庆之际,由校友钟志新先生担任总经理的嘉兴亘美集团有限公司首批出资 120 万元,此后每年出资 30 万元设立"浙江工业大学亘美教育基金",用于支持管理学院教育事业发展,激励教师教书育人,致力于提升经济困难学生综合素质,培养社会有用人才。其中,"亘美助学金"主要用于资助学院对品德优良、成绩优异、各方面表现突出的家庭经济困难学生的培养。自成立以来,"亘美教育基金"秉持着"精准帮扶,资助育人"的资助理念,搭建"校企合作,精准资助"的优质平台,致力于为家庭经济困难学生提供更丰富的资源,提高学生的综合素质及竞争力,促进学生的全面发展。

为了更好地发挥基金的作用,学院特打造一个针对家庭经济困难学生培养的教育教学改革实验班——"亘美班",并将其纳入学院"绿色跑道——资助育人计划"。"亘美班"秉承着"感恩承担"的理念,将受"亘美教育基金"资助的学生组成综合班级,由校内外专业导师及管理人员对学生进行培养与引导,通过制定个性化培养方案、搭建实践平台、开展主题培训、进行校企交流等方式为学生提供保障性、引导性、发展性、个性化的全面提升渠道。

根据《浙江工业大学"亘美教育基金"管理章程》,该项基金专门用于帮扶"亘美班"学员日常学习生活和各项综合能力提升,截至 2023 年 3 月,受助学生有 170 余名。"亘美班"在设立初期共有 38 名学生,2014 年增加至 40 人,受助学生跨 9 个专业、4 个年级、2 个学历层次,资助标准为 5000 元/人/年,持续资助至其毕业前一年。2017 年调整资助发放金额为 3600 元/人/年,将更多的资金投入拓宽学生国际视野和提升综合素质,2017 年、2018 年分别投入 30 余万元资助学生赴英国、西班牙等地访学。2019 年起,在保留"绿色跑道——亘美海(境)外访学项目"的同时,将资助发放金额重新提升为 5000 元/人/年。

二、成效与特色

(一)案例成效

一是以"济困"夯实跑道基础,实现了资助育人全覆盖。"亘美教育基金"作为国家资助和学校困难补助的有力补充,以"亘美班"为重要载体,做到物质资助与精神教育资助共建,进一步解决"亘美班"学员生活上的后顾之忧,为他们更好地完成学业、参与实践、认识社会提供了更多的可能性。

二是以"扶志"拓展跑道宽度,实现了校企合作助发展。针对学院自身的专业特色,除学校正常开展的职业规划课、就业指导课外,由学院专职教师和优秀校外企业导师共同担任"亘美班"班主任,在学习、生活、社会实践活动等方面为"亘美班"学员提供全方位帮扶,通过知名企业走访、校友经验传授、企业实习推荐等学生感兴趣、易接受的方式,提早引导学员进行职业生涯规划。截至 2023 年 3 月,共组织企业走访、企业调研等活动 80 余次,走访校友企业 45 家,开展专题辅导报告 23 场。

三是以"强能"助力奔跑速度,实现了朋辈协作共进步。"亘美班"学员以小组为单位,积极开展读书交流、师生帮带与互动、社会调研等系列活动,并且在活动中有意识地增强自己处理问题的能力,积极与其他学员分享经验、交流心得,互相学习、共同进步。截至 2023 年 3 月,共举行了 160 余次小组讨论会、座谈会、读书交流会、暑期实践成果交流会等,在班级内形成了良好的互帮互助氛围,体现了助人自助的资助理念。

（二）案例特色

一是对象精准，完善学员选拔机制。精准认定家庭经济困难学生是决定资助政策落实效果的基础性工作。"亘美班"学员的选拔不仅考虑到学生的家庭经济状况，而且会结合学生的日常消费情况、学业情况等进行综合考虑，通过自愿申请、民主评议、学院评定的方式选拔学员。对于学生的日常表现及消费情况进行跟踪调研，对于学生出现的突发情况可以提供临时困补，对于学生受到资助后的日常表现进行评定考核，保证学生资助的及时性和公平性。

二是方式多样，实现资助育人全覆盖。"亘美班"学员大多是家庭经济困难程度较重的学生，"亘美教育基金"会积极协调学校、学院，用好用足相关政策，为学员提供"奖、勤、助、贷、补、拓、免、减"八位一体包括国家奖助学金、校内外勤工俭学岗位、助学贷款、寒假车票补贴、困难学生校园卡饭补、亘美教育资助等方面的资助，同时积极拓展资助渠道，结合校内外优势资源，将校外资源"引进来"，同时鼓励学生们"走出去"，保证对"亘美班"学员资助的全覆盖、保需求。

三是细化管理，建立动态电子档案。为保证"资助育人"真正落到实处，学院建立了覆盖学生日常学习行为表现、参与社会活动情况、思想动态调研、职业能力拓展等的电子档案库，实现了管理的信息化、动态化。学院制定了《浙江工业大学"亘美教育基金"管理章程》《浙江工业大学"亘美班"培养方案》等规章制度，实现了资助育人的标准化和规范化。同时针对班级培养特点，在校内为学员配备了专职班主任，在校外邀请成功校友担任校外导师，充分利用校内外资源对班级学生的日常表现进行监督考核，并通过开展不定期的主题班会和小组活动，促进学员之间的沟通、学习、竞争，将"亘美班"学员紧密团结在一起。

四是注重实践，开阔学员社会视野。"绿色跑道——亘美班"计划在2017年启动了"绿色跑道——亘美海（境）外访学项目"，截至2023年3月，成功资助47名"亘美班"学员远赴英国、西班牙等地高校交流学习，资助金额70余万元。通过国际交流与学习极大地开阔了"亘美班"学员的国际视野，强化了学员的思想意识,帮助他们更好地确立人生的发展方向。2022 年,"亘美班"开展亘美"燃星"支教研学暑期社会实践,通过研学习得知识,通过支教给予大山深处的孩子们温暖关怀。同时,定期开展班级小组主题活动、师生帮带与互动、走出校园、走进企业、社会调研、素质拓展等活动,提高学生综合素养。

三、价值与推广

全方位转变资助观念,完善资助育人长效机制。通过转变资助理念,完善资助机制,教育和引导家庭经济困难学生正确面对困难,培育学生"自立自强、诚实守信、爱国奉献"的品德,培养受助学生的实践能力、创新能力和社会责任感,促进学生全面发展。近 85%获得"亘美助学金"的学生绩点处于专业中上水平,数位同学多次获得浙江省政府奖学金、国家励志奖学金、校优秀学生奖学金等荣誉;超过 2/3 的学生在学生社团、学院团学会及班级中担任过学生干部;"亘美班"成员志愿服务平均学年工时数达 58 小时。"绿色跑道——亘美班"形成了"物质帮扶、精神培养、能力提升"资助育人工作体系,构建了物质帮助、能力拓展、精神激励有效融合的资助育人长效机制。

加大定制班传播效应,提升定制班培养效用。进一步发挥定制班的作用,加强定制班学员与校外导师的联系,加大对学员一对一的指导力度,通过完善培养计划体系,进一步发挥定制班学员社会实践的传播效应,活动成果主要通过"浙工大管院之家"官方微信公众号报道与转载,累计总阅读量达 36856 人次,"亘美班"组织暑期社会实践团多次获得省级、校级优秀团队的荣誉称号。通过与校友企业的对接和宣传,扩大了学员对接社会实践的参与面,让学员在社会实践中认识社会、回报社会。

进一步拓展资助空间,健全发展型资助体系。在现有的国家资助政策、学校资助举措的基础上,积极深入探索、尝试、创新校企合作资助育人形式,拓展资助空间,健全发展型资助体系,进一步培养学生自立自强、履行责任、回报社会的意识,在追求企业与学生共同成长的同时,向学生传递就业和职场信息,帮助学生更好地了解就业形势。截至 2023 年 3 月,已有近 120 名学生从"亘美班"顺利毕业进入科研院所深造或进入大型企事业单位工作。"绿色跑道——亘美班"计划从资助、学习、实践、就业等多方面入手,持续开展特色教育资助项目,充分发挥了校企合作、资助育人的实效。

(执笔人:蔡宇辉)

"济梦工程"培养新时代卓越经济学子

经济学院

为适应高校资助育人进入后脱贫时代的新局面,依据《高校思想政治工作质量提升工程实施纲要》精神,浙江工业大学经济学院积极开展"济梦工程"资助育人体系,将"扶困"与"扶智""扶志"紧密结合起来,构建物质帮扶、道德浸润、能力拓展、精神激励有效融合的资助育人长效机制,形成"解困—育人—成才—回馈"的良性循环体系。"济梦工程"资助育人体系致力于构建资助育人的"宽路径",汇聚学生成长的"能量场",全面促进学生在自尊、自强、自信中成长,真正实现资助与育人的有机融合。

一、工作举措

(一)解困:扶困扶志相结合,强化情感关怀

1. 以"输血型"为保障,缓解经济压力

"济梦工程"资助育人体系全面整合校内外资源,不断夯实"扶困"基础,建立涵盖"奖、贷、助、勤、补、免"健全的资助保障体系,解决家庭经济困难学生的后顾之忧。充分发挥"输血型"资助作用,在国家助学金、国家励志奖学金、张子良助学金等资助项目的基础上,学院特有中天助学金、圣奥助学金等社会助学金,实现经济困难生每年度生均资助金额不少于 6000 元;致力打造"造血

型"资助标杆,借助国家奖学金的激励功能和勤工助学的教育、资助双重功能多措并举。

2.以"促精神"为抓手,纾解心理问题

举办"从'心'开始"心理团辅活动。通过心理普测、个别访谈等途径,积极把握学生心理特点,有计划、有针对性地对受助学生进行心理引导,减轻学生心理压力,开发学生心理潜能,提升心理品质。

实施"幸福训练营"情绪管理计划。定期邀请校外心理专家为家庭经济困难新生开展讲座,为困难学生定制情绪管理计划,促进困难学生自我发展,提升幸福感。

(二)育人:育心育德相结合,树立理想信念

开展标杆党支部结对计划。学院资助工作与学院标杆党支部国际经济与贸易教师党支部结对,建立困难生导师制,号召党支部成员与家庭经济困难学生结对,并结合院系特色,共同为困难学生制定符合个性特点的生涯规划,提供个性化的精准资助方案,提升资助育人的实效性。同时,发挥党员的先锋模范作用,通过良好的党员形象引领困难学生的价值塑造。学院困难生群体中,现有党员人数 14 人,占比 24.13%。

举办励志成长故事报告会。通过定期的"励志之星""学习之星""勤工之星"评选活动、微信公众号"荟群贤"成长成才专栏等,以成长报告会、新媒体宣传、座谈交流等形式,树立育人典型,发挥榜样效应。截至 2023 年 2 月,已在"荟群贤"栏目推送经济困难生榜样励志故事 5 期。

设立"我与目标有约"栏目。通过理想树立和价值引领为学风提质赋能,引导受助学生锚定人生目标,激发其内生动力。打造"朋辈学习互助"模式,由高年级综合表现优异的同学担任组长,帮助经济困难、学业困难的学生提高学业水平,促进学生的目标真正落实落细,截至 2023 年 2 月,学习帮扶小组已成功结对八对,实现受助对象全年度零挂科。

（三）成才：成人成才相结合，实现圆满就业

1. 专业素质能力

开展"证能量学堂"项目，构建"经济资助、知识辅助、人际互助"三"助"合一的资助育人新模式。为提升家庭经济困难学生的专业素质能力，学院以考级考证为抓手，构建考级考证补贴制度、"课程超市"、"抱团考证"三大平台。家庭经济困难学生可凭英语四六级、计算机二级、教师资格证、注册会计师等证书申请补贴，激发学生考级考证积极性；"课程超市"以朋辈经验分享的形式，向家庭经济困难学生传授成功考取各类证书的经验和知识；成立"抱团考证"学习组，实现互助共勉同进步，并根据项目情况给予 300—1000 元不等的奖励金。学院经济困难生中英语四级通过率 100%，有 14 人考取计算机二级、证券基金从业证书等证书。

2. 创新创业能力

开展发展性资助项目申报。以项目制的形式对贫困学生的科研项目进行资助。学生可围绕科学前沿问题，选取与专业相关、对自己科研素质提高具有引导性的项目进行申报，每个项目资助 2000—4000 元并配备一名指导老师，提升学生创新创业能力，助力困难学生成长成才。学院现有发展性资助计划立项项目结题 1 项。受助群体参与学院创新创业相关竞赛人数占比 72.41%。

3. 社会实践能力

开展勤工助学岗位实践。学院设立多种勤工助学岗位，家庭经济困难学生可积极申报勤工岗位，在锻炼自己实践能力的同时获得经济帮扶。举行"勤工之星"评比活动，向综合表现优异的勤工同学授予荣誉称号。学院勤工岗位 100% 面向资助对象，已实现受助对象 100% 参与勤工助学岗位实践。

开展资助专项暑期社会实践。每年暑假，学院面向家庭经济困难学生组建暑期社会实践队伍，带领学生参与暑期社会实践，帮助学生深入了解社会，在实践过程中使其增长才干、锻炼毅力、培养品格。

组织名企走访活动。为助力家庭经济困难学生增进对企业的了解、提前为就业做好准备,学院与圣奥、中天等资助方企业沟通,带领学生进行企业走访活动,帮助困难学生实现从"理论"到"实践"的转变。学院共有 30 名困难生获得圣奥助学金、中天助学金,30 名学生参与企业走访活动,参与率 100%。

4. 职业规划能力

举办"就业助跑"心理团辅。学院制定"就业助跑"心理团辅菜单,开展分主题分阶段的心理团辅课程。围绕"凝聚力提升""时间管理""压力管理"三大主题,帮助家庭经济困难生学会与人相处、实现团队合作,同时缓解其求职就业过程中的压力。

开展职业规划培训。致力于帮助家庭经济困难学生完善生涯规划,通过理论传授、活动练习、团体辅导、实践运用等技术方法,帮助学生做好角色转化和环境适应,确立奋斗目标、确定生涯规划。截至 2023 年 2 月,学院已面向高年级家庭经济困难生开展职业规划培训 4 场。

提供实习就业岗位推荐。开展家庭经济困难应届生就业推荐活动,对部分家庭经济困难学生的简历进行公开展示。建立"一生一策"档案,每位家庭经济困难毕业生都能获得一次简历指导服务、一次职业生涯规划服务、一次专业人力资源咨询服务、两个优质岗位推荐。同时,为困难学生提供就业交通费用补贴,鼓励困难学生进行职场生涯实践,助力困难生成长成才。2022 届学院贫困生就业率、毕业率均为 100%,升学率为 27.3%。

(四)回馈:党政感恩相结合,内化反哺意识

成立"感恩资助心向党　政策宣传我来讲"资助政策宣讲团。每学年面向学院全体困难学生招募宣讲团成员,宣讲资助政策以及受助经历,营造感恩氛围,树立受助学生的反哺感恩观念。

举办圣奥助学金感恩回馈仪式。组织学院全体受助学生参加圣奥助学金感恩回馈仪式,引导受助学生通过书信、视频、节目表演等多元化形式进行感恩回馈,增强受助学生感恩、奉献的思想意识和行动能力。

开展"爱心存折"志愿服务活动。鼓励受助学生积极参加校内外志愿服务

活动,要求受助学生每学年完成相应志愿服务工时。活动采用"1＋1＋X"模式进行,即"基础公益服务＋专业公益服务＋其他公益服务"。学院定期对活动进行阶段性审核及认定,学生完成后可兑换特色"爱心印章"。

二、价值与推广

(一)资助工作精准化

如何实现"精准扶贫"是新时期高校学生资助工作亟待解决的难题。学院"济梦工程"资助育人体系构建"六大管理体系",实施六大规范,力求实现精准管理。规范工作队伍,确保学生资助工作者参与培训研讨率达 100％;规范管理制度,健全资助工作规章制度;规范资助程序,实现申请流程的高效化、信息化和严谨化;规范资金管理,确保资金全部用于家庭经济困难生的各项资助;规范监管责任,及时在学院官网公示各项评比结果;规范信息管理,实现家庭经济困难生"一生一档""一生一策",及时更新学生资助帮扶情况、谈心谈话情况,定期开展数据分析,实现动态管理。确保学院资助工作规范化、精准化。

(二)资助育人力量协同化

拓宽校外资源,发挥政府、企业、校友作用,构建校外人才资源协同培养贸易金融类创新人才的资助育人模式,着力形成"政府—学校—社会—受助学生"四位一体的资助育人合力。通过聘请校外导师结对、实践基地共建的形式,充分利用校内校外导师资源,提升受助学生的战略眼光、宏观视野和前瞻能力;利用行业背景优势,引进大量贸易金融类行业高管进课堂,帮助受助学生了解一线金融贸易知识,接触行业实践,提升协同育人的效应和等级。

(三)资助育人机制长效化

发展型资助育人体系下资助对象的培养机制以物质帮助、道德浸润、能力拓展、精神激励有效融合为基础,实现了资助育人机制的长效化。学院"济梦工程"资助育人体系成立由教师主导、家庭经济困难生主体社团运作的"济梦中心",形成以学生管理团队为核心、各班资助委员为延伸、学院顶层设计、专职辅导员具体指导的工作机制,推进受助学生从"他助""自助"到"助人"的成长转变。实施凸显学院专业特色教育的"济梦样式"。在项目化、模块化、整体化构建教育实践平台的基础上,强化具有专业特色的课程模块,夯实困难生的专业基础,增强其发展信心,提升其学术抱负。

(执笔人:卢佳星、卢科润)

实践引领，资助同行

教育科学与技术学院

一、案例背景

党的十八大以来，以习近平同志为核心的党中央高度关注贫困学生的教育公平问题。近年来，教育科学与技术学院全面贯彻落实国家资助政策，将资助育人融入"三全育人"工作大局，以"扶困更要扶志，助学更要助人"为理念，持续构建"四级联动"的全方位资助体系，丰富资助育人工作内涵，有力提升资助育人实效，多维度助力学生成长成才。

二、案例简介

长期以来，教育科学与技术学院遵循高等教育发展规律和学生成长成才规律，从受助学生实际需求出发，建立健全学生资助体系，逐步形成"4＋X"资助工作模式，"4"即保障型资助工作，包括学费补助、临时补助、专项补助、奖助学金等，"X"代表发展型资助，助力学生探索未来发展的无限可能。通过"4＋X"模式，构建"解困—育人—成才—回馈"的良性循环，培养受助者自立自强、诚实守信、知恩感恩、勇于担当的良好品质，努力实现"助困""扶志""扶智"的有机统一。

据统计，2021 年 9 月至 2024 年 6 月，学院累计资助学生 92 人。其中，2023—2024 学年，学院资助对象认定 31 人，其中特别困难 17 人，一般困难 14 人；获得国家励志奖学金 13 人，入选"青穗班"3 人，参与"泰隆之星"港澳访学 1 人。认定的资助对象中，获得各类奖学金共计 25 人（80.6%），参与各类学生组织 21 人（67.7%），参与志愿服务 31 人（100%），参与各类课外科技竞赛 31 人（100%）。

（一）创新机制体制，构建资助育人工作新生态

学院进一步完善实施大学生"绿色助航计划"，在新生入学前通过线上线下相结合的方式进行家访排摸，建立"党员领航员—班主任—辅导员—资助对象"立体型关爱渠道。学院完善以学生资助对象认定为基础，以国家奖学金、国家励志奖学金、国家助学金为激励，以大学生助学贷款为补充，以勤工助学为日常教育管理途径，以新生"绿色通道"和特殊困难家庭一次性补助为辅助，以发展性项目申报资助为拓展，"奖、助、贷、勤、补、拓、游"全方位、多元化的帮困助学措施。

（二）聚焦精准高效，探索资助育人工作新举措

学院以资助工作的标准化、制度化、规范化和数字化为导向，扎实开展家庭经济困难认定以及各类奖助学金的评比工作。资助对象认定程序实行"资助对象—班级—学院—学校"四级联动机制，确保资助工作公平公正、层次分明、协同高效。在优化学生管理方面，学院建立了特殊群体动态数据库和学生成长手册，对五保户、贫困边缘家庭等学生重点关注，确保时时关注、及时引导。同时，学院积极发掘并选树家庭经济困难生中的优秀典型，激励更多学生努力进取，实现自我价值。学院教育学专业 2023 届硕士研究生李本云获评浙江省研究生"三助岗位之星"优秀典型。

（三）强化思想引领，构筑"资助＋实践"育人新篇章

在传统资助模式的基础上，学院坚持"现场是最好的育人场景，实践是最好的育人课堂"，以培育卓越师范人才与心理人才为目标，以实现形式、模式、

范式迭代升级为突破，逐步形成了"有机制、有队伍、有平台、有保障"的"资助＋实践"育人新格局。

"师道情"浸润乡村教育。学院连续 14 年开展"春泥计划"线下乡村支教志愿服务项目，累计组织 1000 余名志愿者，辅导 3000 余节课，总工时近 7000 小时。发起"寻苔支教计划"和"烛光行动"线上乡村支教行动，累计帮助 100 余名乡村儿童，工时超 5000 小时。以"烛光行动"为例，学院资助对象小 X 曾说："我小时候没有机会上兴趣班，看着别人能去课外补习班非常羡慕，现在我有知识了，我希望能帮助像我小时候那样没有条件的孩子们。"她积极参与各类志愿服务，累计志愿工时 374.5 小时。

"心灵钥"关爱孤独症儿童。"始心计划"关爱孤独症儿童志愿服务，与孤独症家庭结对，与公益组织、康复机构合作，15 年来志愿者累计 2000 余人，服务时长超过 7500 小时，受益儿童超过 1500 人。学院资助对象小 Z 说："我在大山里出生，家乡的人们思想比较落后。我有一个表弟从小就非常内向，不与他人交流。现在学习了心理学的知识后，我知道他可能是孤独症，但他错过了最佳治疗时机，非常遗憾。我希望通过我的努力，让这种遗憾越来越少。"两年来，他运用自己所学的心理学专业知识，为"星星的孩子"提供心理支持和帮助，累计志愿服务时长近 100 小时。小 Z 的故事正是学院"资助＋实践"育人理念的生动案例，他用自己的行动证明了资助对象同样可以成为志愿服务的中坚力量，回馈社会，实现自身价值。

"青年志"助力社会急难愁盼问题化解。学院发起"暖流计划"校园无偿献血志愿服务项目，与浙江省血液中心合作 15 年，累计举办无偿献血活动 114 次，累计献血量 310 万毫升，志愿工时超 5.5 万小时。学院广泛动员资助对象参与"暖流计划"，他们不仅积极担起志愿者的责任，而且勇敢地挽起衣袖，献出自己的热血，为社会公益事业贡献自己的力量。以学院资助对象小 Y 为例，他是"暖流计划"的一位积极参与者。小 Y 不仅承担起了志愿者的职责，协助组织献血活动，宣传献血知识，而且多次献血，用他的热血为社会注入源源不断的暖流。在他的影响下，越来越多的资助对象加入无偿献血的行列，为社会公益事业贡献自己的力量。

"教科梦"点亮幕后青春。学院尤为注重资助育人的实效，多年来，学院学子广泛投身于世界互联网大会、杭州第 19 届亚运会等大型赛会志愿服务，形成了一整套大型赛会志愿服务经验和以老带新的"传帮带"文化。学院共推选 94 名师生参与杭州第 19 届亚运会志愿服务工作，包含 7 名资助对象，他们不仅积极投身志愿服务，而且作为骨干力量为杭州亚运会提供了坚实的支持，累计志愿工时 2886.5 小时，他们用实际行动诠释了资助与实践的紧密关系，展现了教科青年在大型赛会中的青春风采和担当精神。他们将受助转化为助人的动力，用自己的行动回馈社会、实现个人价值，为学院资助育人工作增添了浓墨重彩的一笔。

三、案例成效

从校内的"朋辈课堂"，到校外的"春泥计划""影子姐姐"，从服务急需用血的病患到服务走向世界的大型赛会，学院一直立足学生资助工作，讲好资助育人故事，努力引导每一位受助学生用自己的专业所长反哺社会。

在培育过程中，学院致力于营造"资助＋实践"培养文化，打造"资助＋实践"育人品牌，树立典型榜样模范，逐步提升社会服务质量。

(一)塑造"资助＋实践"育人文化，不断凝练深化教科精神

学院深化"资助＋实践"育人理念，积极营造文化氛围，高度重视资助对象的志愿服务精神建设。通过"资助＋实践"模式，鼓励学生参与志愿服务，培养其社会责任感。近年来，资助对象注册志愿者比例达 100％。他们不仅实现了自身的蜕变和提升，更为家庭带来了希望和改变，这正是"资助＋实践"育人模式的最大成效，帮助一个个家庭走出困境，迈向美好未来。

(二)打造"资助＋实践"育人品牌，成就一批先锋榜样力量

多年来，学院致力于打造有特色的育人品牌，不断研究、不断反思，进一步完善了传统服务项目，培养了一批先锋力量，更涌现出资助对象在自身工作岗位上延续志愿服务精神发光发热的典型。他们不断地实践着、奉献着、超越

着,用实际行动诠释青年的梦想与坚持、热爱与赤诚,成为学院育人品牌中的亮丽名片。

(三)夯实"资助＋实践"育人成效,逐步提升社会服务质量

多年来,资助对象参与志愿服务发展和创新,学院先后与党政机关、社会组织、福利机构签署合作协议,为资助对象提供社会服务平台。志愿服务项目先后获中国青年志愿服务项目大赛银奖、全国关爱孤独症儿童公益论坛"大学生星光公益奖"、尚德社会公益奖等近百项荣誉,合作基地连续 12 年入选浙江省暑期社会实践基地,志愿服务实践育人案例先后获新华社、《人民日报》、中国新闻网等主流媒体全方位跟踪报道数百篇,服务质量和社会影响力逐年提升。

四、经验启示

学院坚持立德树人根本任务,继续把"资助育人＋实践育人"工作做深做实,持续在构建资助育人体系上下功夫,在提升育人实效上出实招,围绕学生、关照学生、服务学生,推动资助育人工作有效载体的日益完善,为困难学生成长发展全面保驾护航。

（执笔人：高婕）

打造四年一贯帮扶体系，
在麦田收获"金穗"

外国语学院

党的二十大报告指出，要"加快建设高质量教育体系，发展素质教育，促进教育公平"①。高校学生资助工作是高校学生工作的重要组成部分，肩负为党育人的重要功能。不断健全家庭经济困难学生资助体系，阻断贫困代际传递，让每一个学生对未来有信心、有希望，是资助育人的目标。自 2013 年起，浙江工业大学外国语学院开始实施"麦田计划"资助育人工程，形成了浓厚的资助育人文化氛围和卓有成效的品牌特色。

一、工作举措

(一)以精准帮扶为目标，坚守"麦田"资助育人初心

2013 年 11 月，习近平总书记在湖南湘西考察时，首次提出"精准扶贫"重要思想②。2017 年出台的《高校思想政治工作质量提升工程实施纲要》明确要求把"扶困"与"扶智"、"扶困"与"扶志"结合起来，构建发展型资助体系。浙江工业大学外国语学院积极响应号召，于 2014 年实施"麦田计划"，积极发挥教师主导和学生主体作用，不断丰富"忠诚守望，自主成长"的内涵意蕴，以"麦田

---

① 习近平.高举中国特色社会主义伟大旗帜　为全面建设社会主义现代化国家而团结奋斗——在中国共产党第二十次全国代表大会上的报告[M].人民出版社,2022:34.
② 唐任伍.习近平精准扶贫思想阐释[J].人民论坛,2015(30):28-30.

行动"为牵引,以"麦田学堂"和"麦田公益"为主线,以"麦田滴灌"为保障,将物质帮扶、道德浸润、能力拓展、精神激励有效融入"麦田计划"实施的各个环节,着力打造精准帮扶、资助育人的工作体系,教育和引导家庭经济困难学生"受助思源、获奖思进、勇担责任、回报社会",着力将"麦田计划"打造成家庭经济困难学生的心灵港湾、锻炼平台、成才高地。

(二)以社团运行为载体,凝聚"麦田"朋辈互助力量

家庭经济困难学生由于长期处在低水平的生活环境和低层次的教育环境之中,往往存在自卑、焦虑、敏感、孤僻等心理问题,在校园群体活动中往往有被边缘化的倾向。由处境遭遇和志趣爱好相近的学生组成的社团组织,因具有亲和性、融洽性和互助性而易于被接受。

为了更好地发挥学生主体作用和朋辈支持作用,学院面向所有家庭经济困难学生建立"麦田班—麦田中心"社团组织构架,承担"麦田计划"运行任务。"麦田班"是以年级为单位,由学院所有通过认定的家庭经济困难学生,以"麦田学员"身份组成的虚拟班。学员们从大一到大四完成从麦种、麦苗、绿籽到金穗的成长蜕变。"麦田中心"是负责实施"麦田计划"的学生工作团队,隶属于学院团学会,由学院负责资助工作的辅导员直接指导,其成员由高年级学生骨干和优秀的"麦田学员"组成。"麦田学员"在"麦田班"里成长,到"麦田中心"服务。

学院依托"麦田中心",围绕"麦田学员"成长成才这一中心任务,充分发挥其自我教育、自我管理、自我服务和自我发展的功能,组织集体学习和培训,广泛开展社群活动,形成"解困—育人—成才—回馈"的精准育人模式。同时组织专业教师、辅导员和高年级优秀学生一同"守望麦田",形成资助育人的协同效应。

二、成效与特色

(一)以学生需求为导向,深化"麦田"资助内涵特色

资助育人广义上是指实现受助学生获得长远发展能力、阻断贫困代际传

递,学生的全面发展是实现资助育人的内生动力。"麦田计划"坚持"资助是手段,育人是目的"的工作理念,积极塑造"忠诚守望、自主成长"的"麦田"育人文化,打造涵盖基本保障、知识拓展、能力提升和人格完善的"麦田"系列育人品牌项目和平台,强化心理健康、就业指导、人际交往、素质拓展、回馈奉献等育人功能,完善人员选拔、考核激励、朋辈示范等育人机制,尊重"麦田学员"的自主选择权,强化其发展责任,积极推进差异化、个性化扶持。

实施"麦田滴灌",将考研专项补助、就业专项补助、爱心车票补助、冬季送温暖、寒假家访慰问和特殊档案管理等保障性资助项目精准注入整个求学阶段。

开展"麦田行动",邀请已被录取的家庭经济困难新生提前来校,参与大学前置体验式成长实践活动,涵盖资助政策解读、心理健康教育、文化体验、团队建设、学业与职业规划、勤工助学、迎新志愿服务等活动,帮助家庭经济困难新生填平"心理洼地",尽早适应大学生活。

打造"麦田学堂",根据"麦田学员"的发展需求,为其量身定制"四年一贯"的培养方案,拓宽视野、提升能力。所有学员可以根据自身实际,自愿参与"麦田学堂"组织的麦田讲坛、朋辈互助、企业走访、名校访学等"九个一"系列活动。

实施"麦田公益",通过各类志愿服务、发展性资助计划、暑期社会实践等公益性活动,使"麦田学员"完善人格、回馈社会。近年来,"麦田学员"积极参与世界互联网大会、G20峰会、联合国世界地理信息大会等大型赛会志愿服务,真切体会参与的价值和奉献的快乐。

"麦田计划"通过实现"三个转变",丰富和完善了"解困(助困)—扶志(励志)—扶智(强能)—成才(奉献)"的"麦田育人"品牌特色内涵。一是资助观念由"输血式"向"造血式"转变,坚持学生能力提升和自主发展导向,注重思想引领和教育引导,推进受助学生个性化、特色化发展。二是资助方式由"单向式"向"多元化"转变,坚持教师主导和学生主体相结合,更加注重人文关怀和学生选择,促进受助学生形成自立自强、拼搏有为、奋斗出彩的内在品质和根本追求。三是资助重心由"心理脱贫"向"自我实现"转变,以学生全面发展为导向,有效阻断贫困代际传递,实现社会的整体公平和资助效益最大化。

(二)以学生发展为追求,凸显"麦田"资助工作成效

1. 补齐经济短板,夯实物质基础,形成自助氛围

家庭经济困难学生由于物质的相对匮乏和资金的短缺,各个层面的需求往往无法得到满足,与普通同学形成落差。随着资助体系的不断完善和支持力度的持续加大,"没有一个学生因经济困难而辍学"的目标已初步实现。

"麦田计划"自 2014 年开展以来,受益面覆盖全院 2011 级至 2022 级全体经济困难学生,补齐了经济短板。在全面实施助学贷款、奖助学金、勤工俭学、临时补助的基础上,先后开展"麦田滴灌"行动 8 次,发放"暖阳"爱心物资、"暖航"爱心车票、考研就业补助等近 60 万元;实施学生发展性资助计划近 50 项,资助金额近 6 万元;先后支持近 20 人赴北京大学参加暑假访学项目;开展"麦田行动"8 次,参与新生 100 余名;开展"麦田学堂"各类系列活动 70 余次。通过优化资助模式和集中开展各类政策宣讲教育,促进"麦田学员"深刻理解资助政策和资助文化,为形成良好的资助育人氛围奠定了坚实基础。

2. 补齐心理短板,增强发展自信

家庭经济困难学生一方面出于自我保护不愿敞开心扉,另一方面又强烈渴望得到别人的理解与关怀,表现出强烈的矛盾、焦虑心理。"麦田计划"通过有针对性的心理疏导、团队辅导和人文关怀,帮助"麦田学员"正确认识自我,补齐心理短板,增强发展信心。

数据显示,"麦田学员"参与党员之家、团学组织等学生组织的比例总体高于全院学生参与的比例(见表 1),表明了"麦田学员"敢于突破和主动担责的勇气。值得一提的是,各类突发案例和心理危机在"麦田学员"群体中始终保持低发生率,甚至"零发生"。

表1 2014—2022级"麦田学员"党团组织参与情况

年份	类型	总人数	党员之家		团学组织	
			参与人数	比例	参与人数	比例
2014	全院学生	225	55	24.44%	128	56.89%
	麦田学员	28	11	39.29%	20	71.43%
2015	全院学生	198	55	27.78%	137	69.19%
	麦田学员	37	21	56.76%	27	72.97%
2016 (未开展"麦田行动")	全院学生	198	43	21.72%	142	71.72%
	麦田学员	27	7	25.93%	16	59.26%
2017	全院学生	206	29	14.08%	137	66.50%
	麦田学员	35	7	20.00%	27	77.14%
2018	全院学生	208	组织运行机制改革直接吸纳支部成员		148	71.15%
	麦田学员	25			22	88.00%
2019	全院学生	205			141	68.78%
	麦田学员	28			22	78.57%
2020	全院学生	205			158	77.07%
	麦田学员	13			9	69.23%
2021	全院学生	203			130	64.04%
	麦田学员	11			8	72.73%
2022	全院学生	204			129	63.24%
	麦田学员	20			14	70.00%

3. 补齐能力短板,催生内生动力,提高学术能力

家庭经济困难学生受经济、政治和社会地位限制,在社会资源和机会的获取上能力不足,在知识和技能的储备上也不及其他学生,特长和兴趣爱好较少,综合竞争力偏低。

"麦田计划"通过强化培训计划和提供实践平台,补齐了"麦田学员"在人际沟通、语言表达、团队合作、组织协调等方面的能力短板,进一步激发"麦田学员"自主发展的动力。数据显示,近年来"麦田学员"的推免率和考研上榜率均超

过了学院平均值,在一定程度上体现了"麦田学员"较高的学术品质。

4. 补齐信念短板,拓宽视野格局,回馈奉献社会

家庭经济困难学生由于自卑心理、自信心危机等,往往表现为自我定位过低、理想抱负不足。"麦田计划"通过实施细致入微的帮扶和关怀,有效激发了"麦田学员"的责任意识、感恩意识,补齐了信念短板,提升了视野格局。

数据显示,"麦田学员"的入党意愿更为强烈,2016级至2022级"麦田学员"学生党员和入党积极分子的比例比全院比例高出10个百分点(见表2)。在大型赛会志愿服务中,"麦田学员"的比例为8.04%,超过了学院参与大型赛会志愿服务的平均值(6.13%)。

表2 2016—2022级"麦田学员"党员发展情况

类型	总人数	学生党员、积极分子人数	比例
全体学生	1429	489	34.22%
麦田学员	159	83	52.20%

"麦田计划"启动以来,资助育人的品牌效应逐步凸显,得到了学校和社会的广泛好评。先后获评浙江工业大学校园文化建设优秀成果(品牌)、浙江工业大学学生工作创新奖、浙江省高校学生资助工作案例省一等奖;被"1818黄金眼"、《杭州日报》、杭报在线等媒体报道,受邀接受浙江卫视教育频道专题直播采访。"麦田中心"获评浙江省学生资助"最美爱心人物"TOP20,"麦田计划"获评浙江省学生资助文化"十佳品牌项目","'麦田计划'四年一贯全生命周期就业帮扶工作法"入选团中央基层团组织开展帮扶一般院校低收入家庭就业工作典型经验。"麦田计划"在学校牵头下,与兄弟学院联合申报"基于共同富裕示范区建设要求的大学生'麦田计划'资助育人工程"项目,入选教育部2022年高校思想政治工作精品项目。

三、价值与推广

（一）协同育人、以文化人，打造"麦田"魅力

1. 进一步整合资源，形成更为广泛的协同育人效应

注重以品牌特色破解外部资源获取的困境，积极寻求与企业、社会、政府的战略合作，增强与各类资源的链接能力，引入更多的资金、人力、实习实践岗位、专项资助等社会资源，增加经济困难学生的人力资本"含金量"，提升协同育人的效应和能级。探索建立国际视野拓展项目，为家庭经济困难生参与国际交流、出国访学提供支持。

2. 进一步强化内涵建设，凸显以文化人的品牌魅力

以精准认定经济困难学生为导向，以目标公平和程序公平保障资助公平。建立健全考核激励制度，注重考察受助学生的发展程度与增量，以更大发展获得更多资助，催生追求卓越的内生动力。加强受助群体共同体建设，形成"精准帮扶、资助育人、忠诚守望、自主成长"的资助文化力量。

（二）提质增效、扩大辐射，打造"麦田"育人范式

1. 推广实施大学新生前置教育的"麦田范式"

完善大学新生前置教育实践体系，让家庭经济困难新生尽快填平"心理洼地"，体验"先跑一步"的优越感，尽早播下自立、自强、自信的种子。

2. 推广实施教师主导、学生主体的"麦田中心"社团运作模式

形成以学生管理团队为核心、各班资助委员为延伸、校院顶层设计、辅导员具体指导的工作机制。尊重并发挥每一位学生的主体作用，实现从"他助"

到"自助"再到"助人"的转变。

3. 推广实施凸显专业特色教育的"麦田范式"

在项目化、模块化、整体化构建教育实践平台的基础上,强化具有专业特色的课程模块,夯实经济困难学生的专业基础,增强其发展信心、提升其学术抱负。

（执笔人：方啸虎）

"三四五"资助育人模式的探索与实践

人文学院

　　资助育人是十大育人体系之一,是大学生思想政治教育的重要载体、内容和方法。2020年底,我国如期实现全面脱贫,减贫事业从精准扶贫走向乡村振兴阶段。高校资助育人工作也要转型升级,在助力乡村振兴中继续发挥更大的作用。高校资助育人工作在新生活、新奋斗的起点上,育人理念要更为科学,育人过程要更为精准,育人内容要更为全面,从而满足学生的发展需求。学院构建以扶困、扶智、扶志"三扶"为目标,通过"四分类"工作法、以"五大工程"为载体,打造以多元、精准、互动为主要特点的"三四五"资助育人模式,守正创新,助力学子成长成才。

一、以"三扶"为目标,树立科学育人理念

　　"三扶"即扶困与扶智、扶志相结合的资助育人理念,将为学生赋能与励志教育贯穿始终。结合大数据手段精准济困,注重对学生基本素养、兴趣特长、技术技能、创新精神、就业技能等综合素质的培养,为学生的长远发展赋能。将资助工作与思想政治工作相结合,通过主题教育、红色精神宣讲、主题思政课等形式开展爱国主义教育、诚信教育、励志教育、感恩教育和社会责任感教育,培养学生的家国情怀。扶困、扶智、扶志三位一体,实现学生从受助者到自助者,再到助人者的转变。

二、以"四分类"为方法，精准实施育人策略

经济困难学生受自身物质条件的限制和社会竞争环境的影响，比其他学生更容易出现自信不足、害怕挫折、情绪敏感等问题，"四分类"工作法是通过访谈与调研进一步将贫困学生分为品学兼优、学业困难、心理异常、就业困难四类，便于对其开展精准帮扶与指导。

通过调研和各个年级辅导员的了解，2022 年学院品学兼优学生占比35.2％，学业困难学生占比9.6％，心理异常学生占比19.3％，就业困难学生占比29.9％。品学兼优的学生具备自立自强的品格，学习积极性和主动性强，是贫困生群体中的表率和模范；学业困难学生大多存在挂科现象，学习存在较大困难；心理异常学生表现为自卑妥协、缺乏人生目标、社交障碍、适应困难，进而产生紧张焦虑情绪。进一步了解心理异常原因并将其归为以下几类：原生家庭不幸、父母关系不睦或亲子关系紧张；高中学业压力过大产生心理问题；刚入学对新环境产生不适应的情况在大一学生中较多。就业困难学生以大四为主，表现为就业资源有限、求职技能缺乏、本身专业能力不扎实、消极的就业观。精准分类为精准管理与帮扶提供了依据。鼓励品学兼优的学生自强不息、立志成才，在向其提供物质奖励的同时更多地给予其精神鞭策和鼓励。学业困难、心理异常、就业困难三类学生群体要针对困难原因，建立动态管理机制，将预防性措施和事后帮扶相结合。针对学业困难学生采取朋辈结对互助、专题讲座等帮扶措施，以互帮互助的形式，实现自我成才，形成"人人育我、我育人人"的环境；引导心理异常学生正确认识家庭经济状况，全面评价和定位自己，建立自尊、自强、自信的意识，使其积极融入班集体；对就业困难学生要采用简历制作指导、模拟面试等方式提高其求职技能，增强其求职自信，一对一为其精准推送岗位。

三、以"五大工程"为载体,提升育人实效

"五大工程"通过打造动态精准认定工程、一年一话资助主题教育工程、勤工助学实践育人工程、榜样育人品牌工程及假期关爱工程推进资助育人工作有效开展。

(一)打造动态精准认定工程,夯实资助育人基础

除对已在库中的家庭经济困难学生通过"四分类"方法进行分类精准实施帮扶外,还要动态了解学生的近况,应对学生在学习和生活中出现的各种突发情况。设立临时困难补助,为家庭突遭变故的学生及时送上一份安心,2022年共发放临时补助 2 万余元,涉及临时困补人数 18 人;对因路途遥远无力购买返乡车票的家庭经济困难学生给予火车票资助,2022 年 12 月总共发放学生返乡补助 67650 元,家庭经济困难学生改签补助总共发放 8976.89 元;实施精准资助行动计划,为经济困难学生建立个人档案、为有特殊困难的学生制定专项帮扶方案。

(二)打造一年一话资助主题教育工程,为学生励志成长筑基

将新生入学后的一个月及毕业生离校前的一个月定为资助主题教育月,组织新生围绕国家资助政策普及、学校资助办法详解、防金融诈骗案例演示三个总题进行学习,毕业生围绕诚信还款总题进行学习。在总题的指导下,每年拟定一个主题,围绕主题开展形式丰富的教育活动。2022 年开展人文学院首届"爱在人文"系列活动,以资助育德、资助育智、资助育美、资助育行、资助育心系列活动推动学生资助由"保障型"向"发展型"拓展。此外,依托奖学金、助学金评审发放工作,深入开展励志教育和感恩教育,培养学生爱党爱国爱社会主义的意识;依托国家助学贷款办理工作,深入开展诚信教育和金融常识教育,培养学生的法律意识、风险防范意识和契约精神,形成良好风尚。2022 年学院学生揽获第六届"青风"资助文化节前三名,学院获得优秀组织奖。

(三)打造勤工助学实践育人工程,为学生励志成长赋能

坚持推进勤工助学实践育人工程建设,在实践中磨炼学生的意志、锻炼学生自我教育、自我管理的能力,实现励志成长。2022学年共向100余人次提供勤工岗位,发放勤工费用共17万余元。每学期期末评选优秀勤工之星,增强学生劳动意识。鼓励学生积极参与志愿者活动,2022年资助对象志愿者工时累计达326个小时。

(四)打造榜样育人品牌工程,定义学生励志成长方向

由勤工助学中的优秀人物、国家奖学金获奖者、国家励志奖学金获奖者、十佳大学生等自立自强的优秀学生典范讲述励志的青春成长故事,鼓励同辈在逆境中磨砺和锻炼自己,打造国家奖学金获奖学生事迹报告会、国家励志奖学金获奖学生事迹报告会、日新青年说等分享平台,共同构建榜样育人品牌体系。

(五)打造假期关爱工程,打通资助育人"最后一公里"

推行假期"六个一"关爱工程。在假期留校学生中开展"六个一"关爱活动,即一次集中安全教育、一张爱心回家车票、一次宿舍探访慰问、一次"学生资助宣传大使"宣传工作、一项生源地助学贷款志愿服务、一通给新生的爱心电话。牢牢把握寒暑假黄金时期深入推进资助宣传和资助育人。

开展特殊学生特殊资助。根据新生入学资料,了解家庭经济情况特殊的学生,2022年暑期走访"轮椅女孩"家,了解其家庭情况,对接入学事宜,并介绍了助学政策。在开学前精心为其布置寝室,除了提供生活用品、洗漱用品,还帮助学生提前整理好床铺,做好寝室硬件设施的改装,为其校园生活提供便利。在校内成立专门的帮扶小组,共同为其上下课及后期校内生活提供保障。

(执笔人:徐玮)

春风化雨，点亮设计之梦

设计与建筑学院

一、案例背景

设计与建筑学院的特色资助活动为每年春季考研结果公布后举办的"励志青春、梦想启航"系列资助对象考研分享会。对于工业设计、艺术专业大三，建筑、城规专业大四想要国内考研升学的同学来说，他们在 12 月要经历考研。大学生活进行过半，高年级的每个人都慢慢有了自己的目标，一部分学生在准备考研的路程上有些迷茫，有很多疑惑。本系列活动我们除了邀请毕业班考上研究生的优秀学生，还特别邀请毕业班考上研究生的资助对象作为励志人物进行考研经验分享，进行典型励志分享会。结合不同同学的准备经历、心路历程、时间安排来分享不同的学习方法与成功经验，培养学生奋斗精神。也通过实际真实的案例告诉同学们不论家庭背景的好坏，个人天赋的好坏，只要努力付出，就有收获。

随着高等教育的普及，越来越多的学生选择继续深造，其中不乏家庭经济困难的学生。他们虽然渴望通过升学考研来改变自己的命运，但往往因经济压力而陷入困境。设计与建筑学院通过多元化的资助体系，为经济困难学生提供升学考研的支持与帮助。

二、学院采取的措施

(一)建立多元化的资助体系

学院建立了多元化的资助体系,包括学费减免、奖学金、勤工助学岗位等多种形式的资助措施,以满足不同家庭经济困难学生的需求。

及时资助,经济帮困。新生入学时,学院为家庭经济困难学生开通绿色通道,缓缴学费;在通过困难生认定后,指导学生申请国家助学金、国家助学贷款和其他社会助学金,鼓励学生申请学校"青穗班";如家庭经济遇到了困难,学生可申请临时困难补助,学院将给予临时补助,帮助学生渡过难关;推荐经济困难的资助对象参与学院的勤工工作,提供相关专业企业的实习岗位。通过多途径的及时资助,减轻学生读书、生活的经济负担。

(二)加强师长的参与

导师、班主任和高年级优秀学生是学院的重要资源,他们为经济困难学生提供学术指导、心理支持等方面的帮助。学院特色的资助对象考研分享会就是一种优秀学长学姐带动低年级学生深造的典型。参加分享会的优秀分享者将考研经验传授给学弟学妹,来聆听的低年级学生获益匪浅,能够在答疑环节解决自己的疑惑,使其对未来的考研充满信心。合理规划,学业帮扶。为改善部分资助对象的专业学习情况,年级辅导员、导师、班主任和资助对象面对面地分析各科成绩,了解学生每门课程的学习方式,并找出其中的薄弱部分。在此基础上,与学生共同讨论,为学生提供一些大学学习的方法,并树立一些学习上的小目标,在下一学期初对其是否完成目标进行检验,使学生对大学对未来有一个初步的规划,让学生知道自己未来想做什么,并为之努力,并对学生进行思想引领。学院通过对资助对象多方面的帮助,更好地践行了"扶困与扶智""扶困与扶志"的资助方针政策。

（三）注重学生全面发展

学院资助工作不仅关注学生的经济困难，还注重学生的全面发展。学院提供心理咨询、职业规划等方面的支持，帮助学生树立正确的人生观和价值观，培养资助对象的社会责任感和创新精神。年级辅导员每月进行谈心谈话，了解资助对象目前的家庭情况、大学学习生活情况，解答学生生活中的疑惑，舒缓其生活学习压力，同时鼓励资助对象积极参与校园文化活动、专业讲座交流等，从中树立信心、敞开心扉。班主任通过面谈、电话等多种形式与资助对象保持联系，除了对学生生活上的关心，还给予其专业学习上的指导，推荐学生参与学院学校的志愿服务活动等，引导学生扩大眼界，多与人交流。在学生遇到问题时，能够有针对性地帮助他们解决经济上和精神上的困难，做到全方位育人，使学生成长为德才兼备、全面发展的人才。

（四）加强宣传教育

学院加强对资助工作的宣传教育，让更多的学生了解资助政策和申请流程。同时，加强对家庭经济困难学生的关注和支持，让他们感受到社会的温暖和关爱。学院举办"温暖捕获计划——资助育人结合校园文化特色创意设计征集活动"，资助对象可以将学校的资助政策以漫画等生动的形式展现出来。学院还为学校资助中心征集品牌形象设计作品，鼓励学生以专业所长展示学校、学院资助活动特色，这能激发学院学生参与的热情，让资助对象在自己擅长的专业领域找到自信。

三、取得的成效

通过学院的"励志青春、梦想启航"系列资助对象考研分享会活动，学院长期关注资助对象，愿意考研的学生越来越多，很多学生不再因为家庭经济困难而放弃梦想，选择直接就业回乡养家糊口。而考研分享会也为有升学考研想法的资助对象提供了认识相似家庭境遇的同学的机会，也有优秀的资助对象连续取得浙江省政府奖学金并成功保研至"985工程"大学深造。

学院持续关注资助学生的各类动态,会对学生进行长期的帮扶,不让经济原因影响资助对象的在校生活和学习。希望学生能得到更多的锻炼,树立信心,提升综合素质。

四、案例价值与推广

设计与建筑学院的学生确实存在家庭经济状况差距比较大的情况,有的同学家庭经济状况比较好,但也有家庭经济困难的学生。为确保家庭经济困难新生顺利入学,学院多措并举,力求全面保障,在新生入学前开通资助热线电话,介绍国家及学校的各项资助政策,随录取通知书寄送《新生入学指南》和"绿色通道"资助申请表,详细介绍相关资助政策。积极鼓励家庭经济有困难的学生申报学校的"绿色通道",在新生正式报到时,学院迎新大本营现场设立"绿色通道"服务点,为新生提供资助政策咨询、助学贷款及学费缓缴业务现场受理等"一站式"服务,确保家庭经济困难新生入学"三不愁",让"绿色通道"真正成为学生入学的方便、快捷、高效的爱心通道。

学院及时关心每位学生的平时生活状态与动态,及时发现需要帮助的困难学生,及时给予其精神、经济、生活、学业等多方面帮助。在物质条件好的学生群体中,会引起部分家庭条件特别不好的同学的自卑和失落感,学院需要及时关注每个学生的动态与状态,及时发现学生各类动态,及时谈心谈话,了解学生生活上、学习上、心理上是否有困难,同时对需要"扶智""扶志"的学生进行长期帮扶,不让经济原因影响其在校生活和学业,并多以鼓励的形式激励学生、鼓励学生多参加学院、学校的活动,学院也组织了多种形式的资助育人的活动,比如结合学校的"青风"资助文化节,学院动员优秀的资助对象参与学习、保研、考研、就业等分享会,优秀的学生资助党员群体作为设计与建筑学院的"艺党先锋"推广于微信公众号,学院也推荐优秀的资助对象参与学校的"青穗班",在保证学业的同时,鼓励他们多做志愿者,乐于奉献。

学院积极以入学教育、班会等形式向学生宣讲国家及学校的各项资助政策和具体申请流程，及时发放各类资助资金。通过诚信教育讲座、主题班会等多种形式，讲解国家助学贷款有关政策、金融防诈骗、征信知识等，广泛动员贷款毕业生按时还款，帮助广大贷款学生树立诚信信念，帮助毕业生做好毕业确认等工作，学生在活动中对自身权利与义务有了更为清晰的认识。

学院定期回访家庭经济困难学生情况，动态调整认定学生信息库。针对因突发状况导致家庭经济临时困难的学生，畅通临时困难补助申请渠道，及时给同学送去温暖。多项举措确保学院资助工作精细化、精准化，做到及时资助、应助尽助。

（执笔人：金轶楠）

高校少数民族学生"五位一体"资助育人体系探索与实践

法学院

一、目标思路

高校资助工作是一项"以受助对象为中心"的育人工作,需高度重视工作的整体性、精准性和有效性,同时围绕目标群体打造"精准认定—个性设计—有效参与—反馈完善"的资助体系生态链,为资助工作的有效开展提供机制保障。新时代,高校少数民族学生资助育人工作面临更大挑战,既要帮助学生经济解困,又要引导学生思想提升,还要关注受助学生心理健康与学业帮扶问题,最后需在毕业环节助力学生实习就业。法学院每年招收 6—10 名藏族学生,其中超过 30% 为家庭经济困难学生,他们同时存在适应困难、学业困难、实习就业困难等多种复杂情况。学院资助工作通过构建经济资助、思想帮助、心理辅助、学业扶助、就业援助"五位一体"的资助育人模式,更全面地帮扶他们,使他们在感恩受助的同时提升社会责任感,在学有所成后反哺社会,为民族团结和国家繁荣贡献力量。

二、工作举措

(一)经济资助,助力少数民族学生经济解困

学院为减轻少数民族学生的经济负担,采取多层次的资助措施。一是对受助学生的认定工作,学院通过走访、面谈、调查等多种形式保证贫困认定的真实性;二是奖助学金评选工作,学院根据实际情况制定科学的量化评选标准,在标准上适当向少数民族学生倾斜;三是勤工岗位推荐工作,保障少数民族学生在尽可能多的岗位上进行勤工助学。此外,学院还引入了优质校友企业,充分利用校企合作资源,积极动员企业参与学生资助工作,切实做好少数民族学生的资助工作。

(二)思想帮助,助力少数民族学生思想提升

学院全面加强思想教育,涵盖诚信、责任、励志与团结四大方面。一是强化诚信教育。学院利用第二课堂定期开展诚信教育主题活动、征信知识竞赛和诚信还贷宣传,同时根据相应的规章制度,对学生失信行为予以严厉的批评和处罚,强化学生的信用征信意识。二是强化责任教育。学院组织学生积极参加志愿者服务、公益活动和社会实践,提升学生的社会责任感。三是强化励志教育。学院通过开展少数民族学生励志奖学金评选、优秀事迹宣传、校友面对面等活动,强化少数民族学生的自立自强意识。四是强化团结教育。学院通过举办少数民族风情宣传周、暑期民族生慰问走访活动、民族生和汉族生混住宿舍文化建设等活动,营造民族团结氛围。

(三)心理辅助,助力少数民族学生身心健康

学院构建了全面的心理健康教育体系,积极开展相关工作。一是开设心理健康课程。学院将心理健康教育课程作为必修课程,不定期开展课程实践,如组织心理电影观赏、心理健康专题讲座等,普及心理健康知识。二是组织开

展心理健康测试。学院通过心理健康测试精准识别并关怀测试数据异常的学生,建立个人心理档案,实时追踪回访。三是提供心理健康咨询。学院成立专业的心理健康教育指导服务机构,通过专业的心理咨询与团体心理辅导,加强心理引导。四是开展心理文化活动。学院充分利用第二课堂教育开展内容丰富的心理文化活动,形成心理健康教育长效机制。

(四)学业扶助,助力少数民族学生成长成才

学院构建了全方位的少数民族学生学业帮扶机制,实现多方联动,形成教育帮扶合力。一是充分利用学生主力军作用,动员学生干部、学生党员等先进分子,在宿舍、班级、社团等场地开展帮扶活动。二是组建由辅导员、班主任、专任教师、校外专家组成的专业化帮扶团队,对少数民族学生开展专业的学习帮扶。此外,学院还创新搭建了网络帮扶平台,实现师生信息即时共享,精准对接学业帮扶需求。教师可通过平台随时查询学业成绩,掌握少数民族学业困难生名单;"学困生"可通过平台选择需要帮扶的课程,向课程老师咨询学习重点和难点,获得及时的学业指导。

(五)就业援助,助力少数民族学生能力提升

学院针对少数民族学生实施一对一精准帮扶,提升其职业胜任力。一是组织开展线上线下少数民族学生就业需求和意向调查,定制化提供就业、创业指导和培训。二是集合校外专家、专任教师、辅导员和班主任共同为少数民族学生开展职业生涯规划教育,引导学生明确求职定位,树立合理的择业理念,积极规划职业发展道路。三是通过定期召开座谈会宣传讲解各项就业政策,邀请优秀校友分享就业经验、解答就业问题。四是建立少数民族学生就业档案,针对未就业的少数民族学生实施"教师精准帮扶计划",确保其获得持续关注和指导。此外,学院还积极拓宽就业渠道,联系企业来校开展专场招聘会,利用校友资源为少数民族学生提供多地、多岗位招聘信息。

三、育人成效

学院 2023 年共认定 54 名家庭经济困难生,其中特别困难生 31 名,一般困难生 23 名;藏族学生 6 名。在 2023 年度各类奖助学金评比中,学院 21 名同学获得国家励志奖学金,3 名同学获得浙江省政府奖学金,5 名同学分别获得学校张子良助学金、"康恩贝自强"奖学金等社会助学金。在保障型资助全面覆盖大环境下,学院资助学生积极参与校内各类学生工作、课外勤工、课外活动等,根据面向 2023 年度认定的资助对象群体发布的问卷调查反馈,学院 30 名学生日常参与志愿服务活动,34 名学生利用课余时间在各个岗位上进行勤工助学活动,24 名学生参与校内学生会和社团等组织,其中 10 名学生担任部长(含)以上职位。学院持续借助一对一谈心谈话对所有少数民族学生进行就业帮扶、学业规划;定期召开就业座谈会深入讲解就业政策,邀请优秀少数民族校友分享就业经验,解答就业问题;通过积极汇总、发布家乡当地的职位信息,引导少数民族学生树立正确的就业观。经过学院不懈努力,少数民族学生群体总体思想状况稳定,主流表现积极向上。

四、价值与推广

重视和支持少数民族的教育事业,对于推动民族地区的发展、促进民族团结和社会繁荣具有重大而深远的意义。一直以来,法学院学生资助工作注重把立德树人根本任务和成才教育目标融入学生资助全过程,积极推进精准资助和资助育人,构建了"五位一体"资助育人体系,持续加强学生资助规范管理,实现了从保障型资助向发展型资助的形态转变。

下一步,学院在开展少数民族家庭经济困难大学生资助工作时,将继续坚持"以人为本",强化个性化关怀。当好"发现者",深入少数民族家庭经济困难学生群体,关注学生成长困难,了解学生求学需求,精准把握学生思想动态变化,为资助工作的完善和创新提供准确的第一手信息。当好"引导者",深刻分析少数民族学生特点,发挥互联网的信息优势和教育功能,搭建资助育人工作宣传平台,普及党和国家的最新资助政策,帮助学生树立健康消费观。当好"服务者",提高服务意识,建立需求发现机制,简化办事流程,提高办事效率,进一步提升学生满意度。当好"创新者",学院将着力培养资助专项工作辅导员及资助线学生干部的创新意识,引入新技术、新方法,增强资助育人实效。

（执笔人：俞泱）

行是知之始，知是行之成

——以专业实习推动资助育人与思政教育的有效融合

公共管理学院

一、目标思路

学生工作的基本规律是把解决学生的思想问题与解决实际困难相结合。资助工作重点关注学生的急难愁盼问题，通过经济上的支持解决学生在求学路上的后顾之忧。一直以来，浙江工业大学公共管理学院紧紧围绕"三全育人"综合改革的相关要求，积极组织、落实资助工作，让资助政策真正惠及应该被资助的学生。同时，积极贯彻发展型资助育人理念，通过"显性"与"隐性"相结合的教育方式，以专业实习为载体推动资助育人与思政教育的有效结合，培养德智体美劳全面发展的建设者和接班人。

立足新发展阶段和高校思想政治工作实际，公共管理学院结合本专业价值取向，创造性地推出了"五个一拓展工程"，强化实践教学环节，提高公共管理专业本科生的综合素质，确定了"专业实习（角色扮演）—热点调查（科研实践）—读书报告（专业视野）—实验技能（专业技术）—经典案例（决策思维）"五位一体的人才培养模式。学院积极贯彻"三全育人"理念，将育人主体、时间、空间三个维度有机结合，推动专业思政与课程思政同频共振，形成了一套公共管理专业人才培养行之有方、行之有力、行之有效的方案。

其中的专业实习环节充分体现了专业特色和思政教育元素，让学生参与

"公务员角色扮演"活动。目前,学院已经形成了以杭州市拱墅区委、区政府为主,包括各级政府机关职能部门、非政府组织,区级职能部门、群团组织等在内的一批稳定的实习基地,保证了专业实习教学环节的进行。从"隐性"层面来说,资助育人在推动专业实习保质保量开展方面发挥了重要作用。资助以补贴和奖学金的名义发放给学生,一方面在一定程度上缓解因专业实习产生的额外支出压力,另一方面营造"比学赶超"的氛围,树立先进典型,发挥榜样力量。从"显性"层面来说,专业实习切实推动思政教育贯穿育人全过程,加快推进铸魂育人、知识传授、学术能力培养、社会责任培育等多向度延伸,使学生晓学术、知思政,培养学生运用专业知识理论分析问题、解决问题的实践能力和综合素养,在此过程中真正实现由知到行、知行合一。

二、成效与特色

(一)提升了一体化能力

公共管理学院创造性地将爱党、爱国、爱社会主义、爱人民、爱集体的价值取向有机融合到公共管理专业的思政育人中,相应地构建公共管理专业五大能力。通过"专业实习"提升管理实践能力,重点融入"爱党",以准公务员或社会组织员工的视角来完成组织任务;通过"经典案例"提升系统整合能力,重点融入"爱国",以公共管理案例反映中国式公共治理现代化;通过"读书报告"提升专业理解能力,重点融入"爱社会主义",学习社会主义核心价值观;通过"热点调查"提升社会调研能力,重点融入"爱人民",从人民的需求中发现调研的问题和解决对策;通过"实验技能"提升业务动手能力,重点融入"爱集体",以团队的形式完成实验任务。

专业实习环节从时间历程上来看是五大能力提升的最后一个环节,从价值属性来看也是最重要的一个环节,一般在大三暑期组织学生开展。学生在实际工作过程中,以提升管理实践能力为核心,实现知识和能力的学以致用、融会贯通,在调研走访、报告撰写等真实场景中自发地将其他公共管理专业能力发挥出来,深化爱党、爱国、爱社会主义、爱人民、爱集体的价值取向,夯实共同思想基础。能力发展与价值观培育并行,这与发展型资助所倡导的促进家庭经济困难学生个人的全面发展相得益彰。

(二)建立了一批实践基地

学院大力推进实践、实习教学过程中的思政育人工作,拓宽实践教学场域,创新性地以场景式、任务式和体验式的方式将思政元素"沉浸"在实践教学活动中。充分发挥与政府部门长期的合作优势,从 2003 年起,学院与杭州市下城区人民政府(现已合并至拱墅区)等单位合作,建立了一批"课程思政校外教学实践基地",坚持统一安排学生进行专业实习。20 余年来,尽管有关实习单位经历了大量人事变动,学院公共管理类每届的学生人数也从最初的 30 余人增加到 100 人以上,但是统一在杭州安排大多数学生的实习单位的特色一直保持至今。目前,学院已经形成了以杭州市拱墅区人民政府为主,包括省级、市级政府机关职能部门、非政府组织、区级职能部门、群团组织等一批稳定的实习基地,保证了专业实习教学环节的进行。历届学生值得认可的实习表现得到了合作单位广泛赞誉和一致好评,这使专业实习得以持续开展,更多实践基地的落地成为可能。

(三)产出了一系列学术成果

以专业实习名义开展为期八周的"公务员角色扮演"活动,一方面,使师生有了更多的专业知识和管理实践交流平台;另一方面,在一定程度上促进了政府部门的工作,有关部门吸收并采纳了学生的部分学术性意见。2002 年至今,有近 1000 名公共管理专业学生参加"公务员角色扮演"情景式实践教学,完成质量较高的论文和案例近 400 篇,并以一年一期编辑成专业实践刊物《管见》(内刊),《管见》涵盖党建园地、民呼我为、基层治理、社会保障、课程思政等栏目,不仅是专业实习报告的汇总,更是对社会现象的洞察和分析,对专业知识的发挥与运用。行是知之始,实践是获取认知的必经之路;知是行之成,只有实践才能出真知。在导师的指导下,学生在躬行实践中激发学术兴趣,奠定学术基础,明晰职业规划,这在一定程度上促进了就业率、升学率的提升。

(四)确保了一大笔经费支持

专业实习的资助工作因事而化、因时而新,围绕专业培养宗旨,遵循学生成长规律,把握学生思想特点,围绕多元资助、有偿资助、精神资助、能力资助四个维度的发展型资助,使资助工作健康发展,持续迸发活力,更好地满足学生自我发展的内在需求,体现个人价值,实现人生理想。从过程来看,赋能学生全面发展,培养公共管理优秀人才;从根源上看,使贫困在精神上不再代际传递,扶智与扶志相结合,激发内生动力,促使学生实现专业成才、精神成人,锚定事业成功。

其中的多元资助可以分为补贴和奖学金两部分。补贴有住宿补贴、交通补贴、空调补贴等,奖学金为评选优秀实习生的奖励。2020—2022年,学院共有31名资助对象得到补贴,累计发放金额达21584元,共有5名资助对象获评年度优秀实习生,累计发放奖学金1500元。补贴不是统一金额发放给全体学生,而是根据学生实际支出、补贴的名目和金额各不相同,这在一定程度上缓解了因专业实习额外支出产生的压力,确保补贴发放给真正需要的学生。奖学金则为每人300元,在实习分享会上对本年度的专业实习进行总结,对优秀实习生进行表彰,树立先进典型,发挥榜样力量。

三、价值与推广

(一)学生高度认可

自2021年起,学院在微信公众号"风华公管"就专业实习进行系列宣传报道,每一篇推文都展现了公管学子自觉遵守纪律规范、发挥自身学科优势、积极主动完成工作任务、在点滴之中不断成长的风采。学生还分享了自己的实习感悟,是自我的沉淀,同时与读者共勉。

节选两则感悟如下:

"知之不若行之",实习是检验学习的重要途径,我们以专业理论率引，用真实案例说话，将专业知识深耕于实践当中。

——2019级资助对象，行政管理专业学生

本次实习是我们第一次真正亲身参与政府部门的日常工作，在这里我们将以往的理论知识应用于实践，又在实践当中不断学习成长。工作留痕，事事回应，面对突发情况的及时调整，工作要细致高效，更要以人民利益为重，这都是政府工作当中的要求，也是政府工作的常态。

——2019级资助对象，行政管理专业学生

不管是学院对专业实习在物质上的保障，还是学院对学生专业实习成效的把关，都成功地将资助育人工作化有形于无形，在社会这所更广义的学校中培养公共管理专业优秀人才。

(二)媒体广泛赞誉

2022年6月29日，拱墅发布微信公众号报道公共管理学院2019级"运河·万朵浪化"暑期实习启动仪式顺利召开，20年来，学院与区委、区政府精诚合作，团结协作，共同为青年人才的培养添砖加瓦。2022年8月20日，《浙江日报》以《"未来公务员"拜师在职公务员》为题，报道我院与嘉兴市秀洲区纪委、监委等单位联合推出的"未来公务员训练营"开营，来自公共管理学院"未来公务员计划"的10名大学生现场向10位在职公务员"拜师"。近年来，学院专业实习受到社会各界的广泛关注，展示了学院在人才培养方面的重要探索，充分体现了人才培养过程中理论与实际相结合、知行合一的育人理念。

(三)推广切实可行

学院以专业实习为载体，建立了"专业—资助—思政"三元素有机融合的实践教育培养模式，形成"知识—能力—价值"的金字塔式结构，提高人才培养质量。因此，对于在培养计划中开设专业实习的学校、学院，可以参照该模式和结构，以专业实习为载体，在资助育人中更好地推动思政教育。一是从"隐性"层面，不让任何一名资助对象因经济困难无法参与专业实习，补贴学生在专业实习过程中的实际支出，奖励学生在专业实习过程中的突出表现。二是

从"显性"层面,孕育思政教育于专业实习之中,实现资助对象专业能力脱贫、精神层面脱贫,这更与就业工作质量息息相关。常说选工大有底气,这是说入口,面向社会输送人才的出口,作为工大人更应该有底气。

(执笔人:陈思汗、赵玥、李帮彬、俞快)

遇"健"你,温暖你

健行学院

一、目标思路

为深入贯彻落实党的二十大精神,认真贯彻落实习近平总书记关于教育的重要论述,全面贯彻党的教育方针,健行学院作为浙江工业大学荣誉学院,积极响应号召,紧紧围绕立德树人根本任务,在资助工作过程中坚持把促进家庭经济困难学生成长成才作为学生资助工作的出发点和落脚点,帮助贫困家庭学生顺利入学和完成学业。

健行学院根据实际情况,采取"1+3"模式,制定了一系列的困难生帮扶政策。一年级学生在健行学院进行学习生活,学院辅导员跟踪其成长,时刻关注学生的心理健康和生活状况;高年级学生在专业学院学习专业知识,由健行学院和专业学院联合关注。经班级、辅导员、学院领导评议,学院评定,2022—2023 学年学院家庭经济困难学生人数共计 32 名,包括 16 名特别困难学生和16 名一般困难学生。

面对困难学生,一方面,学院依照学校的资助管理制度,切实做好奖、助、勤、补等工作。学院关注困难生的学习、生活和心理状态,加强关心与引导。坚持物质资助与精神帮扶相结合,从学生的实际出发,通过国家助学金、国家励志奖学金、临时困补、"家庭经济困难生发展性资助计划"、"冬季送暖计划",结合学校团委"青穗班"、张子良助学金等项目开展资助。勤工岗位优先面向困难生开放,做到困难生勤工岗位 100% 全面覆盖,帮助困难生树立自强自立意识。全年发放困难补助 6928 元,发放勤工助学款 11805 元。

另一方面,学院关注学生的心理健康,加强激励教育,精神内化立其志。学院在经济资助的基础上进行心理上的帮扶,每月定期开展谈心谈话,了解学生的近况,根据具体情况给予帮助。扶贫扶智更扶志,切实做好资助育人工作。针对不同学生的情况,学院有针对性地对学生展开激励教育。同时,引导学生向周围的榜样看齐,通过向生活、学习、工作中的榜样看齐来激励自己的内心,点燃人生自信,翻开人生的新篇章。

二、成效与特色

根据实际情况,健行学院一年级学生主要在健行学院进行学习生活,高年级生则由专业学院和健行学院联合关注。这样就形成了具有健行特色的"1+3"模式。学生一年级时通过健行学院申请资助,高年级时,学生会进入专业学院进行学习,健行学院会联合专业学院一起关注困难学生的生活。在这样的资助育人模式下,健行学院在不断完善工作的过程中总结出了以下几点经验。

第一,建立全面的学生信息库。学院辅导员对家庭经济困难生跟踪成长,健行学院与专业学院联合解困,根据健行学院特殊的育人方式,采取"1+3"的资助模式。一年级由健行学院辅导员跟踪成长路线,随时关心学生的心理情况,重点关心困难学生的寝室氛围、班级融入情况、专业知识学习情况,观察学生是否有隐藏的心理问题和生活困难情况。在一年级二招招生工作完成后及时与学校数据系统进行匹配,获取学生资助认定信息,并及时跟进谈心谈话,以掌握好学生的生活状况、心理状态;在二年级学生进入专业学院学习、学院每学期认定工作结束后及时跟进,匹配生成最新认定数据库,根据掌握的信息与专业学院紧密联系,联合解困。保持与专业学院的信息沟通,及时应对突发情况,第一时间为学生提供解决困难的方案。

第二,健全多层级的关怀制度。健行学院根据特殊的"小班制",制定了多层级的关怀制度,从年级到班级再到寝室,从学院领导到项目主任、班主任,再到班级心理委员、寝室长,从多层次多角度给予困难学生关怀。学院在走访慰问的同时,由具备资深心理辅导经验的副书记带领,在关心、关注的同时询问学生的实际困难和需要学院帮助的地方,并做好汇总以便于为学生提供针对性的帮助。各专业的项目主任、各班班主任定期与学生进行谈心谈话,掌握学生的学习、生活情况,及时提供专业指导和生活上的指引。辅导员每月进行谈心谈话,及时了解学生的心理状况,引导学生正确、理性面对实际情况,帮助学生培养个人兴趣、规律的生活作息、积极的自我暗示等。此外,需要班委、寝室长等的共同参与,在日常生活中多加关注,加强与学院的沟通,以便学院掌握更多的信息。

第三,引导学生积极回馈。在资助育人过程中,辅导员仅通过个人的力量、"单打独斗"的方式去深刻影响和改变一个学生是困难的,需要借助周围同学的力量,同学之间的抱团取暖、相互帮扶、支持和鼓励更能彰显资助育人作为一种爱的教育的本质。因此,健行学院在资助育人的日常工作中充分发挥周围同学的作用,一个有爱的成长环境有助于减少学生生活中的后顾之忧,学生更多的心思就会投入学习,学业成绩得到提高的同时,也逐渐敞开个人心扉去拥抱周围的同学,变得自信、乐观和开朗。在这个基础上,引导学生投入志愿者活动,无论是帮助身边有需要的同学还是社会上的志愿者岗位,发挥自己的光和热;鼓励学生投身学院工作,将有限的力量转化为无限的爱心,对学弟学妹进行领航帮扶,在学习榜样的同时,成为榜样。

通过学院的关注和学生自身的努力,这批学生在各方面都取得了不错的成绩。以2021级学生为例,他们努力学习,在学业成绩上取得了不错的绩点,同时积极参加学校、学院活动和学科竞赛,均有所斩获。他们凭借自身的优秀,实现了困难学生的国家励志奖学金覆盖率92%的成绩。

再如,在2019级的学生中,资助认定对象××奕同学因为旧病复发,腿脚行动受到了一定程度的影响,只能勉强拄拐前行。为此,学院特意开展了"奕路同行"志愿活动,利用同学的力量,只为尽可能在背后为他提供力所能及的协调帮助,为他提供一个更加有利的学习和生活环境。

三、价值与推广

在多次与经济困难生接触和解决其困难问题的过程中,学院总结了处理各种问题的关键,要针对学生不同的心态情况,从多角度来解决问题,实现"解困—育人—成才—回馈"的良性循环。

首先,帮助学生申请各类专项资助,解决学生眼前经济困难。本着先救急的原则,学院在摸排到学生的家庭情况后,立即引导他们了解我校的困难生资助政策,并申请我校针对困难学生开展的资助专项,包括但不限于国家助学金、国家励志奖学金、张子良助学金等奖助学金项目。经过学生本人的申请,学院核实并上报后不久,奖助学金就发放到学生手上,对于生活困难需要帮助的他们来说,能缓解他们眼下燃眉之急。同时,健行学院开设的勤工岗位优先面向经济困难生开放,最终确保了对困难生100%的全面覆盖,为他们提供了勤工俭学的机会,提供了一个通过自己努力获取收入且不影响学业的渠道,让他们靠自己的努力改善日常生活。

其次,学院关注学生的心理健康,加强"心理防线"建设。困难学生的生活环境大多与周围同学有所不同,他们的心理健康也是需要重点关注的方向。相较于其他同学,经济困难生的现实情况更容易造成他们的心理包袱和深层焦虑。对此,学院从多方面定期对学生进行关心和心理辅导。同时由于健行学院特殊的"小班制",各个班级的人数相对较少,因此学院形成了多层级的关怀制度,从年级的辅导员,到班级的班主任、班干部,在平时都会积极地与他们保持联系和关注,以便于及时发现情况并予以干预。

最后,扶贫需扶志,加强激励教育,精神内化立其志。资助育人的特殊之处在于扶贫的同时更需扶智和扶志,只有将扶贫、扶智、扶志有机、有效、有力结合才能更好地以资助育人的形式完成立德树人根本任务。针对不同学生的个人情况,学院有针对性地对学生展开激励教育,按照学生的不同成长阶段进行定向引导。

（执笔人：吴瑶瑶）

学生案例篇

一路跋涉，万水千山，
总会看到彼岸之光

李世越，男，浙江宁波人，毕业于宁波市镇海区龙赛中学。2019 级化学工程学院化学工程与工艺（卓越工程师）专业本科生。在校期间平均绩点 3.92，获得 2020 年一等学习奖学金、2021 年二等学习奖学金，连续三年获得国家励志奖学金、国家助学金，参与科研竞赛活动，曾获第十六届全国大学生化工设计竞赛特等奖。

一、个人事迹

（一）重视学业，稳步提升

大一上学年，李世越考虑到以后可能会考研，认真学习了有关课程，如高等数学、无机化学等，认真准备了大学英语四六级考试。平时生活中他经常去图书馆学习，在图书馆备考的学长学姐从早到晚认真学习的场景令他印象深刻，他也因此对自己的课程学习严格要求，具体要求为：上课认真听讲，不懂的问题及时解决，独立完成课后作业，考试前抓重点复习，考试从容应对。

尽管如此，但大一时他还是有一些科目考得不理想，归结起来主要是平时问题遗留很多，但没有花时间解决，最后积重难返。大二学年，吸取了大一的经验教训，争取每门课都不落下，在学习过程中，他逐渐发现理工科专业的课程比较注重对基本概念的理解、对公式的推演、对习题的巩固记忆。虽然有很多公式要记忆,但如果平时注重理解、推导和练习,印象自然就加深了,要尽量避免死记硬背。

在争取绩点的最后一学期,理论课数量很多,因此,期末做好复习安排非常重要。基于以前的经验,期末的三周,李世越坚持早起,制定了大致的学习日程表,需要复习哪些科目、看哪些书都详细列出,每天及时根据实际情况修改计划。计划固然重要,但正如校训"厚德健行"所说,更重要的是去践行。这一学期他的绩点是4.37,第一次突破了4.0,取得了大学以来的最好成绩。

(二)参与竞赛,开拓创新

大三下半学年,凭借对竞赛的兴趣,李世越组队参加了全国大学生化工设计竞赛,他主要负责的是前期工作——流程模拟与换热网络设计的部分。参加竞赛的同时,还要兼顾课程学习,因此合理安排时间很重要。

竞赛一开始的时候,李世越面对流程模拟软件,常常遇到操作参数不知道设置为多少的问题,但是经过一段时间的试错与摸索,他找到了一些普遍规律。很多时候不知道怎么做时,先动手去试错再总结经验也是一种方法,犹豫不前只会导致毫无成果。

当时他还遇到了棘手的动力学数据的问题,因为文献中的动力学方程与实际软件输入的方程形式不一致,需要进行合理的换算与说明,他跟队友探讨、向老师请教,最终得到了较合理的结果。

有了前期的经验,竞赛的设计有了更合理的方法和参考,设计过程也变得更加得心应手。最终他与队友取得了佳绩,一路走来,他非常感谢队友齐心协力走到最后,非常感谢指导老师的帮助支持。竞赛不仅让他开阔了专业领域的视野,更加培养了他的团队协作精神与创新精神。

(三)乐观向上,砥砺前行

学校全面的奖助学金设置,使他能够有机会通过努力学习获得经济支持,连续三年获得国家励志奖学金,减轻了家庭经济负担。学校奖助学金的设置,激励他乐观地投入生活和学习,帮助他成长成才,使他享有人生出彩的机会,享有梦想成真的机会,享有同祖国和时代一起成长和进步的机会。学校的资助工作给予家庭经济困难学生更多的关注和倾斜，给予他们生活和学习上更多的关心和帮助，为他们的兴趣培养、能力提升、视野开阔创造了更多的机会和条件，构建了物质帮助、道德浸润、能力拓展、精神激励有效融合的长效机制，形成"解困—育人—成才—回馈"的良性循环。

回首大学四年，李世越不仅感谢学校的经济资助，更感谢学校的专业培养，学校为他提供了广阔的平台，使他有机会站上全国赛场。从高考结束填志愿时看到的"选工大，有底气"的宣传语，到自己四年的亲身经历，他切实地体会到了工大的底气源于工大人努力学习、工作的每一天。"取精用弘、厚德健行"，学校不仅重视学生的智育，更加重视育人与育德，激励学生积极乐观地面对生活中的困难，不气馁，好好读书，为母校争光，为祖国社会主义事业作贡献。

二、寄语学弟学妹

希望学弟学妹能好好珍惜大学时光，四年弹指一挥间，要多做有意义的事情，不断学习，不断充实、磨炼自己，扎实的专业知识至关重要，要明确自己的方向，并为之不断努力，发掘并坚持自己的梦想，一个人有了明确的理想，就像梦牵引着生命的脚步，一路跋涉，万水千山，赴汤蹈火，达到理想的彼岸。

三、师长点评

李世越同学在校期间学习态度端正，成绩优良，具有较强的适应能力和团队协作能力，在化工设计竞赛中认真负责，团结同学，迎难而上，最终取得了优异成绩；富有责任心，大四担任班级班长，积极完成学校任务；为人谦虚，严于律己，查缺补漏，平时积极主动向老师请教化工专业问题；积极乐观面对生活中的困难，脚踏实地，砥砺前行。

（辅导员：严圆格）

创造有价值和有意义的人生

李随勤，男，中共党员，2020 级化学工程学院化学工程与技术专业博士研究生。研究生期间，担任"青说青听"青年科学家理论宣讲团成员、"先锋宣讲团"成员、党员之家秘书长、班长等，获得 2022 年博士研究生国家奖学金、浙江省优秀毕业生、优秀共产党员、十佳优秀团干、优秀研究生干部、三好研究生等，获得荣誉称号和奖项累计 50 余项，以第一作者身份发表 SCI 一区论文 2 篇，授权国家发明专利 8 项，授权美国发明专利 1 项，主持浙江省大学生科技创新活动计划（新苗人才计划）项目 2 项。

一、个人事迹

（一）勇做科研报国的"践行者"

李随勤牢记沈寅初院士对浙江工业大学所有研究生的嘱托，扎实学术，求真力行，立志科研报国。他始终认为，如果一个人能将有限的人生献给学术研究，对整个社会的发展进步有所贡献，那将是多么幸福的一件事。甾体激素类药物是仅次于抗生素的第二大类药物，但目前的生产工艺多数采用重金属铬作为氧化剂，污染环境、铬渣处理困难、能耗高。李随勤多次深入化工厂进行调研，经过三年多的努力，他们团队设计并开发一种高效、绿色、无污染的电催化氧化合成甾体药物中间体新工艺，实现甾体含羰基中间体无铬电催化氧化应用，将实验室研究成果应用到生产实践，助力国家产业发展。研究生期间，他积极参加学术活动及大学生科技竞赛,荣获第 13 届全球华人化工学者研讨会优秀博士生学术论坛"最佳报告奖";浙江省"互联网＋"大学生创新创业大赛铜奖,浙江省"挑战杯"大学生课外学术科技作品竞赛银奖,校"运河杯"大学生课外学术科技作品竞赛特等奖。

(二)敢为党建工作创新的"先行者"

作为学院党员之家秘书长、催化剂工程方向研究生第二党支部副书记,他勤恳负责、敢为人先,注重从党的理论中汲取信仰的力量。李随勤于 2012 年 5 月 20 日加入中国共产党,在政治上、思想上一直寻求进步,不断加强理论学习,不断提高自己的思想政治素质,逐渐树立起正确的人生观、价值观。研究生期间,参加浙江省新四军历史研究会纪念毛主席诞辰 124 周年、125 周年活动以及化学工程学院"高校基层党建论坛"学习交流等活动,带领党支部荣获学院第十七届支部建设创新特等奖,党支部也入选校第二批党建工作示范支部建设。2019 年 8 月,李随勤一行 30 人赴井冈山革命根据地开展党性教育活动。通过在井冈山革命博物馆、大井朱毛旧居、小井红军医院等红色基地的实践教育,李随勤更深入地了解了井冈山革命斗争史,领悟了坚定信念、敢于牺牲的革命精神,增强了作为新时代新青年的历史使命感。

(三)争当红色理论的"传播者"

作为学校"青说青听"青年科学家理论宣讲团成员、"溯采先锋"宣讲团成员、"红色半月谈"主讲人、"我是党课主讲人",他勤恳负责、敢为人先,注重从党的理论中汲取信仰的力量。他时刻牢记为中国人民谋幸福,为中华民族谋复兴的初心和使命,锤炼党性、坚守初心,不仅是党的理论知识学习者和践行者,还是传播者与发声者。近年来,他多次赴井冈山革命根据地、衢州开化、安吉余村、舟山嵊泗等地开展"金星村里探发展""绿水青山筑新梦"等乡村振兴社会实践调研活动,增强了作为新时代新青年的历史使命感,走进小学、走进工厂、走进农村。他还在校内外主讲党课、分享会等 10 多场,辐射带动 2000余人,深受好评。

(四)从"受助者"到"助人者",回馈社会

李随勤同学来自甘肃省。研究生刚入学时,他曾因为贫穷而感到自卑,因

长期做兼职而耽误了学业,后期在学校、学院的资助下,他全身心投入学习科研。学校的资助不仅是扶困,更是扶志,扶起了他努力科研、报效祖国的斗志。学业科研之余,他兼任学院辅导员、课题组学生负责人、博士班班长等职务,为学校、学院的发展建言献策、贡献力量。生活上,他不仅热心参加青年志愿者活动,还成为一名资助者,他拿出一部分自己获得的奖学金去资助四川万源一名家境贫困的小学生。从受助者到助人者,身份的转换,让李随勤真正感受到助人之乐,他说,"要从一个受助者变成一个助人者,帮助别人,让更多人更好地活着,将爱延续下去,我觉得这样的人生才是更有价值和有意义的人生"。李随勤用实际行动诠释了"有理想、有本领、有担当"的当代青年精神。他是一名全面发展的新时代"奋斗者"、社会主义核心价值观的"践行者",更是寒门学子励志成长的榜样!

二、寄语学弟学妹

亲爱的学弟学妹,作为大学生,我们一定要珍惜韶华、努力奋斗,方能练就过硬本领;大胆创新、积极探索,方能谱写人生篇章。希望在今后的学习生活中,大家能够继续传承我们工大人的优良品格,牢记学校"三创精神",不忘初心,担负起我们新时代青年人的历史使命,为社会的发展贡献力量!

三、师长点评

"结硬寨、打呆仗",这是曾国藩行军打仗奉行的六字诀,战术虽笨且见效慢,但极其实用。科研亦如此,坚持很重要! 李随勤在科研方面默默耕耘,懂得"守拙",经过五年多的历练,拨云见日,在坚守的一亩三分地取得了良好的成绩! 业精于"勤",希望李随勤同学持之以恒,争当卓越人才!

（导师：钟兴）

战胜苦难，放飞理想的翅膀

　　蔡文凤，女，中共党员，毕业于太康县第一高级中学。2019级生物工程学院生物技术专业本科生，被山东大学微生物技术研究院（微生物技术国家重点实验室）录取。曾任生物工程学院本科生党支部副书记、班级心理委员等职，曾在校学生综合事务大厅以及校青年志愿者协会等学生组织任职。在读期间曾获2021年国际基因工程机器大赛（iGEM）金奖、2022年浙江省第十四届大学生生命科学竞赛三等奖、2021年"生物＋"国际青年科技作品展评大会特等候选奖、2021年浙江省大学生物理竞赛二等奖、2020年浙江省大学生物理竞赛三等奖、2021年一星级志愿者、2022年生工励志人物、2022年生物工程学院优秀党员、2021年生物工程学院优秀团员、2020和2021年国家励志奖学金、2022年浙江省政府奖学金、2021年度浙江省高校"尚德学子"奖学金、2020年校优秀学生二等奖学金、学院崔晓益奖学金等多个奖项和荣誉。

　　"宝剑锋从磨砺出，梅花香自苦寒来"，这句话从高中开始就是她的座右铭，也在她这些年的经历中逐步得到了证实。在痛苦中磨炼自己，生命的火花就会闪烁，从进入浙江工业大学的那刻起，她就立下目标，要用积极、自律、勤奋去点缀她的漫漫求学之路。她始终以高标准要求自己，不断地突破自我，在科研的道路上披荆斩棘，在学习的征途中一往无前，在实践的点滴中展现新时代青年的担当。

一、个人事迹

(一)自强不息,穷且益坚

她来自一个偏远的农村,父母都是农民,初三的时候母亲被查出患有肾炎,多年来四处求医、多次住院早已花光家中所有积蓄。2022年底病情急剧恶化成慢性肾脏病的5期即尿毒症阶段,只能靠透析和吃药维持生命。她深知家庭的不易,平时在学校省吃俭用,为了能多省2元车费,她宁愿选择步行一个多小时,她也担心麻烦别人,选择自己没日没夜地照顾母亲,她每次提起自己的成长经历以及家庭情况便会哭泣······

蔡文凤的家庭具有一定的特殊性,其母亲早年被诊断出严重的肾脏类疾病,常年求医问诊给一个普通的家庭造成了巨大的经济压力;其母亲病情的恶化再次给这个家庭造成了沉重的打击。蔡文凤同学家庭困难的主要原因是家庭成员患有重大疾病,需要帮助她解决家庭经济危机,缓解她的经济压力。学院秉持着关心关爱每一位学生的原则,帮助她申请了助学贷款、贫困生补助、励志奖学金、企业奖学金等一系列补贴,并设立勤工助学岗位及时为她解决学费以及生活费用上的困难。

在她进入大学以后,获得了国家助学贷款的资助,解决了学费问题,又通过贫困生补助、奖学金和勤工俭学等解决了生活费,不至于再给家庭增加负担。遇到挫折不抱怨,遇到困难更努力,这一直是她的生活态度。可以输在命运的起跑线,但不能输在命运的转折点,既然不能选择环境,那就选择改变自己。她比其他同学更加珍惜来之不易的学习机会,平时学习十分刻苦,成绩也一直位居年级前茅。她认为是党和国家以及学校和学院的好政策好措施让她能够顺利进入大学读书,帮她缓解了巨大压力,让她感到无比的温暖与庆幸。她把勤工俭学的经历当作一笔宝贵的财富,这段经历增加了她的阅历,使她锻炼了自己。也许她没有星星光灿夺目,没有宝石晶莹剔透,但是她会像自强不屈的小草一样,即使经历风吹雨打,也会带着希望露面于光明世界。

（二）博学笃志，克难奋进

被乌云遮盖后的太阳，依然可以发光发亮。被石头绊倒后的她，依然可以起身微笑！刚进入大学的时候，她的身体素质并不好。跑步成绩很差，仰卧起坐更是连 5 个都做不了。这样看来，她体育挂科似乎是不可避免的。但她不允许自己被这点小挫折打败，于是坚持每天夜跑和练习仰卧起坐。最终她期末跑步考试得了班上的第三名，仰卧起坐也做到了 20 多个，这让她感到无比欣慰。她在大学之前没有使用过电脑，甚至连基本的开机和关机都不会，大一开学后一门"C 语言"课程难住了她，与大多数有着较为扎实编程基础的同学相比，她感到非常恐慌。于是她下定决心，一定要学好这门课，不仅上课认真听，课下更是花了大量工夫去探索。终于功夫不负有心人，最终这门课的期末考试她取得了比最初预想好太多的成绩，在班里名列前茅。

其他的课程她也丝毫不敢松懈。大一学年结束，她的学习成绩专业排名第三，综测第四，获得了国家励志奖学金、校学习二等奖学金等；大二综测专业排名第四，并获得了不少奖项。在不懈的努力下，她的英语六级也从刚开始的406 分提升到 423 分，再到最终考出 516 分。她还经过层层严格的选拔，成功参加国际基因工程机器大赛（iGEM），不知经历了多少次失败，也不知有多少个深夜实验室还有她做实验的身影，连暑假都没有回过一次家，最终她和队友的项目斩获国际金奖。这些结果无不是对她努力的最大鼓励和认同！她也会毫不懈怠，继续钻研学习！

2022 年以来，因母亲的病情不断恶化，接踵而至的打击也给蔡文凤造成了一定的心理压力，让她感到不知所措。学院密切关注她的心理健康问题，积极与她进行深度谈话，并且协助她通过"水滴筹"筹措款项用于其母亲的治疗费用，发动师生群体及校友力量为其捐款，减轻了她的心理压力。学院与其保持交流，对她进行开导，告诉她一切困难和苦难都是暂时的，一切都会好起来的，帮助她树立起了正确的积极乐观的人生态度，同时学院也开展了一系列校友讲座活动，给她树立起励志的榜样。

（三）奉献自我，感恩回馈

奉献与感恩，是每一名学生应该具备的素质。学院在引导学生学会奉献与感恩方面开展各类活动,例如,院长、书记与学生面对面交流,了解学生所需,鼓励学生进一步提升各项素质与能力;又如,邀请优秀校友进行言传身教,以企业(校友)奖助学金评选活动为契机,开展励志人物评选,通过立榜样树典型将企业(校友)捐赠融入人才培养的各个方面,教育和引导在校学生增强感恩意识和社会责任感。通过参与这些活动,蔡同学饱含感恩之心,从她所获得的帮助中意识到要常怀感恩之心,为他人提供力所能及的帮助是一件非常重要且有意义的事。

她正处在人生的黄金时期,不仅要有求学求知的热情,而且要有心系国家的担当。在学院党支部的教育带领下,她积极学习党的理论知识,参加党组织的活动,最终光荣地成为一名中共党员,并且担任党支部副书记。2022年还获得了优秀党员的表彰。

她每年都会坚持在课余时间做很多志愿工作,为社会贡献自己的绵薄之力。正如一首歌所唱:如果人人都献出一点爱,世界将变成美好人间。这些志愿者经历不仅磨炼了她的耐心,增强了她的爱心,而且提高了她承受工作压力的能力。参加完一天的志愿者活动虽然很累,但是能够帮助到需要帮助的人,她感到很充实,很快乐。大学期间她的志愿者服务时长达300多小时,并获得星级志愿者的荣誉称号。

无私奉献,勇敢担当重任是学生的使命。她担任新生的助班兼党员领航员,倾尽全力带领、引导着他们,虽然事情烦琐且杂,但是看到他们一点点褪去稚气,一点点成长,成就感和自豪感油然而生。作为一名心理委员,她经常向同学宣传心理健康教育知识,积极关注班级特殊人群,以满腔的热情积极对待每一位同学。

她非常感谢党和国家以及学校和学院的帮扶与支持,感谢老师和同学的陪伴与鼓励。正是这些帮助她的人为她拨开迷雾,让她看到了指引未来方向的灯塔。肩负时代责任,高扬理想风帆,坚韧不拔地面对道路上的挫折坎坷,带着家国情怀和奉献意识走上广阔的社会舞台!

二、寄语学弟学妹

我深深地知道，耗费了多少时间，战胜了多少困难，我才取得眼前的成绩。弹指之间，四年大学的青葱岁月如同白驹过隙，希望学弟学妹珍惜时光，珍惜每一个突破自己的机会，珍惜每一个绚丽的夏季。不要畏惧困难，想做的事要大胆去尝试，不要留有遗憾，努力绽放过的青春最无悔。

三、师长点评

困难会在每个人的面前出现，而且出现的概率是相同的，蔡文凤同学没有遇到困难就一筹莫展、踌躇不前，而是主动出击，把平时认真积累的东西发挥出来。她的成功在于一贯的坚持，她有这样的品质。取得辉煌的成就在于默默无闻地实干，她具备这样的作风。细心认真地完成每一件事情，这为她的成功之路打下了坚实的基础。

（导师：孙东昌）

今日之责任,不在他人, 全在我少年

郭倩,女,中共党员,江苏连云港人,毕业于江苏省赣榆县城头高级中学。2020年起就读于浙江工业大学生物工程学院,2022年通过博士研究生申请考核成为博士研究生。在读期间,曾任生物工程学院兼职辅导员,作为学生第一负责人带领团队荣获2021年第七届中国国际"互联网+"大学生创新创业大赛金奖、第七届浙江省国际"互联网+"大学生创新创业大赛金奖、第七届中国杭州大学生创业大赛二等奖等奖项,研究生期间多次获得研究生一等学业奖学金、创新创业单项奖学金、国家助学金、崔晓益奖学金、华康奖助学金等。

成功常成于坚忍,毁于浮躁。只有一步一步脚踏实地,慢慢积累,才能达成自己的目的。她自入学以来,始终坚持"今日之责任,不在他人,全在我少年"的理想信念,牢记青年使命,不忘出身,将所学反哺乡村,致力于乡村振兴之路。

一、个人事迹

(一)坚持学以聚才,强化理论武装

自入党以来,她始终保持党员思想的先进性,积极参与党组织的各项学习活动,学习新思想,争做新青年,发挥党员的先锋模范作用,自2016年起积极深入乡村,贴近基层,参与各项暑期实践活动。

2016 年就读于东南大学成贤学院期间,她首次参与三下乡社会实践活动,成立"微化梦工厂"团队,走入南通艾德旺化工有限公司,针对该地位于长江沿岸的特殊地理位置,深入厂区内部实地调研化工厂污水处理与处置方法以及污水排放走向,关注化工生产与污水处理之间的关系,时刻谨记"绿水青山就是金山银山"。

2017 年,她考虑到关注社会基层不只应放眼工业生产,还要把握身边的人和物,于是她带头成立"马路天使"社会实践团,走访南京市玄武区马路工人,拜访模范环卫工人一家,关注到清扫马路垃圾时,遇到易腐垃圾尤为棘手,就此易腐垃圾的处置问题也引起她的关注。

2020 年,她步入浙江工业大学,成为薛亚平老师的学生,在老师的引导下,她开始接触易腐垃圾就地生物法处理项目,真正了解到易腐垃圾因渗滤液多、味道重、易滋生蚊虫而成为困扰社区居民生活的难题。在薛亚平老师的教导之下,她意识到自己或许可以在生物法处理易腐垃圾领域贡献自己的一份绵薄之力,于是她在 2021 年带头成立了"泔净生活"暑期社会实践团,深入调研居民对当前易腐垃圾处理方式的看法以及对新型易腐垃圾处理方式的认可程度。

(二)坚持学以致用,强化知行合一

学院积极组织开展各类学科竞赛活动,旨在培养学生创新思维、团队合作以及解决实际问题的能力。在这样的思想的熏陶之下,她除了用功完成自己的学业任务,还在导师的引导下参加了中国国际"互联网+"大学生创新创业大赛,这是她研究生时期除科研生活外的主旋律。她身为项目负责人,承受了更大的压力与责任。但她深知机遇偏爱有准备的头脑,若不主动争取,再多的机遇也是枉然。

于是在薛亚平老师的鼓励与支持下,她开始尝试突破自我,在 2021 年寒假她初次接触"互联网+"的比赛,抱着试一试的态度加入其中,刚开始一直是迷茫的,不知道自己应该做什么,偶然进入中国杭州大学生创业大赛的决赛现场,看到了一张张有激情的面孔,突然体会到了敢拼敢创的年轻人的冲劲!也就是这时起,她开始主动出击,一改校赛时懈怠的情绪,开始不断打磨项目,一轮轮修改,一次次推翻,终于在省赛前夕对团队材料做了大换血,这也是她们一举取得第七届浙江省国际"互联网＋"大学生创新创业大赛金奖的原因。

省赛夺金后,她没有自满懈怠,继续调整状态,备战国赛,在学院各位老师的指导下、在各位专家顾问的指点下,她带领团队克服长时间熬夜的身体不适,终于夺得第七届中国国际"互联网＋"大学生创新创业大赛金奖! 同样也是一个逢山开路,遇水架桥,关关难过关关过的故事,所幸在每一位队员的支撑下,她们取得了优异的成绩。

每个优秀的人,都有一段沉默的时光。那段时光,是付出了很多努力,却得不到结果的日子。好日子都是从苦日子里熬出来的,"打击越大,收获越大","一般活过来的都是无敌的"。指导老师一句句朴素无华的鼓励、队员通宵达旦的陪伴成了她内心力量的来源。从备赛新教910到路演主会场,靠着一股不服输的冲劲,团队成为一匹无人可挡的黑马。为了拓宽视野、扩大产品的影响力,她带领团队积极参与各项创新创业竞赛,斩获第七届中国杭州大学生创业大赛二等奖,第七届中国国际"互联网＋"大学生创新创业大赛省赛金奖、国赛金奖,第八届"创青春"中国青年创新创业大赛(社会企业专项)国赛银奖等奖项。

"你要静候,再静候,就算失败,始终要守。"大学是青年人生的黄金阶段,她一直勉励自己不仅要有求学求知的热情,而且要有心系国家的担当,做到知行合一、学以致用。刚刚步入研一的她还是一个心中略有沟壑却不知如何前进的"愣头青",并没有一个明确的方向。经过与薛亚平老师的多次交流、深度谈话,她在薛老师的引导下找到属于自己的道路,并且为此努力。她始终坚定地认为,勤奋学习,促进生物医药行业发展是学生的本分;对党忠诚,积极弘扬红色精神是学生的责任;无私奉献,勇敢担当重任更是学生的使命。回想起自己初次进入实验室时,第一次与导师沟通课题时,导师匠人般的科研精神依旧令她感触颇深。

科研生活并非一帆风顺,反而充满了无数使她想要放弃的坎坷。最崩溃的时候,是凌晨三四点钟空无一人的实验室,科研注定是孤独而寂寞的修行,看不见的是中间差的如山般的努力,但若攀过那座山峰,便是别样的风景,别样的成就感。研究生期间,她的主要研究方向为大肠杆菌基因组的编辑、腈水解酶的可溶性表达以及毕赤酵母系统的构建与应用,截至2024年11月,已在

Applied and Environmental Microbiology（《应用与环境微生物学》）、*World Journal of Microbiology Biotechnolgy*（《世界微生物学与生物技术杂志》）等 SCI 二区及以上期刊发表论文四篇，影响因子总计 20 分。现在的她学会了让自己沉静，梳理每一篇文献脉络，弄清每一个作用原理，完善每一次实验设计，细化每一次实验操作，在学术的道路上稳扎稳打，探索未知，激情求解。

中华儿女经过几十年的艰苦奋斗，已经带着数亿人脱贫，让飞船上天，让航母下水。这个时代是比历史上任何一个时期都接近中华民族伟大复兴的时代。"英雄少年，兴时代！"她一直为自己生在这个伟大时代并能参与其中而骄傲，她始终谨记"不忘初心、方得始终"，一步一个脚印，稳扎稳打地前行。

二、寄语学弟学妹

人生如路，需从荒漠走向繁华，希望学弟学妹把握好在校的学习生活，巩固好自己所学的专业知识，学会将专业知识与社会实践相结合，更要学会如何沉淀自己，把握住每次机会，即使还未出现即刻的成效，也要尽自己一切努力把可以完成的事情做好。做好自己的未来规划，怀揣一颗积极上进的心。

三、师长点评

抗压能力强、踏实肯干是对郭倩同学科研、竞赛与学习最好的诠释。无论是课堂知识的学习、科学实验的开展，还是竞赛的坚持，总能感觉到她身上默默努力不服输的劲头。她不怕苦，不怕累，敢拼敢搏，抓住了每一个锻炼自我、超越潜能的机会。愿她能倍加努力，快马加鞭莫停歇，向着更高远的目标发起冲击。

（导师：薛亚平）

志之所向,鹏程万里

赵鹏程,男,中共党员,毕业于山西省灵丘县第一中学校。2020 级药学院药学专业本科生,校内志愿者时长达 349.5 个工时,获浙江省政府奖学金、国家励志奖学金等,带领团队斩获第八届中国国际"互联网+"大学生创新创业大赛金奖,发表 SCI 论文(第一作者)、受理 7 项发明专利(第一发明人)、授权 1 项外观设计专利(第一设计人)。

一、个人事迹

(一)一路热爱,敢闯会创

他坚信"药学人的一小步,是人类生命健康的一大步",一进大学就过起了"教室—实验室—药创空间""三点一线"的生活,仅两年时间,作为负责人带领团队荣获中国国际"互联网+"大学生创新创业大赛金奖等省级以上奖项 4 项,作为第一作者发表 SCI 论文 1 篇,作为第一发明人受理发明专利 7 项,并受理实用新型专利 1 项,作为第一设计人授权外观设计专利 1 项。

(二)赤诚奉献,先锋引领

获得红十字救护员证的他,是毅行等大型活动的应急救护骨干志愿者,工时达 349.5 小时;作为党员领航员的他,在"麦田计划"、新生始业教育中勇当先锋,获浙江省政府奖学金、国家励志奖学金、优秀团干、优秀志愿者等奖项和称号。从大学期间的学习、课外科技及社会实践上看，他充分利用自身的能力、发挥出自己的潜力，不断提升自己的学术技能和社会素质，使自身知识和技能不断进步，同时这也为自身的发展打下了扎实的基础。

（三）不忘初心，砥砺前行

在思想政治方面，他积极向上，热爱祖国，拥护中国共产党的领导，积极响应中国共产主义青年团的号召，自大一入学起就积极向党组织靠拢，并在第一时间递交了入党申请书，在学校、学院的引领下，成为光荣的中国共产党党员。在大学期间其认真学习了马克思列宁主义、毛泽东思想、邓小平理论、"三个代表"重要思想、科学发展观、习近平新时代中国特色社会主义思想，以理论知识武装自己。作为药学院、绿色制药协同创新中心 2022 级新生党员领航员，在生活中，他也用自己的实际行动带动大家，发挥党员的先锋模范作用，不仅在思想上积极入党，而且在行动上积极向党组织靠拢。

（四）思源宣讲，心怀祖国

作为"思源宣讲团"成员，他结合党的二十大学习和自身创新创业经历宣讲 18 场，辐射学生近 6000 人，成为红色理论的青年宣讲者和传播者，相关事迹被网易、浙江在线等 39 家媒体报道。大学期间，他积极参与学生工作和社团活动，利用所学专业知识，不断拓展自己的思维界限，更加有效地理解社会的现实问题，积极地履行自己的社会责任，得到了大家的认可。

（五）善于发现，积极向上

在生活方面，他性格开朗，善于发现生活中的乐趣，他严于律己、宽以待人，平时善于和同学沟通，也乐于帮助同学，在生活中建立了良好的人际关系，获得了大家的支持和尊重，并拥有积极向上的生活态度和广泛的兴趣爱好，经常参与一些社会活动，为学校、学院争得荣誉，在社会实践和团队协作方面积累了许多经验，形成了较好的组织管理观念，增强了自己的团队合作精神，更加注重团队合作和集体协作。

在上大学期间，受到学校帮扶育人资助模式的帮助，他参与了许多的学习项目,拓宽了学习视野,提高了学习成绩;学校也提供了优质的课程资源,加上老师的一对一指导,使他能够更好地把自身的能力发挥出来。这段时间,不仅激发了他学习的热情,而且增强了他的知识技能。更重要的是,他学会了用不同的方法充分利用自身的综合能力来解决不同的问题,拓展了自身的思维范围,为自身的能力发展打下扎实的基础。这段时间的积累使他能够游刃有余地适应社会变化,更能够把自身所学到的知识与实际相结合,形成自己所需要的学习能力,掌握各科知识,学会用不同的方法解决实际问题,为专业的系统性学习打下扎实基础。

二、寄语学弟学妹

学弟学妹们,今天,你们拥有一份梦想,无论多么不可能,都不要轻易放弃它,因为在你专注坚持、拒绝放弃、把不可能变可能时,就是你想象中最美的那个样子!加油,勇敢前行!

三、师长点评

他具有乐观、主动、勇敢的生活态度,积极向上的学习态度和强有力的自我学习能力,能够积极应对各种挑战。他具有较高的素质、责任心和社会化意识,能够认真学习和工作,把学习融入自身生活,在面对困难挑战时表现出非凡的勇气和毅力。期望他能更上一层楼!

(导师:饶国武)

千锤百炼,钰汝于成

卢钰,女,药学院,中共党员,毕业于浙江省东阳中学。2020级药学院药学专业本科生。在校期间,连续两年获浙江省政府奖学金,优秀学生一等奖学金和二等奖学金,创新创业奖学金,校内志愿者服务时长180.5小时,获第八届中国国际"互联网＋"大学生创新创业大赛金奖、第九届"创青春"中国青年创新创业大赛铜奖、浙江省第十三届"挑战杯"大学生创业计划竞赛金奖,作为第一发明人授权1项实用新型专利。

该生思想上进,严格自律,热爱祖国和社会主义事业,遵守法律法规及学校各项规章制度,时刻牢记自己是一名共产党员,树立了正确的人生观和价值观。在生活学习中,一直以党员的标准严格要求自己,同时在班级、寝室里起到先锋模范作用。

一、个人事迹

(一)积极向上,永不言弃

她学习刻苦,积极向上。学习成绩优异,2020—2021年综合成绩排名第二,2021—2022年综合成绩排名第一,获浙江省政府奖学金两次、优秀学生一等奖学金、二等学习奖学金、创新创业奖学金、优秀学生、院优秀团干等荣誉。她从化学工程学院转入药学院后,面对新课程的学习、新环境的适应、新同学关系的处理等一系列问题,更坚信"越努力,越幸运",不甘落后,并且积极调整心态、勤学善思,对不理解的内容多问多学多思考,努力寻找适合自己的学习方法和学习节奏,力求夯实理论知识,打好科研基础,在老师和同学的帮助下,对专业有了更清晰的认知。

(二)追求卓越,争做先锋

在工作上,曾担任班级学习委员、院团学会志愿者协会干事,积极推进学院学风建设,组织开展了一些志愿活动。任 2022 级党员领航员期间,进一步向党组织靠拢,成为党校办秘书长助理,参加系列培训,加强理论学习,锤炼党性修养,在学习党的理论中汲取信仰的力量。作为党员,不仅是先锋领航者,而且是党的理论知识的学习者与践行者、传播者与发声者,她鼓励 2022 级新生提交入党申请书,希望用马克思主义凝聚、武装青年团员,引领更多青年学生听党话、跟党走,做信仰坚定的马克思主义者。

(三)行稳致远,厚积薄发

在饶国武老师和王平老师的帮助下,她和一群志同道合的小伙伴组建了创业团队,开启了创新创业竞赛之路,从此窝在会议室里讨论碰撞到深夜甚至凌晨便成了家常便饭。经过头顶烈日下乡调研、奔走三校区参加专家培训等,她从当初的好奇、兴奋但又不知所措,慢慢变得专注、沉稳且自信从容。团队在 2022 年顺利拿到了第八届中国国际"互联网+"大学生创新创业大赛金奖、第九届"创青春"中国青年创新创业大赛铜奖、浙江省第十三届"挑战杯"大学生创业计划竞赛金奖等。

(四)潜心学术,坚定信念

在学术研究和社会实践上,她作为负责人,申请的国家级大学生创新创业计划成功立项,申请的实用新型专利"一种双靶点基因甲基化检测试剂盒"已被受理,作为团队成员参与一项运河杯校级立项,并主动进入实验室学习,立志为肠癌早筛事业贡献一份力量。2022 年暑期社会实践中,团队走访相关药企、积极深入德清县各个社区调研,获得院级"优秀团队"荣誉称号。课余时间,她参加校内外志愿活动,工时累计达 180 小时,被评为校一星级志愿者。

她说想帮助更多的人，作为青年学生更要肩负起重任。

（五）乐观生活，追逐热爱

在生活上，她积极参加集体活动，注重发展自己的兴趣爱好，打羽毛球成为宣泄压力的好方法，也曾拿下羽毛球团体赛第四名的好成绩；时常摄影，发现身边的美，让心灵得到治愈；通过画画释放学业压力，陶冶情操，在快节奏的生活里寻求独处的宁静，力求德智体美劳全面发展。

二、寄语学弟学妹

对自己的未来要有明确目标，这是前进的动力。刚上大学时，我就坚定了要读研的目标。学习不是一朝一夕就能完成的，重在平时积累，脚踏实地。大学生活丰富多彩，我可以培养兴趣爱好，拓展人脉，锻炼能力和胆量。充满挑战的生活才是常态，要接受自己的不完美，并努力奋斗，只有克服困难，才会创造更美好的生活。

三、师长点评

卢钰同学尊敬师长，团结同学，活泼开朗。学习期间，严格要求自己，勤奋刻苦，对专业知识掌握扎实。除了做好本职工作，课余时间还积极参加学院组织的各项活动，全面发展。对于科学问题有自己的见解，积极参与科研项目，掌握了基本的科研方法，勤于思考和实践，综合素质得到了提升。望继续努力。

（导师：饶国武）

用脚踏实地的每一步与世界交手

陈炳江,男,中共党员,浙江缙云人。2018级环境学院环境工程专业本科生,入选浙江工业大学"本硕博一体化"人才培养项目。曾担任环境工程本科生第二党支部副书记、环境工程1802班班长、环境工程2002班助班。曾获校优秀团员、浙江省政府奖学金、社会实践奖学金、三等学习奖学金等荣誉。

一、个人事迹

(一)无惧低谷,毅然登峰

2018年9月,陈炳江以高于录取分数线1分的高考成绩踏入浙工大校园。高考的失利让他一开始对大学生活失去斗志,大一第一学期以并不醒目的成绩结束了,在那个寒假,他认真地问自己:"我到大学要做什么?"当心里有了目标,身体就有了行动的力量。第二学期开始,他便过上了"一道积分做一天"的生活。大一结束,平均绩点刚好达到3.0;大二绩点更是再创新高。本想着就这么一鼓作气,大三的绩点肯定能破4.0,可是"理想很丰满现实很骨感",不过幸运的是其三年平均绩点已满足"本硕博一体化"申请条件,又通过了六级,这样他便开始了"本硕博一体化"的准备之旅。

他第一次了解"本硕博一体化"是6月份辅导员在通知群里发的消息,当时认识到通过这样一种方式继续深造,可以比常规的博士毕业缩短一些时间,并且还可以跟着自己本科的导师继续学习,他感觉这是很幸运的事情。

在之后的时间里,他格外关注这方面的通知,并参加学校组织的宣讲会,反复研读申请条件。8月初他提交了申请材料,之后便全身心投入备考。他完完整整地翻阅了"环境化学""水污染控制工程"等专业课的教材、笔记,回顾所有的专业实验,反复互译专业英语的每一个段落,同时认真准备面试的中英文自我介绍。

"从完成笔试到等面试通知的这段时间是最痛苦的,一边担心自己笔试成绩不过关,一边还要逼着自己认真准备面试,不能有丝毫懈怠。不过回过头来看,所有的努力都显得弥足珍贵。"陈炳江回忆道。

(二)踏出的每一步都作数

大学生活不只有学习,还有许多课余时间可以自由支配。作为一名青年志愿者,他只要一有空就会去参加志愿活动,在三个校区之间来回穿梭,这一次次的积累,让他成了志愿者服务时长超过 220 小时的"工时大户"。除了做志愿者,他还特别喜欢长跑。长跑中到达极限、坚持、突破的过程让他越来越自信。

2020 年暑假他用 6 分 39 秒的配速跑完第一圈西湖,这虽然痛苦,但是很值得。2020 年 12 月他参加了第一场半马,两小时轻松完赛让他下定决心继续跑下去。空闲的周末他就会去西湖跑一圈,直至成功地以 4 分 30 秒的配速跑完西湖,这也让他成为月跑破百的跑马人。

"既然开始了,那就要努力到达终点。"这是他每次按下手表开始跑步时对自己说的话。一口吃不成胖子,训练一天也成不了基普乔格。跑步贵在坚持,学习亦是同理。如果目标明确,那就踏踏实实一步一个脚印向着目标前进;如果还在迷茫之中,那就踏踏实实一步一个脚印走好眼前的路。只有完美地结束这四年的大学生活,才能算是没有辜负曾经那段起早贪黑的时光。

二、寄语学弟学妹

不管是在学业道路上还是在田径场上,从不缺天赋选手,但是努力可以成为入场券。每一次的努力都促使我们不断进步，一路向前，所向披靡，满载而归。

三、师长点评

陈炳江同学是一个心怀梦想又脚踏实地的人，能兼顾好学业与兴趣爱好，他坚持长跑参加马拉松，是很多同学学习的榜样。他也是一个细致靠谱的人，在工作以及与同学的相处中能担当起一个班长的职责。希望他能在今后的博士求学生涯中孜孜不倦，更进一步。

（辅导员：徐滔）

行平凡之事，筑非凡之梦

潘谦谦，女，中共党员，毕业于浙江省兰溪市第一中学。2017级环境学院环境工程专业本科生，推免至清华大学直接攻读博士学位。在校期间担任环境工程本科生第三党支部书记。学业平均绩点4.01，连续三年获一等学习奖学金、优秀学生奖学金、2020年国家奖学金、2019年和2020年优秀团干、2020年浙江工业大学"十佳大学生"等荣誉，志愿服务时长达230小时，被评为三星级志愿者。此外，她担任科创项目负责人，斩获国家级和省级等奖项，参加学校暑期国际化课程，与比利时根特大学教授、外籍同学一起研讨水处理专业问题，受学校资助赴北京大学访学。

在刚踏入工大时，潘谦谦经常问自己：平凡如我，该如何度过大学四年？又该如何向梦想迈进？如今，她给出了肯定的回答：工大给了我敢做梦的底气和能做梦的平台！

一、个人事迹

（一）磨砺始得玉成

大一刚入学，她就递交了入党申请书；大二下学期开始，作为年级首批发展入党的学生，她组织开展了多次党员公益服务，如以创新方式举办线上考研考公分享会，服务受益学生人数近800人。多次去浙江省人民医院当志愿者，帮助老人挂号；参与志愿活动，累计230个工时，被评为三星级志愿者。

作为大学生,学习是天职。磨砺始得玉成,通过坚持不懈的努力,她的平均绩点达到 4.01,连续三年获校一等奖学金,获国家奖学金和浙江省政府奖学金。大三结束,她以平均绩点、综测成绩双第一的成绩,顺利获得保研资格参加推免复试。经过三个多月的煎熬等待,她被清华大学拟录取攻读博士学位。

(二)平凡踏实的每一步

出于对科研的浓厚兴趣,在大一暑假期间,她主动联系导师进入实验室学习。在宋爽导师的指导下,她担任科创项目负责人,斩获多项国家级和省级奖项。她负责组建队伍参加全国大学生"环境风云"实验大赛,半个多月日夜准备的艰辛也让她沉醉于研究与创造之美,坚定了投身科研的决心。

为了开阔视野,大二暑期,她还参加了学校暑期国际化课程,与比利时根特大学教授、外籍同学一起研讨水处理专业问题;获学校资助赴北京大学访学,访学期间结合专业知识,完成了暑期社会实践报告《北大未名湖及其水系调查》。

一个人可以走得很快,但一群人能走得更远!她从大二开始担任尚八#309寝室长,和室友一起复习、分享学习资料,讨论解答问题。两位室友的排名分别从大一学年的第 17 名和第 18 名,提升到年级前列。到大三结束,这个寝室包揽了年级前三名,三人都顺利获得了保研资格。

每天锻炼一小时,幸福生活一辈子!学习之余,她也积极锻炼身体,参加过运动会、乒乓球比赛,学会了游泳,完成了屏峰全程毅行,体育成绩从大一的 78 分,提升到大二的 94 分。

(三)"不可能"会变成"不,可能"

高中时的她内向沉默,只顾埋头刷题,到了工大开始不断在学习以外的各个领域挑战自我。第一次参加英文演讲赛,第一次担任辩论赛的辩手,第一次尝试文艺晚会表演,也曾获网络安全知识竞赛一等奖、英语演讲比赛第一名、文体活动奖学金。许许多多的尝试让她发现原来大学生活可以如此多彩;原来平凡的人生也能有无限的可能;原来只要你想,你敢,你做,"不可能"真的会变成"不,可能"。

大学是青年学习奋斗的黄金时光，"既多读有字之书，也多读无字之书"，作为一名环境人，潘谦谦从高一就与环境结缘，曾作为队长组织了一次"关于禁止燃放烟花爆竹的意向调查"活动；三年后怀着对环保的热忱，在高考志愿上全填了环境工程相关专业，成为工大环境学子；在大一刚入学就加入绿色环保协会，曾组织并参与垃圾不落地、盒聚变、纸箱回收等公益活动。多次担任"绿色天使在行动"环教课主讲人，通过讲好绿色故事，向小学生传递红色能量。

二、寄语学弟学妹

如果大学是个"整容院"，学习就是手术刀，自己就是自己的整容师。所有你学过的知识，都将助益于未来的自己。少一点浮躁，多一分耐心，不着眼于最后的结果，更珍惜点滴进步的过程。不断探索，不言放弃，不忘感恩，我们都将变成更"美"的自己。

三、师长点评

潘谦谦同学在学习过程中尽心敬业，一丝不苟；参加实验室的科研工作能及时发现问题，自觉分析问题，主动解决问题。希望她今后能继续保持优秀品质，在清华大学进一步充实、提升自己。

（导师：宋爽）

何妨云影杂，榜样自天成

寿泽栋，男，中共预备党员，浙江杭州人，毕业于萧山区第九高级中学，2019 级材料科学与工程学院材料科学与工程专业本科生，保研至中国科学院大学。曾担任学院团学会大材之家干事、功能 1901 班学习委员。曾获 2021 年浙江省政府奖学金、2021 年优秀学生一等奖学金、2020 年和 2021 年一等学习奖学金、2020 年和 2021 年浙江省大学生物理竞赛二等奖、2020 年浙江省大学生高等数学竞赛三等奖、第十二届全国大学生数学竞赛三等奖、校第三十三届"运河杯"大学生课外学术科技作品竞赛三等奖，校第十届"恒宇杯"金相技能大赛三等奖。

一、个人事迹

（一）坚定信念，明确目标

刚入学的寿泽栋，对于大学目标还很迷茫，纠结于找工作挣钱还是继续深造。在学院责任辅导员周广成老师的指导与建议下，他先后参加了学校、学院的各类有关学业生涯的线上线下讲座。通过讲座，寿泽栋明白了想要更好地从事材料专业相关的研究或工作，攻读研究生和科研实践是必不可少的。而在这之前，首先要做的就是学习好基础课程和专业知识，夯实理论基础。从此，寿泽栋始终将学习与深造放在第一位。为了学好基础知识，各种课内外辅导资料是必不可少的，新学年初的国家助学金正好帮寿泽栋缓解了这部分经济压力，让他能够在课前做好充足的预习准备。周老师在帮助寿泽栋申请助学金的同时，也十分关心他在校的学习生活情况。为了回应周老师的期望与不负青春，寿泽栋每节课都会积极主动坐前排、专心听讲，课后也及时复习巩固、按时完成作业，遇到问题也会积极寻求老师同学的帮助，期末阶段积极备战考试。在学校的关怀下，寿泽栋建立了完善的理论知识体系并取得了不错的成绩，绩点排名始终名列前茅。

寿泽栋从小接触英语不多，他的英语基础相对薄弱。对此，周老师经常鼓励他："人生不是短跑而是马拉松。不在于起点的先后，关键在于坚持。"因此，寿泽栋始终坚持英语学习，从最基础的词汇量到阅读能力的培养，从看得懂到说得出，在日复一日的努力下，顺利通过了英语六级考试。

（二）格物致知，学以致用

学科竞赛是检验学习成果的好机会，与期末考试不同，学科竞赛更多考验的是思维能力和对知识的深度理解。寿泽栋积极参加数学、物理等学科竞赛锻炼自己，但准备竞赛需要不少钱购买课外书和网络学习资源。为此，寿泽栋将每学年获得的奖学金投入使用。通过不断学习，寿泽栋不仅提升了综合素质，而且学习到了实用的技能，最终在竞赛上取得了一定的成绩。

除竞赛能力外，对科研能力的培养也十分重要。在校期间，为了提升科研能力，在导师和辅导员周老师的鼓励指导下，寿泽栋申报了大学生创新创业项目一项，正式开始进行科研实践。

科研想要有结果，就必须了解前人的成果和研究现状，文献检索和阅读是科研的一项基本功。寿泽栋开始学习使用各种文献检索引擎，广泛搜集资料，购买相关文献书籍。购买文献又是一笔不小的费用，学院除了导师科研经费支持，每年还会开展冬日暖阳、爱心车票等活动，帮助同学们节省过冬的物资和车票费用，寿泽栋的文献书籍难题因此迎刃而解。

在学习积累了前人的经验成果后，寿泽栋开始琢磨创新点，研究方案可行性，着手准备项目申报和实验。在导师的指导下，他认真研究文字表达和书写格式，力求用词准确规范，表述简明科学，最后顺利完成项目申报。然而，科研实践的过程并不总是一帆风顺的，在实验过程中，寿泽栋也多次经历了样品制备失败、实验数据反常等问题。好在导师课题组的师兄师姐十分照顾他,帮助他不断改进方案,提供了宝贵的建议,促使他不断进步,最终获得了校"运河杯"大学生课外学术科技作品竞赛三等奖。

(三)热爱生活,回馈社会

在大学学习生活方面,寿泽栋获得了来自学院不少的资助和老师同学的帮助。热心慷慨的他喝水不忘挖井人,在平时的生活中,也尽自己所能为学院同学服务。

一般情况下,学院团学会干事都由大一新生担任,大二学生担任副部长或部长。但为了更好地帮助同学,大二期间,寿泽栋特意向辅导员周老师申请担任学院团学会大材之家部门的干事。周老师也明白他的用心,十分支持他,准许其以干事身份在大材之家为同学服务。其间,寿泽栋主要负责学院的早打卡与寝室安全卫生检查,曾多次参与、组织荣耀大材、干训大会等学院各类活动。

在班级中,寿泽栋尽自己所能,从大二开始担任班级学习委员至今。作为学习委员,他积极履行自己的责任,对接任课老师,反映同学学习情况,组织晚自习,检查同学到课情况,并积极带头参加学院学风建设月系列活动,努力营造优良的学风。平时寿泽栋也辅助其他班委管理班级,无论是否为同班同学,他都会为他们在学习上积极提供帮助。在这个过程中,他也加深了对知识的理解。寿泽栋时常参与各类志愿活动,服务同学和社会。学生工作和志愿者经历既提升了他的工作能力,也让他学会了责任和担当。

二、寄语学弟学妹

亲爱的学弟学妹们,浙工大的校园生活丰富多彩,我们要将学习摆在首位,学会适应新的环境,合理安排自己的时间,节约时间,提高效率,兼顾学习、工作和生活。同时,大学里我们更应该勇于尝试,善于运用身边的资源去拓宽自身的视野,磨砺自身的技能,提高自身的综合素质。学海无涯,我们要奋勇拼搏,砥砺前行,在大学中活出自身的精彩,也衷心祝愿各位学弟学妹学业有成!

三、师长点评

寿泽栋同学学习态度认真、刻苦钻研、成绩优异,积极参与科研实践,积极与导师讨论问题和学习情况。同时,作为学习委员,他积极帮助同学解决学习问题,协助任课老师开展工作,能较好地平衡学习与生活。希望他在未来的学习和工作上再接再厉,继续保持严谨认真的处事态度,争取取得更好的成果。

(导师:应耀)

归期岂烂漫，别意终感激

苏赏荟，男，中共预备党员，山西忻州人，毕业于山西省忻州市第一中学，2020级材料科学与工程学院高分子材料与工程专业本科生。曾担任材料学院党员之家组织部干事、材料学院2020级本科生年级团总支书记、高分子2002班班长。在校期间，曾获得2022年国家励志奖学金、2022年社会工作奖学金、2020年和2021校级优秀团员、2020年材料科学与工程学院优秀团干、第三十四届浙江工业大学"运河杯"大学生课外学术科技作品竞赛三等奖、2022年浙江工业大学第十届"恒宇杯"金相技能大赛三等奖等荣誉奖项。

一、个人事迹

（一）柳暗花明又一村

2020年的秋天，苏赏荟怀着喜悦又忐忑的心情迈进了浙工大的校门。当时的他对于材料类专业还是有一些迷茫，不知道未来应该向哪个方向发展。尤其他是低保户，家里急等着他赚钱养家。学院在暑假未入学期间，就摸排过苏赏荟的家庭经济情况。因此开学不久后，辅导员章力文老师就找到了他，关心询问他的家庭和学习情况。得知苏赏荟的犹豫后，章老师拿着学院升学和就业数据，让他不用担心以后找工作，并花了一个下午帮苏赏荟从大一一直规划到了大四毕业。从学生工作到科技竞赛，从如何保研到如何考研，章老师给他喂了一颗又一颗定心丸。同时，学院也举办了许多有关专业介绍的讲座，包括院长第一课、专业导论课、专业宣讲会、模块宣讲等，这让苏赏荟对于材料类和未来四年的大学生活有了更深刻的认识和规划。因此他也下定决心在材料学院就读，不转专业。

大学规划是清晰了，但刚上大学，总归要购买各种学习用品和生活用品，这又是一笔不小的开销。对此，开学时苏赏荟申请的国家贷款和学校精弘助学金帮他缓解了不小的压力，并且学院还帮他报销了学生平安险的费用，这让苏赏荟有更多的精力投入学业。

"去校外发传单、做奶茶、送餐盘，这些高中生也能做的事情，别浪费自己大学的时间。你就来办公室做勤工好了，学到的东西肯定比外面多。"在章老师的建议下，苏赏荟申请了学院勤工助学岗位，在课余时间去学院办公室当勤工。勤工俭学的收入，苏赏荟一般用在学习或者补贴家用方面。怀着感恩之心的苏赏荟，过年靠自己勤工劳动的收入给父母送了一份小礼物。勤工期间，章老师也会指导苏赏荟开展相应的工作。苏赏荟家里经济困难，接触计算机的机会很少，很多办公的技能都不会。在章老师的帮助下，他学会了不少办公软件的使用方法，综合能力得到提升的苏赏荟，也更加期待毕业后的自己。

（二）百尺竿头更进一步

除了辅导员，班主任和导师也非常鼓励苏赏荟在大学期间参加一些学科竞赛和科技创新竞赛。苏赏荟虽然一直很想参加，但担心生活费用不够。好在辅导员每次都会提醒他别忘了申请助学金和奖学金，有了助学金和奖学金，苏赏荟可以放心购买自己竞赛所需的网课资源或者书籍材料。学校图书馆的免费论文资源也帮苏赏荟省了一大笔购买论文的费用。另外，学院还组织了不少英杰领航分享会，让他有机会从优秀学长学姐那里学到不少有关竞赛的流程、技巧和注意事项。最终在导师的指导和实验室学长学姐的帮助下，苏赏荟成功获得了校"运河杯"大学生课外学术科技作品竞赛三等奖和校"恒宇杯"金相技能大赛三等奖。

校内理论知识是学了很多，但由于家庭经济差，没什么人脉资源，苏赏荟很少有机会去企业参观和实习。学院组织同学到福斯特和兰溪市镁材料研究院参观学习，让苏赏荟有机会去实地接触这些材料大企业，去了解材料产业的现状和未来的发展趋势。这让苏赏荟对接下来的专业学习有了更深的认识，明白了要将理论转化为实际还有很长的一段路要走。每次去企业参观，学院都为同学安排接送的车辆，也是省下了苏赏荟一笔不小的车费。另外，学院针对资助对象，还在过冬物资、饭卡、返乡车票等生活多方面进行补贴。学院还开展博物馆之旅、万里杭州红色行、田野里的思政课等校外思政活动，并推荐资助对象参加，帮助他们走出"大山"，看见"大海"，让资助对象能够切身体会到国家的发展。苏赏荟也因此下定决心要考取研究生，为材料的发展贡献自己的力量。

(三)赠人玫瑰手留余香

学校和学院无论是在学习还是生活上都给予了苏赏荟不少帮助，"我虽然知道这是国家政策的福利，但也时常会感到不好意思，无法心安理得地接受一份又一份援助。我也想为服务同学出一份力"，这是苏赏荟坚持要申请担任年级团总支书记的理由。并且在综测加分不叠加的情况下，他也毅然决然地申请担任高分子2002班的班长，不为加分，就是为了更好地服务班级同学。面对多份学生工作，苏赏荟上课认真听讲，争取利用课余时间为同学提供更多的服务。对于辅导员和班主任布置给他的任务，苏赏荟也是保质保量完成，当好学生与老师之间的桥梁，第一时间将老师的安排传达到学生当中，也要第一时间将学生的情况反馈给老师。除了帮助同学，与老师的沟通和交流也让苏赏荟自身成长了很多，能够更好地协调学习和工作时间，当遇到其他困难时也能临危不乱。

此外，身为中共预备党员的苏赏荟，得知学院还有党员领航员岗位时，他也立马进行申请。在之后的领航员工作中，苏赏荟积极为新生传达党的思想和理念，鼓励和引导新生听党话、跟党走。同时也会提供自己对于大学生活的一些建议，立志要将学院当初对他的帮助传递下去，让每一位新生都能够尽快确立自己的大学目标并为此奋斗。

"我或许无法像福斯特老板一样给学院捐楼，无法像晶通公司那样在学校设立基金，但我一定要尽我所能帮助像我一样家庭经济困难的学弟学妹，这是我作为一名资助对象应该完成的事情。"苏赏荟目光坚毅地说道。

二、寄语学弟学妹

亲爱的学弟学妹们,大学里的生活丰富多彩,有丰富的课余活动。我们要学会合理地安排自己的时间,提高学习工作效率,切莫沉迷娱乐,荒废学业。我们要把握好大学里的学习资源去提升自己,努力让自己变得更加优秀。另外,我建议大家可以尝试学生工作,这是一个有效提升自己综合素质、拓宽自身视野的机会。最后,祝各位学弟学妹们度过充实快乐的大学时光。

三、师长点评

苏赏荟同学学习态度认真,作为班长能够很好地帮助同学解决问题,协助老师开展学生工作,在思想上积极向党组织靠拢,该同学开朗自信,学习认真,团结同学,能经常参加校内外的各项科技竞赛和社会实践,希望他能在接下来的学习生活中再接再厉,克服不足,取得更优异的成绩。

(导师:陈枫)

守静向阳，何惧路长

余鹏，男，中共党员，毕业于浙江省天台中学，2019级食品科学与工程学院食品科学与工程专业本科生，通过"三位一体"综合评价录取至化工与生物类专业，推免至华东理工大学生物工程学院生物化工专业。就读期间任学院团委书记助理、校青年马克思主义者学校食品分校负责人、校红十字会项目管理中心负责人等职务；曾获2020年和2021年浙江省政府奖学金、2022年优秀学生一等奖学金、2022年一等学习奖学金、2021年食品科学与工程学院优秀团干等多项荣誉；积极参加科研竞赛，获校第三十三届"运河杯"大学生课外学术科技作品竞赛一等奖，并且有2项国家发明专利被受理。

一、个人事迹

(一)学习之巧，勤学善思

勤学善思，明辨笃行。余鹏的学习之路并不是一帆风顺的，在入学初，面对全新的校园环境、全新的教学方式，他也曾迷茫过。难度较大的基础专业课、与高中时期完全不同的课堂快速教学模式，都让他难以在短时间内适应大学的学习生活。这样的不适使他曾沉迷网络，但伴随着与学长学姐和老师的不断交流，他吸取了许多人分享给他的经验教训，慢慢总结出了一套适合自己的学习方法。他在学业成绩方面有了阶梯式的突破，他常常在教室中自习到深夜，常常在课后积极主动与导师及各位任课老师探讨交流，常常向同学请教难题，他从大一的专业排名 22 名到大二获得了校单项学习二等奖学金，再到大三以专业第一的绩点获得了校单项学习一等奖学金。

（二）科研之邃，初探未知

在导师的鼓励与学长学姐的带领下，余鹏大二时积极投身科研项目。他结合企业市场需求，以绿豆、山药等果蔬为原料，进行了长达两年的研究，以期开发出营养丰富、形式新颖的休闲食品。最初在他看来，研发一款果蔬泥产品并不会特别困难，但当他真正投身实验后才发现，想要达到在市场上销售的标准，他所需要投入的精力与之前的想象完全不同，其中果蔬淀粉中的糊化与老化以及产品稳定性的问题始终困扰着他，让他的实验停滞不前。为此，每当老师讲到与他实验相关的专业知识时，他都会利用下课时间与老师探讨；在炎热的暑假身边同学选择回家的时候，他却选择继续留在学校做实验。通过大量的文献查阅与实验，他的项目终于有了重大突破。经过他两年的不懈努力，他的项目被企业认可，并且获得了 2 项国家发明专利受理和浙江工业大学"运河杯"大学生课外学术科技作品竞赛一等奖。除此之外，他还积极动员身边同学参加浙江工业大学创新创业训练计划并获校级立项。在一次次的实践中，他以带动身边同学投身课外科技竞赛为己任，在提升自己的专业素养及逻辑思维能力的同时也培养了不怕困难、迎难而上的奋斗精神。

（三）行以致远，干在实处

入学以来，余鹏在学院及学校资助的影响下，渴望能够尽自己所能地回馈学校及社会，为此他积极投身学生工作与志愿者服务，渴望在这之中实现自我价值。他曾任校青年马克思主义者学校食品分校负责人、校红十字会项目管理中心负责人，并在大三担任学院团委书记助理，积极配合学院团委老师开展学生工作。任职期间，他积极参与学院"青耕计划"的活动组织，为"丰收思政课堂"与"民俗美育课堂"两大学院品牌活动出谋划策，力争为同学提供更好的活动体验。他协助团委老师策划"丰收思政课堂"谷雨篇活动，让同学们在德清莫干山亲身体验采茶叶、炒茶叶的过程，随后他们将炒好的茶叶带去慰问荣誉老党员，聆听老党员讲述党的故事及发展历程。通过与德清当地基层干部的交流和共同劳作,引导同学们树立正确的劳动观,帮助大家理解辛勤劳动是建设社会主义和共产主义的根本保证,懂得劳动的伟大意义。在他的带领下,食品分校连续两年获得了"优秀分校"的荣誉。

所谓"志愿","志"是立志,"愿"是意愿。余鹏与志愿服务初遇是步入屏峰校园的初秋,身穿红马甲的学长学姐像一束光照亮他前行的路。那时他便希望自己可以成为他们,发光发热。从最初只是出于新鲜感,到之后慢慢内化为兴趣与感动,志愿服务已经成为他生活中不可或缺的一部分。他曾多次参加各种类型的志愿服务,如担任杭州马拉松城市志愿者、杭州市西溪医院志愿者、德清县人民医院志愿者等。成为志愿者,便成了一束光。也许只是帮助病人挂号,只是维护路口交通,但正是这些看似微不足道的小事,在某一瞬间也可以照亮他人。

(四)实践之魂,行万里路

余鹏在大一时曾参与校红十字会组织的"流动的红色,工大血液追踪者"社会实践活动,回到家乡调研当地的献血相关情况,以血液传播图的形式结合采访内容呼吁更多同学们参与献血活动。这次实践活动在第一次接触实践活动的余鹏心中埋下了一颗种子,因此在大二时,他作为核心成员参加了"食悦民安"暑期社会实践活动,通过调研居民日常饮食习惯,宣传了食品安全营养健康以及有关食品的法律知识,鼓励青少年在未来食品及科学研究方面的奇思妙想,在这一次实践中他真正将自己所学的专业知识回馈给了社会。

二、寄语学弟学妹

每个人在大学中都有许多不同的选择,有的人沉迷于游戏无法自拔,有的人躺在床上碌碌无为,有的人一如既往地艰苦奋斗,有的人积极投身志愿服务……无论何种情况都是个人的选择,没有好坏,但是四年的大学生活如白驹过隙,人生又有几个宝贵的四年,因此更应该在青春最精彩的时候,多出一分努力,做出一份成就。

三、师长点评

余鹏同学思想积极上进，坚持党的路线、方针和政策，能充分发挥党员的先锋模范作用；学习刻苦认真，积极参加科技竞赛，成绩在专业中名列前茅，多次荣获浙江省政府奖学金、校级优秀学生奖学金等荣誉；工作勤勉努力，曾担任学院团委书记助理等职，工作态度认真，办事效率高；生活中团结同学，懂得感恩，乐于帮助有困难的同学，积极参加志愿服务活动。

（辅导员：毛燚杰）

格物致知,小事大任;
勇敢生活,不忘初心

周振毅,男,中共党员,毕业于甘肃省张掖市高台县第一中学,本科就读于浙江工业大学海洋学院,2020级食品科学与工程学院食品科学与工程专业硕士研究生。硕士就读期间任学院科技助管、研食品科学与工程20团支部书记,获2021年研究生国家奖学金、一等学业奖学金、校级三好研究生、院级优秀团干等多项荣誉。参与发表一项授权专利,两项公开专利,两篇期刊论文;作为团队负责人获第七届浙江省国际"互联网+"大学生创新创业大赛铜奖;参与科创项目,获浙江省第十三届"挑战杯"大学生创业计划竞赛银奖。

一、个人事迹

(一)诚者,天之道也;诚之者,人之道也

不论是做人还是做学问,周振毅都尽心尽力。致良知,格物致知是他做人和做学问的准则。他在做科技助管和团支书工作的时候,总是尽自己最大的努力与人为善,时时刻刻以一颗"诚心"待人处世,这就是他所认为正确的事。研究生入学后,考虑到周振毅的综合能力和家庭实际情况,学院向他发出了担任研究生助管岗位的邀请,最终结合他自己的兴趣,承担起了学院的科技助管的工作,协助科创工作。

周振毅工作初期总是丢三落四,每份表格汇总要上交三遍,常出现简单的

错误。但他在和老师不断交流的过程中，逐渐明白了细微之处最见功夫，明白了自己工作的重要性。此后，他尽力做好每项工作的时间安排，做好提前量，做好细微之处，还对学院科创工作的宣传落实做了自己的思考，针对不同的年级有不同的策略。在他的努力下，学院的报名率有大幅度的提升。

这一年的助管经历让周振毅收获良多，他逐渐找到了科研学习和助管工作的平衡点和相通处，而助管岗位提供的固定酬金也为他的家里节省了一份支出。所以，周振毅一直很感恩这段经历，即便后来不在助管岗位上，但凡同学们有困惑，他也都很乐于分享。

（二）天空不留下我的痕迹，但我已经飞过

一年级的理论学习结束之后，周振毅就开始进入实验室了，他满怀期待，信心满满。最初在他看来，与预期效果没有任何不符的实验，不会有任何创新，但使用原来已有的步骤方法做出来的产品一直效果不太好。所谓不破不立，想要达到预期效果就要从最初原料的筛选入手。他明白这件事没有捷径，只有枯燥地尝试。偶然一次与老师的交流，让他从相近学科中受到启发，得到了他想要的原材料。产品雏形得以呈现。食品专业需要做产品，做优化，然后性质表征。可能因为是年轻人内心不够慎重，也可能是缺乏经验，或者是前期的准备工作不够，实验每次做每次不一样，实验自己都重复不出来，稳定的产品都得不到，无法进行后续的优化。但是方法没问题，试剂没问题，问题只能出在操作上，只能花时间找原因，他逐渐学会了耐心重复实验，注重步骤严谨，慢慢地，实验结果一次次地重现，达到了预期效果。他说他这样努力不只是为他自己，也是为他的家人。而且在读研这件事上，他知道努力是远远不够的，只有拼尽全力，才能有所收获。

运气好，一直是周振毅对自己的评价。在我国西北边陲河西走廊一个叫罗城村的小村子里，他是村子里的第二个硕士研究生，他说他能明显感觉到随着他长大、升学，周围的学习生活条件变了，但是每年回家他又能感受到，变的只是他自己，他的家乡其实一点没变。这愈发让他觉得他所拥有的一切并不是仅仅靠自己得到的，更重要的还有他家人的支持、学校和老师们的指导、国家对于农村地区的支援，还有中国共产党没有忘记在中国的广大农村地区还

有一大群期待知识改变命运的年轻人。这一切都让他碰上了,他觉得一个人太渺小了,中国 14 亿人,虽然可能运气好的不止他一个,但是他是为数不多的幸运儿中的一个,这就是他对好运的理解。在这份运气背后,更多的是他自己对自己命运的把握。

(三)不苛求成功,更追寻初心和价值

作为一名合格的共产党员,周振毅在平时的理论学习过程中,时常阅读共产党人的经典著作,时刻提醒自己"不忘初心、牢记使命"。他作为中国共产党年轻的追随者,成长在中国复兴之路上,对党有着坚定不移的信仰。作为研食品科学与工程 20 团支部书记,他一直以此为标准来组织团支部活动和学习,积极为团员们服务。

周振毅同学出身西部农村,经历了家里人从忙到闲、从贫到富,见证了 20 年西部乡村的变化。对于乡村振兴和共同富裕的主题,作为农民家庭的一员,他始终有持续的关注和特别的使命感。进入浙工大学习之后,他认真钻研,刻苦积累,他的科研方向也与人民共同富裕相关,围绕人工海捕蟹饵的开发,旨在促进沿海渔民进一步增收致富。以此为基础,在学院老师的指导下,他带领同学们获得了第七届浙江省国际"互联网+"大学生创新创业大赛的铜奖和浙江省第十三届"挑战杯"大学生创业计划竞赛银奖的好成绩。他认为做科研既要耐得住寂寞,也要抵得住诱惑。在这个信息发达的时代,首要任务就是控制自己的欲望。他说他不想追求成功,因为成功这个词已经被当下这个社会曲解了,遍地的成功人士,好像成功轻而易举,他更想做一个不畏惧失败,有价值的人。

二、寄语学弟学妹

如果说生活的窘困是一层阴沉的茧,那么它便如一缕阳光,把一切销声匿迹,归于安静,它的恩惠犹如含苞待放的花儿,任何语言都无法形容它的美。古人云:以知恩图报为德,滴水之恩当涌泉相报。对于这份资助给予我的,我

心中万般感激,汇成一句简短的但代表我们心声的话,那就是多谢! 因为这份资助,我前行的道路更加宽广。我的心灵不再无助。感激所有给我力量的人。黑暗的天空因群星点缀而璀璨,平凡的我们因感恩的心而不再平凡。

三、师长点评

周振毅在学习上目标明确、勤奋刻苦、成绩优秀,在认真学习专业课的同时注重学习基础课程,掌握了扎实的理论基础和专业知识,并且积极参与社会实践活动,使自己全面发展,具备良好的独立思考问题、主动解决问题的能力。工作上,积极能干,不怕苦,不怕累,具有很强的责任心,做事细心,团队意识强,敢于创新。

(导师:顾赛麒)

遇百年未有之大变局，
担新时代新青年重任

缪骏豪，男，中共党员。机械工程学院机电控制1901班本科生，推免至浙江大学直接攻读博士学位。曾担任机电控制1901团支书、机械工程本科生第一党支部副书记、深蓝四期赴浙江丽水暑期社会实践团队副队长、机械工程办公室第一负责人等职务。在校期间，曾获得2020年和2021年浙江省政府奖学金、2021年松下育英奖学金、校优秀一等奖学金、优秀学生、优秀学生干部、社会实践奖学金、文体活动奖学金、校优秀团员等荣誉和奖学金。获第九届全国大学生机械设计创新大赛国家一等奖（排名第四）、第十七届"挑战杯"全国大学生课外学术科技作品竞赛国家三等奖（排名第三）、2020年好设计（GOOD DESIGN）创意奖、2020年浙江省大学生物理科技创新竞赛一等奖（排名第一）、2021年浙江省大学生科技创新活动计划（新苗人才计划）项目立项、2021年国家级大学生创新创业训练计划立项和结题（唯一作者）、第三十二届校级"运河杯"大学生课外学术科技作品竞赛一等奖（排名第四），拥有三项发明专利、五项实用新型专利。

一、个人事迹

(一)科技自立自强，青年大有可为

制造业是一个国家发展重要的一环，中国拥有全世界最完备的工业体系，却在高新技术和尖端科技方面一直被卡着脖子。"机械铸就大国重器"，"将论文写在祖国的大地上"是缪骏豪从大一开始就铭记在心的两句话。他明白青年人身上所肩负的科研报国的使命，积极参加科研竞赛，立志科研报国。他利用学院平台参与设计一款辅助老人起坐躺的智能椅子，荣获全国大学生机械设计创新大赛国家一等奖和好设计（GOOD DESIGN）创意奖；参与设计一款多功能便携救援背包，获得"挑战杯"全国大学生课外学术科技作品竞赛三等奖，作品中所用的高压柱塞泵便是制约我国工业发展的"卡脖子"技术之一。早在大一开始，缪骏豪就确定了读研深造的想法并一直为之努力。在和研究生导师联系时，他始终牢记自己科研报国的初心和使命，选择了与芯片制造相关的研究方向，成功推免至浙江大学直接攻读博士学位。

（二）党建工作的践行者，红色理论的传播者

从大一开始，缪骏豪对自己高标准严要求，在政治上、思想上一直寻求进步，不断加强理论学习，提高自己的思想政治素质，积极向党组织靠拢，后成功加入党组织成为一名光荣的共产党员。作为机电控制1901团支书，他积极组织班级团日活动，同时号召动员班级同学入团入党，曾带领班集体获评院级先进班级等荣誉。大三时，希望通过自己的努力将红色基因传承下去，给予学弟学妹一些朋辈指导，也曾在党日活动中和学弟学妹分享推免所需准备材料、注意事项、简历撰写技巧等以及学校和专业的选择、读研的意义和一些感悟。在担任机械工程本科生第一党支部副书记时，配合党支部书记组织协调党支部的党日活动、入党积极分子培养考察、预备党员发展等系列事宜和党支部日常事务。在日常生活中践行并积极发挥先锋党员的模范作用，做志愿者，去力所能及地帮助同学、团结同学，传播红色理论，辐射影响周围的同学。

（三）从受助者到助人者，从封闭自我到开放世界

作为家中的男孩子，缪骏豪自小便明白"不戚戚于贫贱，不汲汲于富贵"的道理，努力按照自己的节奏安排自己的学习和生活。然而命运并不会因为谁努力就特别眷顾谁。在大学时，他母亲意外被诊断出胰腺癌，需要高昂的手术费用和后期持续投入治疗，并且时刻需要有人陪在身边。因此，本身患有高血

压的父亲不得不辞去外面的工作回到家中陪在母亲身边,同时照顾高龄的奶奶。后来,多年不遇的洪水淹没了全村房屋,造成一定的财产损失,他的家庭经济情况变得越发严峻。那一阵,缪骏豪连续几天都无法入睡,一直在思考未来的路到底应该怎么走。所幸在大学入学之初,缪骏豪就了解到学校和学院所设立的各类勤工助学岗位和奖助学金政策。在班主任和辅导员老师的耐心沟通指导以及班级资助委员的帮助下,他申请了学校及学院的勤工岗位,并不断通过自身努力获得国家励志奖学金、浙江省政府奖学金、企业奖学金和科研竞赛的各类奖金,利用自己保研后的空闲时间积极投身公司实习、兼职,以自身努力获得的收入多方位地缓解家里的经济压力并回馈祖国和社会。在兼职之余,缪骏豪也主动积极参与学校、学院的各类学科学风建设,和新入学的学弟学妹分享大学的生活目标、学习方法、生涯规划。与此同时,因为自己淋过雨,所以更懂得为别人撑伞,每当看到、听到身边同学家里遇到困难的时候,缪骏豪也会迅速及时地在生活、学习甚至是经济上给予同学最大的帮助,经常充分利用自身的经历去帮助、教会他人怎么面对类似的事,怎么克服困难,怎么继续努力积极地生活。

二、寄语学弟学妹

大学生活是丰富多彩的,你在大学可以初步掌握自己的生活,实现自己的愿望。同时你也会遇到前所未有的苦难和人生选择。关于苦难,我想说苦难就是苦难,苦难不值得追求,苦难并不会带给你什么。但是当你遇到苦难时,请记住没有在长夜痛苦的人,不足以谈人生。关于选择我想说,人生会有很多大大小小的选择,你不可能每一次都选对,因为选择本身就没有对错,但是你可以做到每一次都不后悔,去做那个自己真正想做而不后悔的选择,而不要做那个别人口中所谓正确的选择。

三、师长点评

缪骏豪同学并非从一开始就很优秀,他遇到了很多的困难,但是他能在困难中不断地磨砺自己、克服困难,没有被困难打倒,并保持积极向上热爱生活的态度。在学习上积极主动,还帮助其他同学。在科研上,不怕苦不怕累,积极攀登科研的高峰,希望缪骏豪同学能坚守住本心,将来为祖国的建设贡献一份力量,越来越优秀。

(导师:占红武)

以机械重器挺膺担当，
以奋斗姿态激扬青春

汪宇昊，男，河南禹州人，毕业于河南省禹州市高级中学，2019级机械工程学院机械工程专业本科生，保研至重庆大学机械与运载工程学院机器人工程专业。本科期间担任浙江工业大学线上宣讲员、卓越1901班组织委员、机械工程学院青年与马克思主义者学校负责人、浙江工业大学笑林相声社创始人及首任社长。曾获第十届全国大学生机械创新设计大赛一等奖（排名第一）、第十三届全国周培源大学生力学竞赛优秀奖（个人赛）、第十届浙江省大学生力学竞赛三等奖（排名第一）、国家励志奖学金，有六项发明专利与两项实用新型专利被受理（其中五项已授权）。

一、个人事迹

（一）志存高远，勤于规划

"骏马自知前程远，不待扬鞭自奋蹄。"自汪宇昊同学收到录取通知书的那一刻起，他就开始思考大学生活该如何度过这个问题。对于家庭经济状况并不好的他来说，远赴杭州求学的机会十分难得，面对大学生活，他既憧憬又有些害怕。他既希望自己能够早日成才，回报父母、回馈社会，又觉得缺少资源的自己可能与各种机会无缘。庆幸的是，和通知书一起寄来的还有学工办老师精心准备的入学指导，从大学生活介绍到各种资助政策，这让他对于大学生生活有了更多的信心。开学时，汪宇昊申请的国家贷款和学校精弘助学金帮他缓解了不小的压力，入学当天还收到了学院精心准备的生活用品，这让汪宇昊有更多的精力投入学业。受到学院"筑梦启航"系列讲座的启发，他给自己定下了"英语能力、做事能力、创新能力"三大方面的奋斗目标，这让他在充满选择的大学生活里总能保持自己的方向。从大一开始养成练习英语的习惯，每天30分钟的练习成为他的睡前仪式；学生工作的经历，让他在服务同学的过程中收获了管理事务和时间的能力。在他任职期间，课业学习和工作任务的双重压力让他明白了规划时间的重要性。通过借鉴"四象限"时间管理法，经过一段时间的摸索，他终于找到了生活、学习、工作的平衡点，首先要保证休息时间，再按照事情的轻重缓急一件一件地去完成。为了提升创新能力，他珍惜每一个锻炼自己的机会。

（二）乐在其中，坚韧不拔

"古之立大事者，不惟有超世之才，亦必有坚忍不拔之志。"谈到他丰富的比赛经历，他提到最多的一个关键词是"好玩"。因为兴趣而尝试，寻找乐趣的心态帮他渡过一次又一次难关，也让他一次又一次重整旗鼓。大胆逐梦的背后，是勤工助学和各类奖助学金带给他的底气。课余时间，汪宇昊在学校图书馆的勤工岗位工作，不仅可以经常与书为友，收入还可以贴补生活费。申请到的助学金可以让他在学科竞赛和科技创新竞赛中勇敢试错。第一次参加机械创新设计大赛时，因为缺乏专业知识和比赛经验，他和队友设计的"智能仿生婴儿摇床"并没有实现预期的效果，也被评委指出了许多不足；在参加浙江省大学生力学竞赛时，他和队友现场制作的"火箭助推滑翔机"曾两度在决赛赛场上失控坠机。除此之外，还有没动起来的"物流小车"、没飞起来的"水火箭"、没完成的炒菜机等。但正是这些看起来拿不出手的比赛经历，让他明白了竞赛的真谛——Learn by doing（做中学）！获奖往往是"努力＋运气"，但"失败＋总结＝收获"。大大小小的比赛让他收获了专业技能的成长和支持他继续探索的比赛奖金。两次机械创新设计大赛的经历锻炼了他对大赛选题与方案设计的把握以及对团队进度的安排；两次大学生力学竞赛训练时手磨飞机的练习培养了他解决实际工程问题的实践能力。学院为参加科技创新竞赛的同学提供了广阔的实验平台和比赛项目报销额度,这让汪宇昊同学可以顺利完成各项专业比赛。无数个在机械楼竞赛教室度过的日夜,让他对那里的工具如数家珍,使他在遇到问题时能及时找到合适的办法解决问题。

(三)小树成材,叶下成荫

"投我以桃,报之以李",在学校和学院的双重政策资助下,汪宇昊总能从各种活动中感受到爱与温暖,例如,每年学院都会组织"暖阳计划",为资助同学准备各种实用又温馨的礼物。他也在接受帮助的过程中,尽可能地用自己的能力去传递这份正能量。在兼顾学业和比赛的同时,他还积极参加学生工作,举办"机械青年说"等系列活动,将榜样故事传播给广大同学。比赛获奖后,作为曾经的活动承办者,他又以分享嘉宾的身份回到"机械青年说"的舞台,将自己的比赛经验分享给其他同学。汪宇昊每年都能获评国家励志奖学金,他把一部分作为生活费,剩余的被他留作社团的活动经费,他和同学一起创建了学校第一个相声社,他希望通过这样一个平台能够持续地给工大师生传递欢乐。"小树成材,要靠自己吸收养分",这是他的本科生导师鲍官军老师指给他的求学之道,大学为大家提供了许多成长的机会,但只有主动寻求,才能真正受益。他还曾在导师的科研团队里兼职担任科研财务助理,一方面协助处理实验室的科研报销,另一方面也在与导师和研究生学长学姐的交流中提前了解科研工作的艰辛与乐趣。这段经历让他坚定了投身科研的目标,也帮助他在保研过程中找到了自己喜欢的研究方向。

二、寄语学弟学妹

亲爱的学弟学妹们,大学里要敢于探索、勇于尝试,学校为大家提供了广阔的平台和丰富的资源,我们要主动寻求,志向远大并脚踏实地向着目标奋进。平日里有困惑要多向学长学姐和老师们请教,他们一定会给大家最真诚并且极具参考价值的建议。学习永远是大学生活的主业,但也希望大家积极尝试学生工作、社团活动与学科竞赛,去锻炼自己的做事能力,培养爱好、建立自信、收获一生的好朋友。祝学弟学妹们能够快乐成长，不负征程！

三、师长点评

汪宇昊同学政治立场坚定、学习认真勤奋、与人为善，能够积极团结同学，老师和同学们对其评价很高。在政治上他积极向组织靠拢，积极学习贯彻党的先进理论；学习上毫不松懈，四年来保持一贯的优良学风，他的动手能力尤其突出，曾组队参加机械创新设计大赛，荣获全国一等奖，并保研至重庆大学；在生活上，他乐观友善，积极参与学生社团活动，活跃在笑林相声社团中，在班级、寝室生活中则能团结同学、广交好友。汪宇昊同学是一位品学兼优的好学生。

（辅导员：施铭嘉）

锲而不舍，金石可镂

赵建国，男，中共党员，山东潍坊人，2020 级浙江工业大学机械工程学院动力工程及工程热物理专业硕士研究生。研究生期间，担任机械工程学院研究生会主席、化机所第一研究生纵向团队负责人等职务。曾获 2022 年研究生国家奖学金、浙江省优秀毕业研究生、社会工作奖学金、一等学业奖学金、校优秀研究生、优秀研究生干部、2022 年全国大学生过程装备实践与创新大赛一等奖、2021 年全国大学生节能减排社会实践与科技竞赛三等奖、第三十四届校"运河杯"大学生课外学术科技作品竞赛一等奖、第三十三届校运动会网球比赛混合团体冠军、2022 年浙江工业大学研究生暑期社会实践优秀团队等荣誉。已合作发表 SCI 论文 3 篇，在审 SCI 论文 2 篇，已授权或受理发明专利、实用新型专利、软著 40 余项。

一、个人事迹

（一）不积跬步，无以至千里

在研究生入学前，赵建国和许多研究生新生一样，对自己即将开启的研究生生活有些许憧憬和不安。因家庭经济情况，开学前，赵建国打暑期工为自己赚取学费和生活费。开学后，辅导员向他介绍了国家助学金、企业奖学金及学院勤工岗位等一系列资助政策，这让赵建国对未来有了更深刻的认识和规划。

在生活方面，赵建国申请了助学金和学院勤工岗位，这为他减轻了一定的生活负担，使他得以更好地投入科研学习。因本科时期的科研底子较差，他从基础的理论知识开始学习，阅读了大量与本专业相关的书籍文献，一点一滴积累，努力提升专业素养，培养对研究的严谨态度。科研是一场漫长而艰苦的马拉松。赵建国回忆起他第一次写论文的时候，看文献、梳理框架、数据搜集、模型构建、分析数据每一步都很艰辛。为了一点清晰的构思，为了一个明朗的思路，他常常在办公室待到最后一个离开。他每天都会跟导师和师兄通过腾讯会议交流讨论遇到的问题和不理解的地方，导师和师兄的耐心解惑，让他每天都有学习上的收获。拿到录用函的那一刻是让人兴奋和激动的。写论文、改论文、发论文，每一个阶段都是一种成长，使他在这一过程中逐渐清晰地认识自己，发现自己，成就自己。科研学习是一个循序渐进的过程，只要路是对的，就不怕路远。学海无涯，这条路确实不容易，但是看到自己的点滴收获，一切都是最好的。

（二）庭院里跑不出千里马，温室里种不出万年松

辅导员龚老师和导师陈老师也鼓励赵建国不仅要在科研学习上严格要求自己，而且在其他方面也要积极进步，锻炼自己，要敢于尝试新鲜事物，要多历练自己，让自己变得更加有能力。

他坚持一周三次夜跑，每次 10 公里，这种规律性的生活对他来说，是非常重要的工作之一，他说跑步时看到了自己的缺点、弱点，并能够积极地接受它，跑步给了他审视自我的自由。他还带队组建了"智灶嵊州"特色产业观察团，获得了 2022 年浙江工业大学研究生暑期社会实践优秀团队的荣誉，他们优秀的实践活动被嵊州市浙江工业大学创新研究院微信公众号报道、被嵊州电视台新闻频道采访播出。他也积极参加科技竞赛，在 2022 年全国大学生过程装备实践与创新大赛中获得一等奖，并作为参赛选手在闭幕式上发言，他说这是一次特别的体验，能够作为学生代表上台发言他感到很荣幸，不仅看到了许多，也学到了许多。

每天赵建国不仅要专注于科研，还要处理很多繁杂的工作和学生事务，他的原则是先分清轻重缓急，无论是提高单位时间的使用效率，还是花足够多的时间，今日事今日毕，除非遇到不可控制、不可抗拒的因素，否则任何时候都要

逼自己当日完成。

(三)乐于担当、勇于担当

在成长道路上,在学习和生活方面,学校和学院都给予了赵建国不少帮助,他从自卑变得自信。在受到帮助的同时,他也从一点一滴的小事做起,积极主动地帮助他人。他热心参加志愿者活动,两年来累计志愿时长100小时。赵建国在研一期间是机械工程学院研究生会办公室的副部长,他经常参加相关活动,在实践过程中成长。在自己不擅长的领域,他时刻提醒自己多看、多听、多学、多参与。在综测同类加分不叠加的情况下,他也毅然担任机械工程学院研究生会主席和纵向团队负责人,角色的转变让他不再满足于一个做好自己本职工作的副部长,而是立志成为一个要为集体负责、严于律己的人。他多次组织策划、参与学生工作活动,如新生迎新工作、纵队篮球赛、足球友谊赛等,以便自己能够更好地帮助同学,服务同学。

赵建国同学努力向党组织靠拢,积极加强自身党性教育,坚持在"学习强国"App上学习,他积极参加党支部组织的寻访红色基因、公益活动等,帮助实验室每一位同学,传授自身的科研经验,提供文章写作等多方面的指导。赵建国认为,每一名研究生都应该保持踏实、认真的学习态度,事业从实践起步,梦想从学习开始。赵建国良好的道德品质,不断学习的思想态度,体现了一名当代大学生的基本素养,是当之无愧的榜样。

二、寄语学弟学妹

种一棵树,最好的时间是十年前,其次是今天。人生不留遗憾,想做的事就及时去做,想做的事就坚持去做,想做的事就付出100%的努力。过程或许很艰难,等坚持下去了,回头看看定会感谢当初那个努力的自己。如果有想做的事而迟迟没有付诸行动,或是三分热度遇到一点困难就放弃,那当看到别人在同一领域有收获时,我们就只会后悔自己当初没有认真去做了。

三、师长点评

赵建国同学思想上进,认真学习,努力钻研。根据研究方向的要求,有针对性地认真研读了有关核心课程,打下扎实的科研基础。其积极参与各项教学科研活动,认真阅读教材和查阅学术资料,还具有较强的动手能力,使自己的理论与实践水平得到了很大的提升。在平时生活中,他为人处世和善,并积极参与,各项集体活动。积极承担团队的一些集体事务,在其他的社会活动中也积极参与并发挥榜样作用。

（导师:陈晨）

"e 知学堂"助力成长
信息青年梦想飞扬

　　叶浩然,男,中共党员,浙江杭州人,信息工程学院电子信息工程专业 1801 班本科生。曾获校"运河杯"大学生课外学术科技基金立项、浙江省大学生物理创新竞赛一等奖、信息工程学院团日活动二等奖、2020 年度信息工程学院征文比赛三等奖、2021 年三等学习奖学金、2021 年优秀团干等奖项及荣誉。2018 年,他满怀希望加入信息工程学院第四期"e 知学堂""e 鸣惊人"小组,在学堂的活动中他学会了如何成长成才,懂得了如何知恩图报,接下了学堂的接力棒,继承了学堂艰苦奋斗、感恩奉献的精神品质,并用自己的实际行动为社会和周边人传播了爱心和正能量。

一、个人事迹

(一)"e 知"走访

　　他带领小组团队一起开展了"e 知"走访活动,协助老师组织安排了第四期学堂成员走访企业,如去拓峰科技实验室及工厂参观。在实践中他更加明确了自己的奋斗目标,并立志要通过先学好专业知识并多参加团体活动的方式,最终把所得所感传授给有需要的人。大三学年,他作为一名优秀的党员领航员,进入大一新生班级作学长经验分享会,从自身竞赛经历出发,详细介绍学院各种学科竞赛(智能车竞赛、机器人竞赛、"互联网＋"、"挑战杯"、校"运河杯"等大型赛事），满怀热忱地鼓励学弟学妹们前来咨询。

（二）"e知"沙龙

他带领小组团队一起开展了高校的跨文化交流和实地走访，以求提前做好职业生涯规划。在学堂的"e知"沙龙学习经验分享会上，他分享学习生活经历，把走访学到的经验传授给大家，以求共同成长进步。也正是在他创新性思想的引领下，小组团队成员都取得了学业上的优秀成绩，比如获得浙江省政府奖学金、国家励志奖学金、校优秀学生二等奖学金、校优秀学生称号、院优秀团干称号等荣誉。而且他还不定期地走访高校，不断整理出新的学习模式和学习方法，汇成每一次的走访记录，最终在每一次的"e知"沙龙学习经验分享会上推陈出新，带动大家学习，营造了和谐氛围，增强了家庭经济困难生的归属感和自信心。

（三）"e知"实践

他还带领小组团队一起开展了"e知"实践，利用暑期时间留校积极开展浙江省大学生电子设计竞赛的备赛，经过两个多月的调试线路、整改电路、实现基本功能和完善最后功能，最终在比赛中取得了优异成绩。他通过学习中国共产党的发展历程和理论知识，自身党性修养得到了进一步的提升，他把这些学到的宝贵经验融入工作，为有意愿入党的同学提供帮助，为支部的创新性建设出谋划策，向生活中见到的需要帮助的人伸出援手。另外，他还报名参加了环教的志愿者活动，通过对六年级小朋友进行环境保护的宣传，增强了他们保护环境的意识。

总结而言，他乘学堂之风而来，也最终回归于学堂，成为学堂文化的接班人和传播者，他参加的每一次的活动，不仅提高了自身的社会适应能力，而且对外界产生一定的教育影响力，鼓舞了许许多多的家庭经济困难生，传播了拼搏向上、艰苦奋斗和感恩奉献的精神品质。

信息学院学工办结合学校资助工作具体要求，主动探索如何进一步发挥发展型资助工作的育人功能，成立"e知学堂"，探索"三位一体"式的资助对象职业生涯教育模式。学院为"e知学堂"学员制定个性化培养方案、搭建实践平台、提供兼职机会、举办主题沙龙,以求更好地帮助资助对象做好学业规划,提升其就业竞争力。

通过"e知学堂"将学院的家庭经济困难生进行统一整合,实现一体化管理,对学校教学与思想政治教育的有效资源进行整合,进一步拉近了学生与学院、与辅导员的距离,有效起到了桥梁的作用,提高了学院学生资助工作的效率和影响力。"e知学堂"还利用活动的强延伸性,提高了学生的自我管理和规划能力。以"e知学堂"丰富的活动形式,为家庭经济困难学生提供更多"走出去"和"请进来"的机会。一方面,强化感恩教育,增强学生的感恩意识和公益意识;另一方面,在广泛开展活动的同时,主抓重点项目,引导家庭经济困难生提前进行学业和职业规划,尽早为自己的未来做好准备。

二、寄语学弟学妹

亲爱的学弟学妹们,如果你以为只要保持懊悔或忧虑的情绪,便可以改变过去或未来的事情,你就是活在"乌托邦"之中。给人们造成精神压力的,并不是今天的现实,而是对昨天所发生的事情的悔恨以及对明天将发生的事情的忧虑。抽出时间去学习,凡事从小做起,不怕单调和重复,长期地积累和坚持,相信自己一定行!

三、师长点评

该生性格开朗活泼、意志力较坚强,对工作态度执着,从不半途而废,敢于承担责任;工作适应能力较强,对新事物上手比较快。思维活跃,性格直率,为人坦诚;谦虚谨慎,勤奋好学,注重将理论和实践相结合,能有效地将大学所学的课堂知识运用于实际工作中,认真听取他人指导。希望该生再接再厉,成为一名优秀人才。

(辅导员:赵士超)

锐意进取练本领，自立自强勇担当

任冬冬，男，中共党员，2020级信息工程学院控制工程专业硕士研究生。连续三年获得一等学业奖学金，曾获国家奖学金、信息工程学院优秀团干等荣誉。

一、个人事迹

(一)锐意进取，积极推进科研进程

研究生阶段，任冬冬同学与师兄师姐一起参加课题组横向项目的投标工作，还与课题组同学一起申报2020—2021学年浙江省大学生科技成果推广项目，并最终立项。2021年3月，他基于导师张有兵教授的课题，响应国家号召开始研究基于需求响应机制的用户侧综合能源系统源、网、荷、储、冷、热多主体协同与多能源协调互补的优化控制策略。经过实验仿真和一系列的验证，最终于2022年2月发表SCI论文1篇，并申请了发明专利1项(已受理)，完成了软著1项。在此期间，他在第二导师冯昌森的指导下，展开了对计及多能共享的互联微能源网的分布式协同优化调度的研究。

(二)自立自强，积极投身社会实践

在读期间，任冬冬同学积极参与校内外的社会实践活动。为了减轻家中经济压力，他积极锻炼自己，先后在多家公司参加实践，提高自己的适应能力。

在校内,他在学校提供的校内勤工的岗位上,先后担任学生会部长、公寓楼层长等,兢兢业业,做好每一项工作;除此之外,他还在校外做家教等,全方位锻炼自己,提高自身能力。校内外的社会实践使他开阔了眼界,提高了办事效率,磨炼了意志。

(三)认真负责,全方位参与学生工作

任冬冬同学帮助导师带领本科生做毕业设计,学习到了新的知识,涉猎到未曾涉足的领域。在做导师助教的时候,重温了曾学过的专业课;在做毕业年级辅导员助理的时候,帮助即将毕业的师兄师姐整理好他们的毕业材料;在做本年级辅导员助理、团副总支的时候,他接触到了更多的同学,交到了更多的朋友,帮助他们解决眼下之急。在学校提供的"三助"岗位上,他认真严谨,细致地为同学们提供服务,帮助辅导员老师完成工作任务,各方面的能力得到了锻炼。

学院在资助工作中不仅给予高校家庭经济困难学生物质与精神上的支持,更是帮助家庭经济困难学生实现"自救自助、自主人生",坚信家庭经济困难学生的领悟力、自决力和创造力,使其发挥主导作用。在开展资助育人工作过程中不是包办代替,而是减少家庭经济困难学生的依赖性,增强他们的独立性和自主性,启发他们用自己的意志自主决策,使家庭经济困难学生从"由他助"转向"自助自主",做掌握自己命运的主人。

任冬冬同学大概就是这样一个人:家贫心不贫,立志为中华之崛起而读书,努力将科研做在祖国需要的地方;时短心不短,从"三助"岗位出发,始终工作在学生一线,服务学生,奉献自己;人穷志不穷,从自身出发,立大志成大器,有理想有抱负。

二、寄语学弟学妹

人生如路,需从荒漠走向繁华。作为新时代的研究生,总是肩负着国家和社会的重任,需要我们砥砺前行。而严谨的科研是我们通往成功的有效途径,

巩固好自己所学的专业知识，学会将专业知识与实践相结合，并珍惜当下的每分每秒，做到专注、坚持、征服，以最饱满的热情投入每一天的学习及生活。希望我们都能在未来的学习和工作道路上不断发现和认识自我，完善自我，戒骄戒躁，博采众长，沉潜前行；突破自我，造就更好的自己。

三、师长点评

任冬冬同学有良好的逻辑能力与科研能力，并且具有较强的执行力。他思想上要求进步，待人诚恳；学习上成绩优异，态度端正；生活上踏实肯干，朴素节俭，勇于为同学们排忧解难，具有强烈的责任心与奉献精神。在科研的闲暇时间也不忘自立自强，他在校外兼职，积极参与学院的"三助"岗位，将自己勤劳的汗水洒在自我奋斗的青春之上。希望他以后能继续发扬自立自强的作风，努力取得更加优异的成绩。

（导师：张有兵）

学文修身　志善报国

　　王志文,男,中共预备党员,毕业于宁海县知恩桃源书院,2021级计算机科学与技术学院(软件学院)计算机专业硕士研究生。入选西部计划,赴四川万源开展支教扶贫工作,任白沙镇小学团委副书记,获县级以上奖项7项,获评达州市优秀科技教师。筹建镜古志愿者团队,连续五年组织实践,输出140余名志愿者,累计13900余工时,促成校地合作,共建实践基地。在校期间,曾获得2018年度中国大学生自强之星、第六届"创青春"中国青年创新创业大赛国家级银奖、第五届浙江省"互联网+"大学生创新创业大赛省级金奖、2019年浙江省政府奖学金和浙江省高校"尚德学子"等。授权软著2项,主持省级项目2项。他的事迹曾被中国青年网、浙江新闻、浙江团省委、四川教育新闻、四川青年志愿者协会、浙江学联、宁波电视台、宁海电视台等媒体报道。

一、事迹材料

(一)志善学文,求进不绝

　　各类社会实践活动为大学生提供了接触社会、了解国情的机会,在这过程中,他们可以切实感受国家发展对人才的需要,激励自己刻苦学习。

　　作为学生,他积极参加科学研究和创新创业活动。授权软著2项,主持省级项目2项。以赛促学,荣获国家级比赛银奖1项、省级比赛金奖1项、铜奖2项、校级荣誉20余项。曾获中国大学生自强之星、浙江省高校"尚德学子"、浙江省政府奖学金、国家励志奖学金等荣誉。

(二)赴蜀扶贫,竭诚报国

在学校开展研究生支教团选拔之际,王志文主动报名参加全国大学生志愿服务西部计划,入选中国青年志愿者扶贫接力计划,去中西部开展扶贫工作。

王志文曾说,他的早期求学状况和偏远山区孩子大致相近,所以其更能理解他们的情感和需求。希望通过自己的努力去改善这里的情况,为偏远山区的建设贡献自己的一份力量。西部有良好的发展前景,有广阔的发展空间,所以他响应党和国家的号召到西部去建功立业、奉献青春,报效祖国多年的教育和培养。

作为全国大学生志愿服务西部计划志愿者、学校研究生支教团副团长,王志文至共青团万源市委员会、白沙镇小学开展支教扶贫工作,任白沙镇小学团委副书记、支教教师。

在教学工作方面,他积极组织和参加走访帮扶、科技辅导、送教下乡等活动,并向资深教师学习,参加各类教研和培训活动。他执教白沙镇小学五年级科学和其他年级趣味英语,并主动申请每周定期前往信义希望小学、荆桥铺小学、凉水井小学、青龙嘴小学等偏远村校送教下乡,覆盖学生 966 名,平均周课时 24 节。在期末考试中,任教的五年级两个班科学成绩分别为第一名和第二名,年级前 50 名有 47 位。

在科技工作方面,他结合专业特长开设了"少儿编程""科技创新辅导"等课程,并在周末为学生提供免费课业辅导,指导学生参加科技创新竞赛。学生获县级及以上竞赛奖项 7 项,个人获评达州市优秀科技教师,发表教育论文 1 篇,获评达州市科学教学论文/案例二等奖,在《中国青年作家报》上发表文章 1 篇。

在扶贫工作方面,他组织、执行了中国工商银行杭州分行爱心衣物捐赠、中国移动湖州分公司微心愿认领、浙江工业大学校友会健行助学金捐助、阿里图书角捐建、精弘书屋建设、暖冬计划、净水器捐赠、宁海县退休教师爱心捐赠等助学帮扶活动十余项,温暖助力 2000 余名学生。

(三)筹建镜古,为报桑梓

自 2016 年起,王志文开始筹建镜古志愿者团队。镜古新青年积极践行中国青年无私奉献、敬业勤学的要求,不负社会对其之殷切希望,在志愿服务中尽己所能,服务社会,回报家乡,致力于为乡村振兴贡献青年力量。

在开展志愿服务前,团队制订了可持续性发展规划和全局计划,以指导发展,构建适合当地需求的志愿服务体系,增强志愿服务队伍的梯队建设和传承,在不同批次的成员中达成共识,充分发挥朋辈作用,在前人的基础上获取经验。团队有不同专业背景的成员,服务范围广泛,涉及关爱服务类、公共文明类、社区服务类、健康救助类、环境保护类、宣传教育类。社区志愿服务和关爱农村留守儿童是团队开展活动最多的项目,开展了支教助教、上山下乡、爱心义诊、文艺汇演、爱心义修、环境保护宣传等实践活动。团队足迹已遍布 26 个山区村落,累计服务村民 5600 余人次,中小学生 500 余人次,团队成员扩大到了 148 人,累计志愿者工时 13900 余时。

团队对宁海县桑洲镇进行了乡村实地调研,并积累了实践经验,倡导校地合作,促成"浙工大桑洲社会实践基地"挂牌落成。为进一步助力新时代文明实践,团队积极开展各类活动,挂牌"新时代文明实践点",并荣获 2020 年宁海县志愿服务项目大赛优秀奖。

二、寄语学弟学妹

我们要立志做有理想、敢担当、能吃苦、肯奋斗的新时代好青年,切实为人民群众服务,让青春在全面建设社会主义现代化国家的火热实践中绽放绚丽之花。

三、师长点评

王志文同学为人谦逊,认真刻苦,有创新精神和实践能力,与人关系融洽,积极上进,是勇担时代责任、勇于砥砺奋斗、练就过硬本领的新时代青年。

(导师:高飞)

心怀感恩之情，大绽青春异彩

周功斌，男，中共党员，2009 年 6 月毕业于浙江工业大学计算机学院软件工程专业，浙江省励志成长成才优秀学生典型。在校期间获得各类竞赛奖项，并在北京人民大会堂受到时任团中央王晓书记的接见和表彰。毕业后曾任杭州市下城区科技局科技发展科副科长，如今致力于乡村振兴事业。

一、事迹材料

（一）出身贫寒，不被束缚：发光的金子是被打磨出来的

2004 年，周功斌怀揣着乡民凑的 1500 元离开家乡，他当时就暗下决心，在有能力、有精力的时候一定要回馈家乡。如今，他凭着一腔热血，一直在尝试寻找一条能够真正改变他家乡的致富路。

在校期间，家境不富裕的他不仅努力学习获得奖学金，还利用各种机会勤工俭学。看似忙碌的大学生活，并没有阻碍他科研的脚步。2007 年 9 月，首届全国"YESPLAN-诺基亚青年创意·创业计划大赛"在浙江各高校进行选拔，周功斌带领团队研发的"移动智能售票"项目获得了学校唯一一个推荐名额，并入围浙江省赛区（全省共 3 个项目入围）。2008 年 1 月，周功斌团队代表浙江工业大学（参赛高校中唯一一所非"211 工程"大学）赴北京参加决赛答辩，在众多国内一流高校决赛团队中脱颖而出，得到了诺基亚副总裁的高度关注，并表示诺基亚公司打算在总部芬兰开展类似的项目。"移动智能售票"项目成为

6个金奖作品之一,也是浙江省唯一获金奖的项目,并受到时任团中央王晓书记的接见和表彰。周功斌作为浙江工业大学首个在京获此殊荣的学生,得到了校方的高度赞扬。而他谦虚地说:"该荣誉是属于整个工大的。"浙工大校报为此做了专题报道《全国金奖是怎样拿回来的——周功斌:赢在"快一秒"》。此后,周功斌更加乐于分享,鼓励与指导同学参与各类竞赛,在他看来,一个人的进步并不值得骄傲,而是要竭尽所能贡献自己的力量。

(二)爱岗敬业,勇于创新:在平凡的岗位上做不平凡的事

2009年9月,周功斌入职杭州市下城区科技局,第一个月就承担了"2009中国杭州国际电子信息博览会"下城区分会的组织工作。在将近一个月的准备过程中,他常常夜不能寐,与同事们奋战筹划。活动圆满落幕时,他负责的下城区展馆获得了"十佳展馆"的荣誉。

据悉,周功斌所在的科技发展科,是与外界接触最直接的窗口部门。2009年之前,下城区科技局与企业之间的沟通仅限于电话或传真,联系十分有限。周功斌入职后,想方设法打破这一格局。在征得领导同意后,他积极建立了下城区首个科技企业QQ群,方便了企业与科技部门的沟通与交流,不仅极大地提高了企业办事效率,而且提升了科技局的服务质量。随着企业数的增加,周功斌随后又为下城区400多家不同类别的科技企业建立了4个群。下城区科技局也成为所在区各个职能部门中民主测评分数最高的部门。

(三)常怀感恩,心系家乡:振兴乡村之路从未停歇

周功斌的家乡在遂昌县一个偏僻的小山村,考上大学时,是村民们自发为他凑齐了第一年的学费。怀着满腔的感恩之情,他暗下决心:将来一定要回报家乡!

2014年,周功斌听闻村里要发展农家乐,立马整理多年收集到的涵盖交通路线、景点介绍等村周边景点信息,结合本村春夏秋冬四季的景观照,连日连夜地自行设计、绘制导览图,印刷成品,提供给村里使用。在周功斌心里,家乡对自己而言有着深厚的养育之恩,对于一心想回报老家的他而言,家乡发展旅游产业、带领村民致富的方针正中下怀,他全力以赴地为家乡的发展贡献良策。

多年来，他坚持要带着淳朴的乡民一起走上一条脱贫致富、振兴乡村的道路。如今，他已经成功开发出9条越野路线，长达180多公里，贯穿遂昌全县，带动了16个自然村的发展。而他的努力，也被更多的人看到。周功斌和他的团队曾多次被央视报道和宣传，鼓励更多人投身乡村振兴事业的同时，也鼓舞了周功斌和他的团队，他们要将乡村振兴之路越走越远，越走越宽！一个来自农村的大学生，一步一个脚印为自己铺设了一条平凡而又伟大的人生之路，便利了更多人，照亮了更多人。周功斌正在用实际行动谱写一曲"80后"的青春奋进之歌！

二、寄语学弟学妹

亲爱的学弟学妹们，我想每个人的人生都是不一样的，最主要的是，你是否充实地度过了每一个今天。希望每一位学弟学妹都能在自己的领域里发光发热！

三、师长点评

周功斌热衷于校友工作，把自身发展与母校紧密结合，积极主动承担校友会各项工作，为校友工作尽心尽责，创立了杭州魅力新故乡信息科技有限公司，是我院优秀创业校友典型代表。

（辅导员：王炳忠）

尽力而为,不留遗憾

庞亚鹏,男,中共党员,毕业于浙江省安吉县高级中学,2019 级计算机科学与技术学院(软件学院)网络工程专业本科生,网络工程 1902 班文体委员,曾任计算机学院党员之家秘书长、计算机学院文娱部负责人、华为智能基座社团副社长、网络工程 2112 班助理班主任。在校期间曾多次获得国家励志奖学金、浙江省政府奖学金、优秀学生二等奖学金等。

一、个人事迹

(一)厚积薄发,在学习之路上探寻方向

自入学以来,庞亚鹏一直坚定以学习为本的信念。在学习中,他力争上游、不断进取、刻苦钻研,本科期间的综合测试分专业第二、绩点专业排名第四,曾多次获得国家励志奖学金、浙江省政府奖学金、优秀学生奖学金和学习单项奖学金等。他曾说,这些成绩和奖学金是对自己努力学习的肯定和激励,它们不断鞭策着自己向更优秀的方向前进。

作为学生,他还广泛涉猎校内外的专业性竞赛,多次参加学院的专业学术竞赛,均有获奖。为不断拓宽自己的科技视野,提升自己的创新能力,他还参加了"海康杯"第九届浙江省大学生服务外包创新应用大赛,并取得了浙江省二等奖的成绩。另外在本科阶段他就加入导师的研究生组学习,参与实际的项目,和师兄们一起完成了学术知识图谱管理系统的构建;在课余时间里,他

自学 ACM 国际大学生程序设计竞赛相关知识，参加全国大学生算法设计与编程挑战赛（春季赛）并获得了铜奖。各种各样的比赛锻炼出他对科研精益求精的精神。

（二）朝思夕计，在学生工作中展现魅力

他曾提到，在大学中，另一个让自己非常自豪的就是学生工作经历。自大一第二学期重新分班后，面对新的集体，他选择了担任班级的文体委员这一方式让自己更快地和班级中的同学熟悉起来，最终事实证明这一方式是非常有效的，他快速融入了集体。大二接任学院文娱部负责人，与一群志同道合的伙伴们共同努力，组织各种各样的活动。在大三时，为了挑战自己，锻炼自己的能力，他接任了一个陌生的工作——党员之家秘书长，负责学院学生党建党务工作，在严肃严谨的工作要求下，他的工作能力得到了进一步的提升。同时他还担任了华为智能基座社团的副社长。他曾说道："这些学生工作经历是我大学生活非常珍贵的回忆和财富，我能够勇敢地承担下这些工作，最离不开我的辅导员练义欣老师的帮助，是她在我迷茫的时候坚定我的决心，在我遇到困难的时候帮助我想办法，如果没有她的鼓励和支持，我应该是不能够很好地完成所有工作的。"

而他也在用自己的方式报答学校和学院对他的培养，大三时他成为新生的助理班主任，带着小萌新们更好地适应大学的生活，帮助他们早日找到前进的方向。同时他还积极地参与志愿者工作，在志愿活动中帮助他人，累计志愿者工时近 100 小时，也因此获得了优秀学生、优秀团员、优秀团干的荣誉。

（三）躬体力行，在社会实践中奉献价值

他积极参加社会实践活动，一是组织党员之家暑期调研——两山寻访助力浙江高质量发展建设共同富裕示范区。调研了浙江安吉的发展现状和经验，为浙江建设共同富裕示范区找寻发展途径，本次社会实践活动成果在学校和学院中均有获奖。二是组织党员之家"爱心 E 站"第三期活动——学院党员献爱心，为四川万源山区儿童募捐暖冬物资。三是社会实践华为强国行，走访参观华为总部，学习华为数字化产业成果，感受华为精益求精、居安思危之魅

力,为以后投入工作树立正确有益的价值方向。三个不同方向的社会实践活动,助他深刻理解价值的不同体现方式,助他在正确的价值导向上更进一步。

二、寄语学弟学妹

在大学的这段时光里,我得到了很多人的帮助,包括学校、学院、导师、同学等,让我在苦涩的生活中找到了前进的方向和动力,让我变得自信、勇敢、坚强、友爱,这段成长的经历是我宝贵的财富,我将永远珍藏于心。同时也想对学弟学妹说,生活也许会有困难,但请相信我们拥有战胜困难的能力,毕竟我们有那么多有力的后盾,我们要积极地面对生活,成为自己理想的模样。

三、师长点评

庞亚鹏同学踏实坚定,乐于助人,对学习、生活都抱有十分积极的态度,未来可期!

(辅导员:练义欣)

土木青年挥洒汗水,基建狂魔铸就未来

周航杰,男,中共预备党员,浙江诸暨人,土木工程学院建筑工程专业1903班本科生,保研至浙江大学建筑工程学院结构工程方向深造。曾担任土木工程学院学生会学检部总负责人、执行主席等;综测排名连续三年专业第一,主要研究环境友好材料、混凝土结构耐久性等,参与发表两篇学术论文,参与设计两项实用新型专利。在校期间曾获得2022年国家奖学金、2020年和2021年浙江省政府奖学金、2021年浙江省"尚德学子"奖学金、2020年一等国家助学金、2020年精工钢构助学金等助学金、2022年浙江工业大学"十佳优秀团干"、2022年浙江工业大学优秀学生、2021年第十一届校"勤工之星"、2021年第十九届校结构设计竞赛三等奖、2021年全国大学生英语竞赛二等奖、2022年浙江工业大学暑期社会实践"十佳团队"以及调研报告三等奖等。

学院在资助学生的同时更注重育人功能,即把"扶困"与"扶智"、"扶困"与"扶志"有机地结合起来,从解决生活困难到融入学习生活,再到提升社会能力,学院识别学生的个人特点,制定不同的育人方案,助力学生在进取中不断成长,在挑战中不断突破,在传承中不断创新。

一、个人事迹

(一)穷且日益坚,立青云之志——解决生活困难

来自农村的他,十分清楚学习是他梦想道路上最重要的基石。入校后,他

受到国家、社会和学校的资助,曾获得一等国家助学金、精工钢构助学金等,减轻了部分经济压力。他珍惜这些善意,并将其转化为动力,进入大学以来,每个学期他都会提前制定合理的学习计划,周密地安排时间,用高标准、严要求打磨自己,练就过硬的专业本领,以期不负祖国期望。他的平均绩点始终位于年级前列,斩获国家奖学金、浙江省政府奖学金等各类奖学金。

除去在校获得奖学金以外,他在校参与勤工,校外利用寒、暑假在外面打工,课余时间兼职做家教,为自己解决生活费和学费问题,补贴家用。他的这些经历让他获得校十佳"勤工之星"的称号,也因此让他更加坚定自己的道路,不断成长前进。

(二)锋从磨砺出,有路勤为径——融入学习生活

学院积极开展导师精神引领措施,通过校内外班主任设置、"本科生导师制"的推进,鼓励家庭经济困难生拓展课堂外的学习与活动。他踊跃参与各类学科竞赛和文体活动,提升自身能力。在校期间他组建队伍参加校结构设计竞赛,经过数个日夜的精心打磨,作品获得了校赛三等奖的成绩;他每天不断巩固英语语言基础,打磨交流技巧,在全国大学生英语竞赛中斩获二等奖。他说道:"不断参加各类竞赛,是我对自己学习成果的一种检验和反省。"

在科研学术上,他累计参与各类科研课题 12 项,主要研究土木工程中材料的优化与应用,将污泥焚烧灰回收利用于建筑材料中,是对减轻环境污染和节能减排政策的强烈响应。参与撰写科研论文两篇,分别录用和发表在校内期刊和国际期刊,申请实用新型专利两项,一项已获授权。

在体育运动上,他积极参与学院组织的"励志杯"篮球院赛,与班级同学共同努力拿下季军;在校运会中代表土木学院荣获引体向上团体第二名、迎面接力第八名的成绩;在浙江省木球赛中,他代表学校出征,获得了团体第三名、双打第八名的优异成绩,并获得优秀裁判员荣誉,现为木球二级裁判员。

(三)听青年心声,凝青年力量——提升社会能力

在保证公开、公平的情况下,学院资源向品学兼优的特困学生倾斜,鼓励学生通过各类锻炼自强自立。周航杰热衷于服务师生,加入土木工程学院学

生会，在经过大一一年的锤炼后，大二他成为学检部总负责人，在做好学生权益服务工作的同时，他将工作规范化、细致化，为同学们的学习生活保驾护航。大三时他担任学生会主席，带领着一支热情能干的学生骨干队伍为学院同学提供最周到的服务。在 2021 年优秀学院学生会评选中，土木工程学院学生会荣获"优秀学院学生会""最佳建设奖""最具民心奖"三个奖项，并且在优秀学院学生会评选中荣获总分第一！

他认为，给予比接受更快乐。为锻炼提升自我、增强服务意识，他积极参加志愿者活动，累计工时近 200 小时，被评为校一星级志愿者。防疫工作中，他顶着烈日，引导通行，提醒行人戴好口罩；博物馆岗位上，他为观展游客讲解馆史与故事；开学迎新中，他向新生讲起校内的学习与生活经验……通过一次次的志愿服务，他找到了自己的价值，更坚定了自己积极参与志愿服务的信念。

勤以勉励，笃而知行。在建党百年之际，为深入学习贯彻习近平新时代中国特色社会主义思想，聚焦杭州—宁波双城协同发展，他参加学院"励志风"暑期社会实践团队，赴宁波深入开展调研与实践，探索共同富裕的"宁波路径"。团队受校内外媒体报道，获评浙江工业大学校"十佳团队"，他牵头撰写的调研报告也获得了三等奖。

二、寄语学弟学妹

确立目标。望大家都能在大学里找到自己的兴趣所在。现在的你们有最充足的机会和试错成本去尝试各种自己想做的和没做过的事，尽可能地发掘自己的兴趣，不断地确立各个阶段的目标，并为之努力。

抓住时间。珍惜自己的时间，未来真的不遥远。不要浪费时间在对自己无所提升的事情上，不要做让自己未来后悔的决定。

三、师长点评

"宝剑锋从磨砺出,梅花香自苦寒来",周航杰同学品学兼优,为人真诚善良,富有强烈的集体荣誉感,是一名德、智、体、美、劳全面发展的同学。入校以来,他始终勤学善思、严谨务实、脚踏实地,能够很好地找到学习、工作与生活的平衡点,自立自强。他在各方面都表现出色、成绩斐然,是一名不断追求卓越的当代大学生。

(辅导员:王思逸)

奋斗展青春底色，奉献谱人生乐章

舒夏龙，男，中共预备党员，毕业于浙江省衢州第二中学，2020级土木工程学院土木工程专业本科生。担任土木工程学院党建中心秘书长，组织开展"共同富裕·青年说"主题征文比赛、"砼心永驻·共筑赞歌"红色手工创意大赛、"运动点亮青春，亚运绽放梦想"运动比拼大赛等主题活动。曾获2020年浙江省大学生物理竞赛三等奖、2022年浙江工业大学土木工程学院创意建构大赛特等奖、2022年浙江工业大学土木工程学院CAD制图大赛二等奖等荣誉。

党的二十大报告指出："广大青年要坚定不移听党话、跟党走，怀抱梦想又脚踏实地，敢想敢为又善作善成，立志做有理想、敢担当、能吃苦、肯奋斗的新时代好青年。"①当代中国青年生逢其时，施展才干的舞台无比广阔，实现梦想的前景无比光明，要坚定理想信念，自觉担当重任，让青春在全面建设社会主义现代化国家的火热实践中绽放绚丽之花。

一、个人事迹

（一）专业知识全力以赴，扬起理想风帆

学习是一辈子的事情，只有在学习中不断感悟人生、提升境界，才能使自己变得更加充实、更加睿智。进入大学以后，他依旧保持着学习的热情。在学

---

① 习近平.高举中国特色社会主义伟大旗帜　为全面建设社会主义现代化国家而团结奋斗——在中国共产党第二十次全国代表大会上的报告[M].人民出版社，2022：71.

习上,他严格要求自己,不断端正自己的学习态度。同时,也积极参与知识竞赛,获得了多项荣誉。他努力发挥先锋模范作用,做好学习的榜样。

(二)全心全意服务师生,彰显青春芳华

初入工大,他就被有关校学生会"For You"工程招新的信息吸引。他在校学生会参与举办过容大后勤座谈会、十一月权服月等活动,帮助同学们反馈、解决平常生活中遇到的问题,如建议容大后勤集团增设充电桩、督促寝室架空层的废车清理等。他还在失物招领和寻物启事等方面服务于师生,如在微信公众号上发布过近百篇的推文,涵盖停水停电通知、施工公告、通宵教室等各种与学生生活息息相关的信息。

在加入中国共产党的过程中,他也严格地要求自己,不断提高自己的政治站位,立足岗位作贡献,努力做到平常时候看得出来、关键时刻站得出来、危急关头冲得出来,充分发挥先锋模范作用。在学院内,他在学院党建中心(分党校)任职,开展"共同富裕·青年说"主题征文比赛、"砼心永驻·共筑赞歌"红色手工创意大赛、"运动点亮青春,亚运绽放梦想"运动比拼大赛等主题活动,营造浓厚学习氛围。

(三)服务奉献社会,传递温暖爱心

一路走来,他受到了许许多多的帮助,包括学校提供的勤工俭学平台以及资助等。"吃水不忘挖井人",他也想成为那束照亮他人的光,奉献自己,服务社会。他累计志愿者工时约300小时,参与线上儿童共享空间管理、医院引导、智能机助老教学等数十个志愿者活动。

大一他就报名了"一对一线上支教"的志愿者活动,利用自己的课余时间精心备课。在与小朋友慢慢建立联系的过程中,他也感受到了为山区送去知识的喜悦。

2022年暑假,他还参与了远在湖南的线下支教活动。在支教过程中,团队不仅开展了常规的课堂知识教学工作,为孩子们带去数学、化学、英语等基础性课程和演讲、舞蹈、手工等拓展性课程,同时还组织了如运动会、文艺汇演等多种形式的课外趣味活动,一方面丰富支教活动内容,另一方面拉近与孩子之

间的距离,使整个支教活动更顺利地进行。

奋斗展青春底色,奉献谱人生乐章。在未来的道路上,他也将继续不断奋斗奉献,努力让青春闪闪发光!

二、寄语学弟学妹

在工大的时间,我受到了学校老师、同学们的友善与倾情帮助。无论是学院四年一贯的用心资助,还是学校"麦田计划"的潜心扶志,都让我深刻地体会到老师们的良苦用心。今后,我也会继续带着工大赋予我的底气与力量,不忘感恩母校与师长,大步迈向建设更美好和谐的人类居住家园的征程中。

三、师长点评

舒夏龙同学自进入大学以来,严格遵守校规校纪,尊敬师长、与人为善。在学习上,扎实学习专业知识,学习成绩在班级名列前茅;在工作中,担任党建中心秘书长等职,积极主动地为学院乃至全校师生服务;在生活中,热心帮助身边同学,细致入微地帮忙,让他成为同学们心中的"龙妈"。祝愿舒夏龙同学在今后的学习工作生活中,不畏艰险、勇敢向前,成为最好的自己!

(辅导员:吕健威)

栉风沐雨，自强不息

李金双，男，河南淅川人，毕业于河南省淅川县第一高级中学，2021级理学院应用物理学专业本科生。在校期间，曾获得2022年全国大学生数学竞赛二等奖、2022年三等学习奖学金。

李金双同学在学习、生活和工作等方面表现优异，学习上秉持认真好学的精神，努力钻研专业课知识，学业成绩名列前茅，同时尽自己所能帮助学业困难同学；生活中待人热情，为人诚恳，言出必行；工作方面，认真严谨，有耐心、肯吃苦，有责任心和团队合作精神。

一、个人事迹

(一)周末的紧急电话

2021年12月，一个周末的晚上，辅导员接到了李金双的电话。电话那头他不停地咳嗽："老师，我感觉胸口很痛，呼吸不过来。"接到电话后，辅导员第一时间赶到他身边进行安抚，并立刻把他送往医院。学生身体发热、打寒战并感到呼吸困难，医生诊断这是急性肺炎发作了。辅导员陪伴他做了各项检查和挂了一晚上盐水，和他谈心，发现了病因。

刚进大学的时候，虽然第一学年的学费已通过国家助学贷款缴纳，但因家庭经济困难，李金双入学时仅带了少量的生活费。为减轻家庭负担，他常利用课外时间参加校内外兼职，有时会出现周末从白天打工到深夜才返校的情况。

最终因长期过度劳累，突发了这次肺炎。

(二)大学的真正财富

辅导员认为，兼职虽然确实能够解决部分经济问题，但从长远角度看，不利于学生的专业学习发展。促进其夯实专业基础才是实现高质量就业的关键，才能根本上解决其家庭困境。在李金双病情好转返校后，辅导员向学院领导反馈了他的情况，在和他谈心谈话后，共同制定了专业发展与经济保障同向同行、全员参与助力成长的帮扶策略。首先，在国家、学校的资助政策范围内给予其最高额度的助学金帮扶，解决其燃眉之急。其次，辅导员推荐学生应聘并担任学生综合服务大厅工作人员，学生为师生服务，在发扬奉献精神的同时能够获取一定报酬。最后，结合其所学专业，为其配备了一名资深学业导师，全程提供学业指导。在学业导师和班主任的联合指导推荐下，李金双进入科研课题组，承担一部分科研任务。

如此一来，李金双不但在专业学习方面能获得较大提升，也在学术科研方面积累了一定经验，同时有了一定经济来源，为将来高质量就业和深造打下了坚实基础。就这样，通过这些工作，他再也不用为每个月的生活费问题而发愁，综合能力又得到了锻炼。他非常上进，愿意花比其他同学更多的时间与精力投入学习。经过一年努力，因学业成绩优异，他在2021年度学生综合素质测评中达到专业前十，积极参加各类竞赛并获得全国大学生数学竞赛二等奖。

(三)感恩的正确方式

除了解决经济上的困难，保障专业学习的良好发展，辅导员每周和李金双谈心谈话，关心他的学习生活，替他剖析大学中面临的问题和挑战，鼓励他好好规划自己的大学生活，珍惜来之不易的学习机会，不断追求更好的自己。后来，辅导员隐隐察觉到他似乎对于受资助这一事情并不是很开心。他说："感觉就这样无偿得到各种奖助学金，是不劳而获，说明我很无用才需要这样的帮助。而且我感觉很愧疚，没有办法报答国家和学校的恩情。"辅导员肯定了他懂得感恩的品质，教育他学生的本职工作是学习，学习优秀就自然应该受到奖励，因此奖助学金都是他应得的。同时鼓励他积极参与学生工作和志愿服务等，做些力所能及的事情，帮助需要帮助的人，增长才干，锻炼毅力，用行动表达感恩之情。

李金双积极抓住每一个锻炼自己的机会,增强与老师、同学的交流,发掘自己的潜能,积极承担各项学生工作和志愿服务工作。他担任班级学习委员,负责自习点名、收发作业、师生信息沟通等工作,为营造班级良好学习氛围作出了良好表率。他还担任学院数理答疑室活动部部长,组织参与线上线下数学物理学科答疑、习题课、学习心得分享等40余场。志愿服务方面,他在2022级新生报到期间担任迎新志愿者服务新生,负责协助校内引导、物资输送和行李搬运等工作,用实际行动践行志愿精神,充分发挥先锋模范作用。

自立自强是他永远的信条,他用自己的不懈努力,已然书写了1/4的充实大学生活。相信他未来定将实现自我价值,提高素质技能水平,健全人格品德,成为国家优秀人才。

二、寄语学弟学妹

初入大学的迷茫可能每个人都会有。我们要学着去为自己设立目标,严格地要求自己,努力学习专业知识。同时要懂得大学里不能只有学习,去接触更多的人,多参加一些活动,开阔自己的眼界。过好每一天的大学生活,回望时方才不会感到遗憾。

三、师长点评

李金双是一个聪明勤奋、有思想有目标的大学生。他善于思考,听课认真,做事仔细,尊敬老师,待人友善,热情为师生服务,具有较强的综合能力。他遇事能冷静分析处理,成绩优秀稳定。相信他会更加努力,取得更好的成绩,成为国家栋梁之材。

(导师:张桂迎)

脚踏实地，心怀感恩

魏祯辉，男，山东泰安人，毕业于肥城市第一高级中学，理学院光电信息科学与工程2002班本科生。在校期间，曾获第八届全国大学生物理实验竞赛（创新）一等奖、第十三届浙江省大学生物理实验与科技创新竞赛命题类一等奖、第十三届浙江省大学生物理实验与科技创新竞赛讲课类一等奖、浙江省大学生物理竞赛三等奖、浙江省大学生高等数学竞赛三等奖、第三十四届浙江工业大学"运河杯"大学生课外学术科技作品竞赛一等奖、第一届浙江工业大学太极拳比赛三等奖、第二届浙江工业大学跆拳道邀请赛竞技男子组八强、理学院"雏鹰杯"一等奖、理学院"畅享杯"三等奖等。

"绝不落下每一位同学"是理学院服务学生的目标。每当新生入学，学院便会主动了解学生家庭情况，有针对性地为家庭情况困难的学生制定帮助方案。魏祯辉就是这个名单上的一员。

一、个人事迹

（一）打牢经济基础

入学前，当他还在为如何准备申请材料而发愁时，学院辅导员便帮助他整理材料，说明情况，最终顺利获得了入学资助的名额。这减轻了他的经济负担。另外，在入学后的每一个资助节点，学院辅导员都会告知他资助的方案，鼓励他勇敢尝试。经过一番努力，魏祯辉获得了国家励志奖学金和学习奖学金。学习之余,他积极参加勤工俭学,工作期间认真负责,工作能力得到了各个用工单位的好评。

(二)发掘创新精神

魏祯辉入学后学年成绩和综合测评成绩都名列前茅,但是并未主动参与学科中的创新型竞赛。学院辅导员了解到,他是担心自己掌握的知识太少,不能很好完成任务,再加上经济上的负担,便觉得竞赛是遥不可及的东西。学院辅导员有针对性地指导他参与大学生创新创业训练计划和浙江省大学生科技创新活动计划(新苗人才计划),获得科技立项的支持,从而解决了资金的问题。在全国大学生物理实验竞赛(创新)讲课类比赛培训指导的过程中,他从一名眼神游离、说话断续,甚至讲完之后一手汗的同学,逐步成长为一名目光坚定、从容不迫,比赛结束后也能轻轻一笑的讲课人。他自己说,是老师们不断地鼓励,每一次培训后充实有意义的建议让他得到成长。正是因为这些鼓励,他有兴趣在周末的时候,找一间空教室,不停地讲上一天,让讲课成为一种乐趣,让他在比赛时对所讲实验的每一处细节了然于胸。一年多的讲课比赛准备过程使他积累了大量文献知识,也变得更有自信了。正是因为资助帮扶计划,魏祯辉走出了自己的小圈子,把自己的长处发挥得淋漓尽致。他说之后一定要继续坚持学业,为工大、为理学院争光,为祖国建设出力。

(三)提升理想抱负

魏祯辉同学取得了以上成绩后,主动向党组织表达了想加入组织的愿望。鉴于对他的考察,物理学第一学生党支部若有外出的志愿服务、支部学习走访,都会邀请魏祯辉一起参与,而魏祯辉也很乐于贡献自己的力量,身体力行实践"为人民服务"这一崇高理想。他说,感谢物理学第一学生党支部给他提供的机会,他在活动中感受到人性的温暖、人间的大爱,感受到帮助他人的快乐。在志愿服务过程中,孤寡的老人、孩子充满渴望的眼睛、关于歌颂人间大爱的歌,切身经历的那些感人场面都让他震撼不已,这种感觉让他在一次又一次情感体验中培育了自己感恩的心。

二、寄语学弟学妹

感谢大学那些一路默默支持和帮助我的人,谢谢帮助我的老师和同学,谢谢我亲爱的理学院,谢谢培养我的母校浙江工业大学,更谢谢我们伟大的祖国,是你们无私的帮助才有我今日的成长,是你们大爱的资助,才让我能安心在这美丽的校园读书,没有顾虑地去锻炼自己。未来希望我也能做得更好,更努力、更勤奋、更坚持,做一个对学校、对社会、对国家有价值、有意义、有贡献的人。希望我能把他人对我的大爱延续下去,在成就自我的同时帮助他人,有朝一日,回馈母校、回报社会、报效祖国!

三、师长点评

魏祯辉同学坚强且努力,在第一次比赛失利后,他并没有气馁,反而更加坚强地打磨了自己的作品,积极向老师请教。功夫不负有心人,经过一年多的准备,他在全国大学生物理实验竞赛(创新)讲课类比赛中,获得了我校第一个一等奖。优异的成绩并没有让他停下脚步,他将继续探索大功率激光测量的奥秘,以回报一路走来得到的帮助。

(辅导员:胡斯诚)

功不唐捐，玉汝于成

江莹莹，女，中共预备党员，浙江缙云人，毕业于浙江省缙云中学，管理学院财务管理 2001 班本科生，曾任浙江工业大学资助服务与发展中心会长、校公寓楼层长。曾获 2021 年和 2022 年三等学习奖学金和国家励志奖学金、2022 年校级优秀学生干部、第十二届管理学院"勤工之星"、浙江省"遥望杯"第十七届大学生电子商务竞赛二等奖、"天平杯"第十九届浙江省大学生财会信息化竞赛一等奖等荣誉称号及奖项。

"功不唐捐，玉汝于成"，从高中开始，这句话就是她的座右铭，是她不断克服困难、砥砺前行的动力。她常说自己不是一个聪明的人，但是一个努力上进的人，她勇于尝试不同的事，敢于克服自身弱点，不断突破自我，在学习道路上奋勇向前，在学科竞赛上严谨上心，在服务学生的工作上兢兢业业，勇担社会责任。

一、个人事迹

(一)跳出舒适圈，上进且自律

自高中起，"勤奋"和"自律"就成为她的代名词，她喜欢与时间赛跑，享受迎接清晨第一束阳光的感受。她始终保持认真且勤勉的学习态度，专业绩点排名始终保持在专业前 15%。主动切断诱惑源是她迎接自律的开始。大一的时候，她仍旧保持着高中的作息，早睡早起，寝室、图书馆、教学楼、食堂"四点一线"，课前预习，课后用思维导图及时梳理所学内容。同时，她敢于挑战自己的弱点，抓住一切可能的机会，任"千磨万砺"，也要克服自己在大众面前说话易紧张的缺点。大一刚入学时，她打算从自己最擅长的领域开始解决问题，她喜欢唱歌，也喜欢英语，因而，她主动提出担任迎新晚会的领唱，参加学院"十佳歌手"的评选，积极在英语课堂上展示，此外，她还主动竞选班长一职，参加各部门的面试，担任辩论赛的主席。经过两年的历练，她明显地看到了自己的进步，欣喜于终于克服了困扰其多年的弱点。

（二）尝试新事物，坚韧且努力

大学生活是丰富多彩的，自己喜欢的事情、能锻炼自己的事情，她都希望去尝试一番。她报名参加了两个社团，在 Base 英语角结交了许多英语爱好者与异国好友，在街舞社寻找最放松的自己。对竞赛进行初步了解之后，她发现，竞赛是她跳出书本、贴近实际的一块好的跳板。怀着这一想法，她从大二开始尝试参加竞赛，初次参赛并没有得奖，但凡事总要踏出第一步。在大二的寒假，她意外获得同学的邀请，负责电子商务财务方面的工作，这也是她第一次将所学理论与项目相结合。通过查阅资料和询问身边有经验的好友，她尝试着编制人生中第一张自制财务报表，由于项目的创新性，她的团队很幸运地通过了初赛，获校二等奖，但进入决赛后，指导老师的要求越来越严格，交终稿前三天被要求对财务报表进行细化修改，那几天是她最难熬、最焦虑的日子，除了吃饭睡觉，她始终停留在财务报表前，询问同学、老师与资深注册会计师，但"功不唐捐"，她准时上交了新编制的报表，这个过程虽累，但是收获累累。大三时，她跟着导师进入了浙江省大学生财会信息化竞赛的案例组，前期案例撰写的过程也是艰难的，花了大量的时间确定主题与框架，撰写每一段文字需要花费大量的时间与精力，与导师和团队成员不断讨论，虽然多次被否决，也会感到心灰意冷，但是她知道这都是不断改进、交出优秀案例文章的必经之路。最挑战自己的还是决赛前一个星期内被通知入围决赛，需要完成 PPT 的制作，她还被选中作为 PPT 汇报者，这对于易紧张的她来说又是一大挑战，经过几十次的练习，她完成了最终的答辩，并获得了一等奖，这次比赛也使其收获了长足的进步。拿到奖项固然是欣喜的,说明自己的努力得到了认可,但她认为比赛更大的意义在于对自身知识库的充实、实操能力的增强、经验的积累与各方面素质的提升。

(三)投身于实践,感恩且自立

"投身于为人民服务的实践是实现人生价值的根本途径",这是高中时她在政治书上常读到的一句话。在大学,她终于通过自身经历真正明白了这句话的意义。

在课余时间,除了积极参加志愿者活动,她还多次参加红色社会实践活动,并努力勤工俭学,用自己正确的教学理念与较强的教学能力,成功帮助两名学生转变学习态度与方法,那是她第一次感受到自身价值实现的喜悦。在校内,她利用学校提供的勤工机会,担任学生综合事务大厅的工作人员,践行"微笑服务,温暖你我"的宗旨,将业务内容牢记于心,礼貌服务每一位前来咨询或办理业务的师生,并在大一学年以工时第一获得了"工作之星"的荣誉称号。得益于这两大校园资助育人的平台,她兼顾了学习与工作,校内勤工工作发放的工资与奖学金完全覆盖了她每年的学费与住宿费,这不仅减轻了她家庭的经济压力,而且锻炼了她自立自强的能力。

在资助服务与发展中心工作期间,作为学生综合事务大厅的工作人员,她主动思考大厅运营存在的问题,积极提出意见和建议,并努力改进实施,让中心的服务得到了更多师生的好评。从工作人员到部门负责人再到中心负责人,她身上肩负的责任也越来越大,虽然有时也因工作压力感到困扰与焦虑,但看到中心的不断发展与受帮助者道谢的笑脸,她便感觉到一切都值得。

二、寄语学弟学妹

请和我一样,相信"功不唐捐",勇于跳出自己的舒适圈,敢于突破自己,不要太注重结果,不要功利化地做任何事,可以把一切都当作经验的积累与自身能力不断增强的过程。希望学弟学妹把握好大学四年的时间,重视学习这一主要任务,亦多参加学生工作、各类竞赛与社会实践活动,敢于踏出第一步。去奋斗吧,努力总有结果!

三、师长点评

江莹莹同学自大学入学以来一直严格要求自己,学习勤奋刻苦,是一个善良、真诚、上进的女孩。她总是时刻准备着,困知勉行,尽最大努力全方位提升自己,并在专业学习、竞赛与学生工作等方面都取得了不错的成绩。希望莹莹能一直不忘初心,砥砺奋进!

(导师:郑梅莲)

拨开云雾见月明，斩破风浪担重任

向红阳，女，中共预备党员，毕业于湖北恩施巴东县第一高级中学，2019 级管理学院工程管理专业本科生，保研至上海大学管理工程与科学方向深造。在校期间，综测专业第一，曾获 2022 年一等学习奖学金、2021 年优秀学生二等奖学金、2021 年和 2022 年浙江省政府奖学金、第十三届全国大学生房地产策划大赛一等奖、第二届全国大学生智能建造与管理创新竞赛应用创新赛道团队二等奖、第八届浙江省国际"互联网＋"大学生创新创业大赛银奖等。

她不是生来就是璀璨明珠，而是一只逐渐蜕变的小小的毛毛虫。大学期间，她完成了从暗淡无光到熠熠生辉的转变、从迷茫无措到坚定不移的蜕化。在这三年里，她学业上持之以恒，稳中求进，严格要求自己认认真真、踏踏实实地对待每一门课程；科研竞赛上激流勇进，不畏惧一次的失败，迎难而上，坚定不移地追求长久的创新与竞争。

一、个人事迹

(一)命运拐点，发奋图强的转化之路

"这短短的一生我们最终都会失去，不妨大胆一些，爱一个人，攀一座山，追一个梦……"青春是时间给予我们的礼物，不可任其如指尖流沙随风逝去，而应该持其之利，御风而行。

向红阳大一时如大多数人一般平平无奇，没有出色的学业成绩，也没有广阔的社交圈。平淡的日子在大一暑假的某一天被蓦然打破，她做出了一个改

变今后人生轨迹的决定:想要有一番作为,想要让自己的大学生活更加丰富多彩。返回学校,她打算从学业上开始自己的"伟大计划",给自己定下了高难度的目标:每门课程的最终成绩在 90 分以上。她深知"取乎其上,得乎其中;取乎其中,得乎其下",相信只有自己的目标足够高远,最终的实际结果才不会令人失望。她开始争坐前排,坚持上课过程中绝不碰手机,认真学习每一门课程。然而突发奇想并不能真正地改变向红阳,很快她便尝到了迎头一棒。大一时,由于好奇,她决定加入机械学院的赛车队,在其中负责新媒体相关事宜。大二开学一个月后随队前往襄阳,揣着玩耍初心的她从未料想到这一旅程竟会醍醐灌顶般警醒她应持的生活姿态和意义。由于赛车队的实力尚缺,没能通过电检进入动态赛,整支队伍遗憾而回。"返程时,整个大巴车都充斥着压抑和迷茫的气息,每个成员的脸上都写着疲倦和遗憾。可是不懂机械的我什么也做不了,没有什么东西可以掌握在我的手里,就像一名战士没有一把趁手的武器。这种无力感我不想再经历第二次,我想,能够把握在自己手里的东西今后我一定要牢牢握住。"向红阳在赛事回顾里如是写道。

经过学校老师的思想引导,她前所未有地感受到信仰的重要性。她相信,只有具备扎实的基础和过人的能力才能在每一行里出类拔萃,才能促进社会进步和发展。即便不能成为"顶梁柱",也要做一颗"螺丝钉"。"咸鱼翻身"的冲动或许是一时兴起,但勤勤恳恳踏踏实实干事的态度她坚持了两年。

(二)求实创新,乘风破浪的修行之路

书本中的知识是巨人肩膀上的风景,没有实践创新就会止步不前。向红阳在大学中参与过许多竞赛,奔走在这条路上的她收获了许多异彩纷呈的机遇。大二的某一天她收到了比赛的组队邀请,怀着异常的激动和兴奋,她立马张罗起队里的工作事务。通过自荐,她成为队长,这是她第一次作为团队的比赛队长,有太多的事情令她迷惑不解,只能紧随着团队去慢慢试探和摸索。可惜的是,团队成员均是第一次参加竞赛,没有任何经验,最终只获得了"优秀奖"。虽然这次的比赛成果不佳,但在整个过程中向红阳得到了许多经验教训:首先,做比赛必须找适当的人选,一群人的冲锋陷阵远比几个人勇往直前要有效得多;其次,做事情要积极主动,踏实肯干,要主动向学长学姐和老师们

寻求帮助,时刻保持谦虚谨慎的态度去学习。

怀着不甘心和抱负,大二下学期她毫不犹豫地报名了全国大学生智能建造与管理创新竞赛。经过院里的笔试和学长的推荐,最终她作为学院代表队伍的成员之一参与这项赛事。比赛涉及许多她未知的知识领域和技能,但学院贴心考虑,安排专业老师进行带队指导,这是她底气的增强剂。针对比赛的内容,她在老师的指导下自学起建筑信息建模相关软件,经过一个月的练习和打磨,掌握了比赛的实操技能。为了这次比赛,她付出了大量的时间和精力,最终获得了全国大学生智能建造与管理创新竞赛应用创新赛道团队二等奖。这次的小有成就给予了她继续前进的动力。

大二的暑假,她参与了房地产策划大赛,这是工程管理专业的重点比赛。在这次的比赛中,她对过往得到的经验教训进行了实际检验。首先,团队成员都是她精心挑选的,择人标准之一便是必须积极进取和认真;其次,制定严格的时间规划和详细的组会安排,成员定期汇报工作;最后,时刻与导师保持紧密联系,及时向导师反馈比赛进展和问题。这项比赛主要是考查学生房地产开发和经营的能力,相关的课程安排在大三学年,向红阳和团队其他成员从未接触过,这增加了比赛的难度。幸运的是,团队成员都愿意主动学习相关知识,积极寻求导师帮助,边学习课程边进行实际操作,向红阳负责该项目的市场分析、项目规划和经济分析模块。功夫不负有心人,经过四个月的努力,向红阳团队最终斩获全国大学生房地产策划大赛一等奖,这也是管理学院自参与这项赛事以来获得的最佳成绩。

这次比赛极大地鼓舞了她,随后她又陆续参加了许多各种各样的比赛,收获了众多奖项。相比首次比赛的"战战兢兢,如履薄冰",现在的她"如鱼得水,信手拈来"。"以前我总觉得自己不会去参加比赛,因为没有突出的能力,我无法参与竞争。但现在我重新审视我自己,我相信自己有足够的能力把比赛做得很好。"

(三)心系家国,不断升华的心境之路

心中有梦想,肩上有责任。大二的暑假里,她与社会实践团队共同探索杭州非遗文化,参观非遗文化博物馆、学习非遗制作技艺。在王星记扇博物馆参观学习时,她发现制扇者少有年轻面貌,意识到非遗文化传承的困境。根据介

绍人的讲述,制扇需要十几道工艺。每一道工艺至少都需要三五年的修行,雕刻的工艺更是需要学习八年以上。这也解释了非遗文化传承困难的原因,非遗技艺学习修行时间长、门槛高,但市场局限,收入不稳定。她深刻地领悟到中国传统文化面临着前所未有的危机,自己作为新时代的青年,有责任、有义务将中国传统文化传承下去。虽然自己不在非遗文化工作的一线岗位,但自己可以为非遗文化宣传作出自己的贡献。团队借助此次社会实践,在实践汇报上讲述了中国传统文化的故事,呼吁大家关注非遗文化的传承,宣传中国精美绝伦的传统技艺。学院对团队的工作给予了充分的肯定,并对团队的优秀作品提供了一定的资金帮助,这不仅是对团队作品的认可,也是对向红阳成长的赞赏。通过这次的实践,她认识到中国还有很多亟待解决的难题,当代青年应该秉持着"只管向上走"的心态,"有一分光,发一分热"。

二、寄语学弟学妹

"去努力吧!"这是我通常对我团队伙伴说的话。无论做什么事情,我们都应该有为目标奋斗的勇气和决心,尽自己的全力去做好每一件事情。大学不应该是连学习都要藏起来的地方,它是我们奋斗学习不需要考虑外物影响的修炼之地。希望你在毕业回想时,也能为自己努力获得的成就而骄傲。

三、师长点评

向红阳表现突出,给我留下了深刻的印象,是一名品学兼优的学生。该学生有较强的学习能力和积极主动的探索精神,专业成绩名列前茅。她有全面的综合素质,科研能力强,在竞赛活动中创造了我院参加全国大学生房地产策划大赛的最好成绩。同时,该学生有较强的管理能力和凝聚力,无论是在竞赛还是小组作业中,她常担任组长,带领团队出色地完成任务。

(导师:屠帆)

心之所向，行之所往

　　沈浴寒，女，中共党员，毕业于嘉兴市第一中学，2019 级经济学院金融（综合实验班）专业本科生，保研至华东政法大学法律（非法学）专业。曾担任经济学院文体部负责人、2020 级新生助理班主任、金融 2201 班党建联系人。在校期间获得国家励志奖学金、浙江省大学生金融创新大赛一等奖、浙江省大学生证券投资竞赛三等奖、校级优秀学生、校级优秀学生二等奖学金、浙江省政府奖学金、校"运河杯"大学生课外学术科技基金立项、校一星级志愿者等荣誉。

　　自从进入大学，学院便积极了解沈浴寒的家庭情况，向她介绍党和国家、学校及学院的资助政策，并主动给予她经济上的资助；她顺利申请到了国家二等助学金，获得了日常参与学院及学校勤工工作的机会，在一定程度上为家庭减轻了经济负担，也为她能够更好投入学习、工作和生活开辟了道路。这份资助不仅是物质上的，而且是精神上的鼓励和鞭策。学院辅导员定期组织面谈，了解沈浴寒的近况并给予其帮助，同时积极提供职业生涯规划指导，清晰介绍保研、考研和就业各自的利弊，在很大程度上缓解了她对不确定未来的焦虑和迷茫情绪。

一、个人事迹

（一）成长收获

　　心无旁骛，一步一个脚印；志在冲天，振长策、击长空，诵君子清芬。在资助政策和大家的帮助下，沈浴寒得以安心学习和刻苦钻研。沈浴寒依托着关心和爱，勤奋刻苦，认真负责，在各个方面均取得了一定成绩。

在专业学习方面，她在认真研读课本知识、夯实专业基础的同时，主动与老师沟通，及时解决学习中的困惑，加深对知识的理解，精益求精，取得了较为满意的成绩。前三学年绩点排名位列专业第四，核心专业课成绩优异，多次获得浙江省政府奖学金、国家励志奖学金等。

在学科竞赛方面，她抱有发展的眼光和求真的决心。她作为队长，带领组员以问卷、电话、实地走访等方式对"红色共富贷"惠农产品进行调研，探索"党建＋金融"新模式，斩获浙江省大学生金融创新大赛一等奖；基于"双碳"目标，选取新能源汽车行业和垃圾分类行业部分潜力股进行模拟操作，获得浙江省大学生证券投资竞赛三等奖；立足双碳背景，设计、发放并回收500余份调查问卷，实证检验居民认知和态度对碳中和支付意愿行为的影响，并进行中介效应检验，成功申请获得浙江工业大学创新训练计划项目立项。

在学生工作方面，她曾担任经济学院文体部负责人、2020级新生助理班主任、班级学习委员，不仅出色筹办了学院迎新晚会、十佳歌手、新年晚会、西湖毅行等文体活动，帮助新生融入校园生活，而且在丰富的学生工作中培养了全局观念和细节思维，提高了平衡取舍能力和办事效率，牢固树立起团队合作观念。

(二)感恩回馈

羊有跪乳之恩，鸦有反哺之义。沈浴寒认为，没有什么比亲身经历更令人难忘，资助照耀了她，她也当将这束光的温暖传递下去。

作为贫困生党员，她以充分发扬党员的先锋模范作用为自身义不容辞的责任，同时她也利用党员身份冲锋在前、帮助他人，进一步培养自己的奉献精神。她主动报名成为经济分党校红小星，担任金融2201班党建联系人，帮助心怀党志的同学靠近党组织，配合党组织做好党务联系工作。

作为学院资助宣讲人，她积极宣传资助政策，成功帮助许多困难同学尤其是新生申请资助，让资助政策更好地惠及更多人。

沈浴寒还以极高的热情投入志愿服务，尤其是志愿服务于相对弱势的群体,累计志愿者工时近 200 个。她加入了蓝信封留守儿童关爱中心,成为一名蓝信封通信大使,与一名河南周口的留守儿童进行一对一书信往来,陪伴其成长;积极参与蔻德罕见病中心组织的志愿活动,帮助搭建流动爱心小帐篷集市,用爱心义卖的方式为罕见病患者募集捐款,用科普宣传的方式呼唤社会各界对罕见病患者的理解和关爱。

被阳光照耀过的人,会记着这束光,更要用自己的光,把温暖传递给其他人。家庭状况囿她作茧,资助政策从物质和精神两方面协助她破茧,自身成就和温暖扩散助她成蝶。资助不仅是接济,而且是成就,使她从接收光亮到主动散发光芒。

二、寄语学弟学妹

百围之木,始于勾萌;万里之途,起于跬步。路虽远,行则将至;事虽难,做则必成。前程越是广阔,就越需要我们去开拓;梦想越是伟大,就越需要我们去拼搏。脚踏实地,埋头苦干,积跬步以至千里,我们一定能把宏伟目标变为美好现实。

三、师长点评

沈浴寒同学勇于突破条件所限,志存高远,信念坚定,有钻研精神,专业基础知识扎实;对工作认真负责,责任心强,有较强的组织协调能力和团结合作精神,注重理论联系实际。她待人礼貌,性格开朗,团结同学,尊敬师长,具有良好的人际交往能力。她知恩念恩,心存感恩,积极反哺社会,参与公益活动。

（导师:叶子涵）

追光而遇,沐光而行

　　王紫晨,女,中共党员,毕业于浙江省三门中学,2019级经济学院金融学专业学生,保研至暨南大学。在校期间,曾参与浙江省大学生科技创新活动计划(新苗人才计划)、校"运河杯"等多类科研立项,荣获浙江省第十三届"挑战杯"大学生创业计划竞赛银奖、浙江省第十七届"遥望杯"大学生电子商务竞赛本科组二等奖、"杭州银行杯"第六届浙江省大学生金融创新大赛三等奖,曾获评国家励志奖学金、校级优秀学生一等奖学金、校级学习二等奖学金、校三星级志愿者等奖项及荣誉。

一、个人事迹

(一)专业学习,学海无涯寻真知

　　"立身以立学为先,立学以读书为本",她深知作为学生以学习为本,无论是想实现自身的价值,还是想在社会中具有竞争力,都必须以良好的专业知识作为基础,因此,她始终把学习放在首位,以"厚德健行"的要求来提高自己,发展自己,注重培养自身的实践能力以及全方位的思考能力,明确自身的学习目标,锻炼自己的学习能力,保持不骄不躁的心态。同时,她参加了学院"济梦辅导员沙龙"活动,了解学院的资助政策,通过经济上的补助减轻家庭负担,通过理想树立和价值引领为学风提质赋能,引导她锚定人生目标,激发内生动力,努力成为一名"经邦济世、奋楫先行"的新时代卓越经济学子。

(二)学科竞赛，精勤求学稳提升

为了把学到的理论知识落地，她曾多次作为队长带领团队参加各类学科竞赛，累计获得省级、校级奖项若干。2021年10月，在学院"小青禾"创新创业成长计划的帮扶下，在青年骨干教师的指导下，她和团队成员以顶梁柱健康扶贫公益保险为例，研究我国当前农村因病致贫、因病返贫的现象，利用"贫困—疾病"陷阱理论、4E理论和项目"政府支持＋公益组织筹资＋互联网运作"新型运作模式的特点，分析公益保险在精准扶贫当中的成效，荣获浙江省大学生金融创新大赛三等奖，实现经济资助、知识辅助、人际互助"三助合一"。2022年6月，她作为队长，带领团队成员以浙江省人民医院为样本，围绕医疗实验室的信息化管理提供"智慧＋"解决方案，设计软硬件一体化的智慧实验室综合管控平台，通过市场调研、实践走访、计划书撰写、路演汇报等一系列工作，最终形成5万余字的商业计划书，项目荣获浙江省大学生电子商务竞赛二等奖。"知之愈明，则行之愈笃"，从专业学习的主动探究，到实践中的执着追索，一腔热爱促使她不断突破自己成长的天花板。

(三)科研探索，钻坚研微探未知

"行百里者半九十"，随着理论学习的不断深入，她深知培养自己的学术素质、提高自身科研能力的重要性，她积极主动参与科创项目的主持和立项，2021年9月，她和团队成员成功申报大学生课外学术基金立项《以"碳"易"金"，市场生花——上海碳交易试点案例分析》并成功结项。在学院的资助和支持下，项目以我国碳达峰、碳中和作为研究背景，以2013年全国首批碳交易试点城市上海为研究对象，结合外部性理论、产权理论和波特假说分析我国开展碳交易工作的必要性，从环境效益、经济效益、技术进步三个层面探究上海市碳交易减排成效，并对存在的问题提出对策建议，总结发展经验，提升了创新创业能力，助力困难学生成长成才。

(四)实践经历，躬体力行炼自我

在学习和科研之外，她也注重自己的全面提升，工作认真负责，乐于奉献。

一直以来与同学相处融洽,建立了良好的人际关系,获得大家的信任和支持。2021年6月,为了走出塔尖看社会,扎根基层听民心,她和团队成员前往浙江德清进行暑期社会实践调研,走访地理信息产业园、欧诗漫集团、砂村等地,总结当地智慧经济、红色经济、民商经济和绿色经济发展模式,最终实践成果荣获全校第三名。作为一名光荣的共产党员,她思想上始终自觉与党的政策方针保持一致,牢记全心全意为人民服务的宗旨。2021年9月,她担任学院金融一支部党支部副书记,一直坚持"在其位谋其政,担其职尽其责",统筹支部党建工作和党日活动,开展各类党日活动累计15次,服务支部党员100余人,切实起到学院和同学之间的桥梁纽带作用,在党支部年度评议上被评为"优秀",并获得"党建之星""优秀党务工作者"的荣誉称号,同时,加入学院朋辈学习互助小组,担任学习组长,帮助经济困难、学业困难的学生提高学业水平,向家庭经济困难学生传授学习的经验和知识,通过良好的党员形象引领困难学生的价值塑造。

二、寄语学弟学妹

无人问津也好,技不如人也罢,你都要试着安静下来,从当下这一刻起,拒绝内耗,做行动的巨人,而不是让内心的烦躁、焦虑毁掉你本来就不多的热情和定力。在该奋斗的岁月里,对得起每一寸光阴,相信命运从不会偏袒任何人,却会眷顾一直朝着光亮前进的人。

三、师长点评

该生日常表现优秀,学习方面勤奋刻苦,目标明确,有较强的执行力和管理能力。工作方面认真负责,积极主动,会自主思考,提高工作效率。希望该同学可以继续努力,不断进步,在研究生阶段做出更好的成绩。

（导师：佘德容）

星星之火，小而不微

小云，女，中共党员，陕西安康人，本科毕业于西藏民族大学，浙江工业大学教育科学与技术学院 2020 级教育学专业研究生。曾获"尚德学子"奖学金、中国大学生自强之星、研究生二等奖学金等荣誉。

从农村小姑娘到如今硕士研究生，小云一步一个脚印，走出了属于她的人生之路。

一、个人事迹

（一）逆流而上，圆梦大学

初中毕业的暑假，小云就开启了兼职之路，每天 20 元，她赚到了自己的第一桶金 600 元，给养母买了一部手机，给自己交了学费，从那时起，每逢假期她都会去赚自己的学费和生活费。作为村里第一个大学生，小云没有从家里拿过一分钱，偶尔还会给养母寄钱贴补家用，几乎所有周末以及寒暑假她都兼职赚钱，在自己的努力和学校的资助下她自立自强，完全实现了经济独立。她利用课余时间不断提升自己，考取教师资格证、辅修第二学位经济学并考取初级会计证、全国计算机二级证书等，获得全国大学生创新实践活动团队最具创新项目三等奖、三好学生奖等荣誉。

（二）提升自我，未来可期

因为本科毕业之后依然想继续提高自己，小云一边工作一边学习考取了浙江工业大学教育学专业研究生。入学后,学院领导、辅导员以及同学等的关心使她很快融入学院大家庭。她是班级团支书,也是学院的研究生助管,这让小云在日常学习之外,还能够开阔视野、补贴家用。辅导员总是说"找不到其他学生干部帮忙时,找小云准没错!"勤勉的小云总是努力平衡好学生工作和学术研究的关系,在校期间,收获颇丰:以第一作者身份发表北大核心论文一篇和学校 B 类论文一篇,另有一篇在投,参加浙江工业大学"运河杯"大学生课外学术科技基金项目课题,以第一负责人身份完成院级立项并结题两项等。此外,她还获得了"尚德学子"奖学金、中国大学生自强之星、研究生二等奖学金等奖励和荣誉称号。

(三)心怀感恩,不忘初心

小云总说这一路走来,幸得党的帮助和学校的栽培,尤其是进入研究生阶段,学校、学院对家庭经济困难学生这部分特殊群体给予了特别关怀和人文关照,像"冬日精美的慰问品""特殊党员慰问金""只公布特困学生学号"等举措,每一件暖心事都被她牢记在心。她深刻记得学院的组织员赵老师,不仅在生活上对她关心有加,甚至自掏腰包提前垫付给她发放慰问金(因为学校整体较晚一点),她一直把这份感动默默铭记于心。作为党员,她时刻想着回报社会,在学习之余,积极参与各项志愿者服务活动和实践活动,研究生期间累计志愿者服务时长 80 个小时,无论是无偿献血的活动现场还是开学迎新的引导站点,都能见到她忙碌的身影。她把研究生生活过得丰富而多彩,她说想尽自己所能报答学校、感恩国家。

二、寄语学弟学妹

别人可能觉得我的遭遇很不幸,但在我看来,这一切都是恩赐,也是财富,没有这样的环境和经历,也不会有今天自立自强的我。我常常对自己说"我是打不死的小强,只要全力以赴了,就不后悔",也坚信那句"我命由我不由天"。所以,不管你此刻处于什么样的困境,你只要想想比我们困难的人那么多,他们都在努力拼搏,他们可以,我可以,你当然也可以！对了,别忘记及时奖励和肯定自己,慢慢来,我们虽是点点星火,但拼尽全力也会点亮属于我们的一片星空。

三、师长点评

小云同学在思想上积极要求进步,学习刻苦认真,尊敬师长,乐于助人,学习自主性强,成绩优良,生活中能够严格要求自己,能够较好地完成老师交给她的各项任务,具有较强的团队协作精神,是一名品学兼优的好学生。

(辅导员:徐卓瑶)

踏荆棘而来，捧丹心立世

张瑶，中共预备党员，浙江丽水人，浙江工业大学教育科学与技术学院计算机科学与技术（师范）专业本科生，在校期间担任班级学调委员、学院学生会文体部负责人、新生党员领航员，多次组织学院大型晚会活动，曾获国家励志奖学金、学习三等奖学金、优秀学生二等奖学金、院级优秀团干等。张瑶一直有清晰的目标，对自己有一定的要求，学习、学生工作、志愿服务全面发展，她也在努力改变自己的人生。

在学院这个大家庭成长，是张瑶不断进步的重要原因之一。在学院老师的传授与辅导下，张瑶能够在专业知识上钻研得更深刻；在学院学生会中工作，张瑶的组织沟通等工作能力得到更大的提升；在年级辅导员的关怀和照顾下，张瑶解决了许多生活上的困难；在学院浓厚的志愿服务氛围下，张瑶感受到了爱与被爱，懂得了反哺社会的真谛。因此，在学院的照顾和鼓励之下，张瑶重拾信心，更加努力奋斗，回报学校和社会。

一、个人事迹

（一）志存高远，脚踏实地

从小乡村到大城市，张瑶父母供她念书花了不少钱。每个寒暑假和平时的课余时间，张瑶都坚持做家教或者实习，这样不仅能够赚取生活费，还能借此机会锻炼自己的师范生技能。虽然在兼职过程中遇到过一些困难，但经过辅导员老师的帮助，张瑶调整了自己的学习、工作时间，能够更好地兼顾学习和生活。通过课外兼职和奖学金，张瑶能够承担大部分学费和生活费，为父母减轻了不少负担。

在专业学习上，她总是尽力弄懂每一个知识点，由于计算机专业的实践性，她时常敲代码到深夜，只为解决一个小 bug（漏洞）；面对师范专业的知识，她也经常模拟授课、琢磨教案，努力成为一名优秀的教师。课外，她积极参加大学生英语竞赛、"运河杯"大学生课外学术科技基金项目课题、ACM 国际大学生程序设计竞赛、大学生创新创业训练计划等竞赛和科研项目。

张瑶从小到大都是一个热爱学生工作的人，大学期间，她加入院文艺部并成了负责人，举办学院的特色晚会。她觉得学生会是一个大家庭，在其中也感受到了许多温暖与快乐，她想把这份温暖传递下去。她还是班级的学调委员和新生党员领航员，"有一分热，发一分光"，学院对她的栽培和信任让她有了前进方向，也让她更愿意投身于学生工作。

（二）志愿服务，助人助己

在社会实践和志愿服务方面，张瑶参与了许多活动。大一暑假期间，张瑶前往贵州丹寨的一所乡村小学支教。在那里，她担任语文、地理老师，也带小朋友们上音乐课、体育课。她时常备课到深夜，只为给小朋友带去别开生面的有趣课堂，比起课内知识，她更愿意传授一些课堂以外的知识，拓宽小朋友们的视野。她说，自己也是从山里走出来的孩子，她想带他们看看山外的世界。回校之后，她依然坚持参加学院承办的"烛光"线上支教志愿活动，利用课余时间给屏幕另一端的小朋友带去一些新知识和学习的新方法。

2023 年 9 月，张瑶成了杭州第 19 届亚运会的志愿者，获得"三星标兵"的称号，还作为代表参与了央视的采访。她用实际行动为亚运会的成功举办贡献了自己的力量。这次活动不仅让她锻炼了自己的组织能力和团队协作能力，也让她深刻体会到了为大型赛事服务的乐趣和成就感。"志愿从心，不计回报，只要我们人人都献出一份爱，这个世界定会有一个更好的明天"，这也是张瑶把自己很大一部分时间投入志愿服务的原因。

（三）乘风破浪，砥砺前行

张瑶说，进入大学之后，她感受到了学院和学校的温暖。在冬季，学院会准备实用又精美的慰问品;在平日,年级辅导员会在生活上给予关心帮助解决困难;学校的资助和奖学金的帮助,让她可以安心读书。

大二暑假,张瑶凭借良好的成绩、较强的工作能力和志愿服务经验,成功获得了参与"泰隆之星"港澳交流活动的机会。这次活动让她有机会与来自不同地区的优秀青年交流学习,这不仅拓宽了她的视野,也让她更加坚定了为国家和社会贡献力量的决心。她想让自己的大学生活变得更加精彩且有意义,拥有优异的成绩,成为一名优秀党员,向研究生方向努力……这些都是她的目标。她一直把一路走来得到的帮助默默放在心里,把心中的感激转化为学习和工作上的热情和努力,承载着国家对她的支持和期望,坚定她追求幸福的决心,去努力、去奋斗、去回报学校和社会,成为"有用的人"。

二、寄语学弟学妹

其实我一直是一个比较自卑的人,但从小到大一路以来,我得到许多人的帮助,感受到无数温暖与关怀,他们肯定我、鼓励我、帮助我,让我得以继续学习,让我更加独立和自信。在黑暗中点燃的灯会更明亮,在沙漠中开出的花会更美丽。助学的存在,让无数家庭得以减轻压力,让我们能够享有公平而有质量的教育。于是,千千万万个我们的努力,也回馈了社会,叠成了国与家的安宁图景。

三、师长点评

该生谦虚谨慎,勤奋好学,注重理论和实践相结合,能将大学所学的课堂知识有效地运用于知识实践中,认真听取老师的指导。她做事认真,对自己喜欢的事情有热情,有自己的课外学习计划,综合素质优秀。她在课余时间会参与学术竞赛和科研项目,能够较好地完成老师交给的任务,具有较强的团队协作精神。希望该生再接再厉,成为一名优秀人才。

(导师:刘迎春)

用心追梦，用自信去圆梦

徐一情，女，中共党员，浙江杭州人，2015级外国语学院英语专业本科生，保送至上海交通大学高等教育学专业攻读硕士研究生，毕业后担任上海工程技术大学航空运输学院（飞行学院）辅导员。在本科期间担任浙江省学生资助宣传大使、"小黄丫"校园公共自行车服务中心副主任、外国语学院团委学生会副主席、"麦田中心"主任、外国语言文学类1705班助理班主任、外国语学院学生第二党支部副书记等职务；曾担任第三届、第四届世界互联网大会（乌镇峰会）重要嘉宾接待组志愿者。在校期间，曾获得2018年浙江省学生资助"最美爱心人物"TOP20、2018年度浙江工业大学十佳大学生提名奖、2018年国家励志奖学金、2016年浙江工业大学优秀团员等荣誉。

追寻梦想，砥砺前行。徐一情出生在浙江富阳一个普通家庭，母亲因为身体抱恙需要长期治疗，父亲是家庭经济的唯一来源，父亲所在工厂常年效益欠佳，家庭经济状况十分不好。进入大学后，徐一情在学院资助育人体系"麦田计划"的"哺育"下茁壮成长，被填平心理洼地的她，积极主动参与各项活动，提高自己各方面的能力。学习上，她脚踏实地，成绩名列前茅，曾获得过两次国家励志奖学金；工作上，她严谨细致，在学生工作中担任骨干，作为学院资助工作学生团队负责人，为资助育人注入了新动力；社会实践上，她乐于奉献，积极参与各项竞赛与志愿服务工作，用自己的实际行动诠释作为大学生的责任与担当。

一、个人事迹

(一)相遇麦田，寻找自己的无限可能

2015年，徐一情作为新生提前三周到校，参加学院为家庭经济困难新生组织的大学前置体验式成长实践活动——"麦田行动"。这段经历是她在大学生涯中浓墨重彩的首章，徐一情有幸比同年级同学提前适应并规划大学生活，为她日后的成长进步奠定了坚实的基础。作为"麦田学员"，在麦田班的第一次班会上，徐一情在班级树上画了一个太阳，希望能在大学里成为一个有温度的人，像太阳一样散发光和热。徐一情觉得真正优秀的人，不是只专注于个人的成就，而应将这份温度与力量传递给更多的人。大学四年，徐一情一直不忘初心，从被学长学姐领进校门的懵懂新生变成了引领新生大学生活的领路人，发挥着榜样力量。

(二)寻找热爱，用心做一名生活感知者

除了学好专业知识，她还是一名微博认证的摄影博主，她的各种摄影作品有四季变化的校园，有寻常事物的记录，还有不同类型的写真……她的作品就像她本人一样，不断尝试着新的风格。怀着对摄影的热爱，徐一情用镜头记录下生活中美好的细节。而相机，是她大学四年里最长久的陪伴者。出于对艺术的热爱，徐一情与雕刻结下了不解之缘。作为"执刀"雕刻社的前任社长，徐一情不断提升着自己的篆刻水平，在她看来，"刻下去的每一刀都要有情有义"，为"传统文化赋予新生命"。她和雕刻社的创始人一起成立了"浮石"工作室，通过不断创新，她们将篆刻与项链、挂饰等小物件相结合，希望能引起更多年轻人对传统文化的关注，在赋予传统文化新生命的同时，为民间艺术复兴尽绵薄之力。

(三)追求卓越，向着更高的目标奋斗

在校期间，徐一情拍过一组照片，取名为《图书馆的日落时分》，光影交织

的书架上立着一排一排的书,那是她学习环境的真实写照。"我从未与人讲过准备保研过程中的事情,因为太苦涩了。每天除了学习,还有很多事情。不仅有学生工作,还要参加比赛,而当时也是课程压力最重的时候。"凭着专一持久和耐心以及面对压力和挫折的良好心态,徐一情在追寻梦想的道路上勇往直前。在成功保送至上海交通大学后,徐一情表示"本科阶段的我虽有很多荣誉,但我打算在研究生阶段抛开所有的光环,潜心学术,成为优秀学子,接着成为一名光荣的人民教师"。

用爱发光,在奉献中绽放青春光芒。大学时徐一情曾在寝室楼发放校报,在西湖景区引导游客,也曾在乌镇接待世界互联网大会的嘉宾,她践行着"奉献、友爱、互助、进步"的志愿者精神,她在受助思源思想的指引下帮助他人。

二、寄语学弟学妹

通过外国语学院"麦田计划",我实现了从受助到自助再到助人的蜕变。离开了工大,我始终牢记学校资助工作对我成长的帮助和影响。在上海交通大学的三年,我努力学习高等教育学知识,打好研究基础,顺利拿到了学位。同时,我也利用课余时间在上海市教育委员会德育处实习了 9 个月的时间,有机会从宏观的角度了解更多育人工作的方方面面。最终,我如愿以偿地成为一名辅导员,传承我在"麦田计划"中耳濡目染学到的育人理念。我希望我自己可以永远牢记在"麦田计划"中学到的育人初心,成为一名合格的辅导员。

三、师长点评

徐一情在大学期间积极参与学院资助工作,她从大一时,作为受助"小麦种",感受到了国家各项资助政策和学校老师同学带给她的温暖。到了高年级之后,徐一情用实际行动参与学生资助工作,实现受助、成长、感恩、回馈的蜕变。

(辅导员:方啸虎)

扎根麦田，向阳生长

徐熠龙，男，中共党员，毕业于浙江省桐庐中学，2019级外国语学院英语专业本科生，保研至北京语言大学语言智能与技术专业直博。在校期间，曾担任外国语学院语林先锋领航中心副秘书长兼外国语学院青年马克思主义分校长，曾获2020年和2022年国家励志奖学金、2021年浙江省政府奖学金、2021年校优秀学生、2021年外国语学院优秀团员等荣誉。本科期间参与"小语带你看中国——语林先锋'百年回望溯初心'社会实践活动"发展性资助计划，获评学校优秀项目。

徐熠龙出生于浙江省杭州市桐庐县的一个普通农村家庭，父亲是小区安保员，母亲也是普通员工，奶奶早逝，爷爷失业在家需赡养，母亲被诊断出疾病，亟须手术费及医药费。在校期间，他通过申请助学金为家庭减轻负担。

一、个人事迹

（一）幼小麦种，静待发芽

小时候，徐熠龙在身边长辈的谆谆教导下成长，他的父亲教授他一些生活技能，母亲则教导他为人之道，叔父作为一名森林防护员，会把一些党的学习理论以及学科知识传授给他。小学时，在教学楼前的小广场上，伴着响亮的少先队员进行曲，徐熠龙第一次佩戴上鲜艳的红领巾。那时候，他认为红领巾象征着荣誉，是需要不断努力去维护的珍宝。他常常严格要求自己，认真规划学习计划，最终考取浙江工业大学。

大一初来学校,徐熠龙对大学校园生活的每一处细节都充满好奇心和热情。他参加了许多学生组织和社团,作为一名受助学生,徐熠龙也是外国语学院"麦田班"的一员。开学前,他在学校老师的带领下,参与"麦田行动",提前来到校园,熟悉大学生活。课余时间,徐熠龙也会走出校园,以骑行的方式探索杭州,杭城各地的图书馆、书店以及许多风景优美的地方都留下了他的足迹。

整个大一学年,徐熠龙在学院资助文化的滋养下,不断尝试新鲜事物,探索未知的挑战,宛若一颗静待发芽的麦种,为破土而出积蓄力量。徐熠龙从梭罗的《瓦尔登湖》中寻找精神的启迪,在尼采的《查拉图斯特拉如是说》中思考生命的意义,在苏格拉底的《斐多》中追寻生与死的关系。

(二)麦田浇灌,破土生长

在思考和行走中,徐熠龙满怀收获。大二时,因为课业内容逐渐繁重,个人性格和学习能力差距开始显现。徐熠龙在面对考试挫折、学业压力时,开始思考"我为什么要学习""我的学习目的是什么"等问题。在经历各种失败之后,这种内心的矛盾更加凸显,有时他也会觉得力不从心。为了解决这个问题,徐熠龙开始重拾阅读的习惯,试图从书籍中找到答案。与此同时,他也寻求学院"麦田班"老师和同学的帮助,渴望在交谈中,得到启发。

一次偶然的机会,徐熠龙在图书馆初遇计算语言学。在茫茫的语言学文献中,他拿起俞士汶、黄居仁先生的《计算语言学前瞻》,翻开序言,他仿佛发现了文理结合学科新天地,并对计算语言学渐渐产生了浓厚的兴趣,于是开始拜读学术巨人的著作。课余,他阅读研究起厚厚的两本英文著作,积淀自己的专业知识。功夫不负有心人,在兴趣和努力的驱使下,徐熠龙在学院老师的引路下,收到了语言智能教学国际会议的听会邀请,在与会学术教授的熏陶启发下,激起了内心对计算语言学更深层次的热爱。

(三)暖阳相伴,金穗饱满

所有的收获是离不开坚持不懈地努力的,醉心于学术理想的过程中,徐熠龙还要协调好学生工作和学习。大三期间,他担任外国语学院语林先锋领航中心副秘书长兼青年马克思主义者学校外国语分校长,负责协助学院党委党建工作，参与组织多期党校结业典礼，举办升旗仪式等大型活动。这些经历提高他的组织策划及应变能力，也帮助他在规划科研项目时，能够兼顾独立与合作，兼具完备的筹划与高效的执行力。

不断前行，终将满载而归。徐熠龙参与各类学术竞赛，荣获第十一届全国口译大赛浙江赛区三等奖、浙江省大学生英语写作竞赛选拔赛三等奖、第七届"LSCAT 杯"浙江省汉译英笔译大赛二等奖等奖项。在谈及大学生活时，徐熠龙说："我的大学是忙碌的，我从中找到了大学的意义，我也希望通过我自己的成长案例，让更多同学能够得到启发。"

向阳而生，发荣滋长。徐熠龙用他的行动感染着"麦田班"的其他同学。保持思考、热爱阅读、追求上进，成长的道路本就不会一帆风顺，但相信，徐熠龙会在今后的道路上怀揣理想壮志，走向更广阔的舞台。

二、寄语学弟学妹

大学是一个人成长锻炼的最佳舞台。我在外国语学院不断尝新，探寻自我，最终成功地抓住了直博的机会。在我的成长道路上，离不开我身边每一位老师与同学的助力和守望，同时在"麦田班"，我也感受到资助工作对我润物无声的影响。今后，我将继续静心、沉淀，再启航！

三、师长点评

徐熠龙在大学期间积极刻苦勤学，寓学于乐，各学年绩点始终保持在年级前列。生活中，徐熠龙喜欢阅读哲思性散文，通过阅读探寻人生的意义，不断追寻真理，追求自我。此外，徐熠龙还组织参与各类创新创业活动，用实际行动影响和带领身边的同学。在学院"麦田班"资助学生分享会上，徐熠龙将自己在大学期间的成长感受分享给低年级同学，反响热烈。

（辅导员：方啸虎）

心怀赤诚，逐光前行

郑德香，女，中共党员，毕业于山东省诸城市实验中学，2019级人文学院汉语言文学专业本科生，保研至南京师范大学。曾任校组织部门负责人、班级心理委员、留学生助教、办公室助理等。在校期间曾获浙江省政府奖学金、一等学习奖学金、优秀学生一等奖学金、校级优秀学生、院级优秀团员等荣誉。在校期间积极参加各类竞赛，获2020年全国大学生英语竞赛三等奖、2022年中国大学生广告艺术节学院奖优秀奖、校第三十三届"运河杯"大学生课外学术科技作品竞赛二等奖等奖项。

"厚德健行"既是浙江工业大学的校训，也是郑德香的座右铭。她心怀赤诚，逐光前行，以青春和行动彰显了工大学子的精神和力量。

一、个人事迹

（一）业精于勤，笃学不倦

初入大学的她像一匹脱缰的野马，每日在新鲜感和自由感中无拘无束，早已忘记学习为何物。结果，曾经信誓旦旦想要保研的她，看着大一的成绩单陷入了懊恼和自责。自此，她开始认真听课，为了让自己把专注力放在学习上、提高课堂听课效率，她每次上课争坐前排，让自己的思绪跟随老师的节奏。她觉得听课过程中得到的启发和思考不是分数可以衡量的，跟着老师的上课节奏，她总能体会到思维碰撞带来的快感。她一改之前怅然若失的状态，开始平衡好学习、生活和学生工作，让自己的大学生涯充实舒畅。日复一日，她的中文素养也在这个过程中逐渐提升，她的生活日渐忙碌充实，正是这种踏实笃定的坚持、日复一日的积累，助力了她三年的学习成绩，最终在专业排名前三。

(二)学以致用，乐观探索

除了专业课的学习，在大学期间她更加想要去尝试、去认识自我、去突破自我。因此她不断挑战自我极限，改变自我。在辩论赛中，她尝试改变以往内向的性格，勇于表达自己的观点，积极与室友开展商议，进行思维的碰撞，虽然决赛败北，但她认识到自己思维方式和现场发挥能力的不足，开始了自我突破之旅；在"运河杯"比赛中，她初次作为项目小组负责人，从选题、前期资料准备，到实地调研再到最后的报告撰写，每一步都是艰难的，但每一步都在帮助她成长。2021年整个暑假，她坚持每天寝室、图书馆和食堂三点一线的生活，自侃做到了坐一个暑期图书馆的"冷板凳"。"时光流逝却不自知，饥肠辘辘却未有感，每次从报告的世界抽离出来都恍如隔世"，这是她对当时时光的回忆。当终稿在学院书面评审中获得前几名的成绩时，她的喜悦之情溢于言表。她深刻感受到，科研和比赛对于思维境界、社交能力和合作能力的提升远不能仅靠课本上的知识。虽然迈出科研和竞赛的第一步很难，但是不尝试永远都不会成功，尝试了便有一半的概率迈向成功。所以她认为大学一定要乐观探索、大胆尝试。

(三)全面发展，知行合一

大学课余生活既可以沉闷无味，也可以多姿多彩，而她无疑选择了后者。刚入大学的她仍旧牵挂着家里的情况，但进校后了解到学校有各类补助，她深知自己教育机会的来之不易，感恩每年获得奖助学金、冬季慰问、饭卡补贴、交通补贴等，这些都让她收获了太多太多的温暖，对此心怀感恩，也愈发珍惜自己大学的平台，在做好学生本职工作的同时，积极投入学生工作、志愿者服务，有一分热，发一分光。大学期间担任过校组织部门负责人、班级心理委员、留学生助教，在这些工作中锻炼自己的工作能力，结交来自不同专业、不同国家的朋友。她还积极报名志愿者活动，累计工时100小时，从学院迎新、浙江省人民医院到西湖停车场再到社区基层,她在奉献着,也在成长着。大学期间,她也会通过自己的努力来减轻家庭经济负担,在综合事务大厅、办公室和"聚心 e 家"都能看到她做勤工的身影。

二、寄语学弟学妹

大学生活是一把双刃剑,既可以使人迷失,也可以让人飞速成长,选择权就在我们自己手中。我认为大学带给我最大的收获是"认识我自己",在不断地认识自我后提升自我、挑战自我。当然,成功的定义从来不是单一的,希望学弟学妹们能够减少内耗,关注自身,"不在宏大叙事下做无益的组成,在最接近个体的世界里成长"。这样,总会发现一个不一样的自己,总能收获属于你的多彩的大学生活!

三、师长点评

郑德香同学在校期间始终以高标准要求自己,学习上勤奋刻苦,寻求突破,步履坚实,每学期都在稳定进步;工作上踏实负责,无论是部门工作还是班级事务都能在高质量完成的基础上融入自己的思考和人文关怀;学习之余,她也积极参与校园文化、志愿活动,展示中文青年风采。面对自己,她善于反思,长于鞭策;面对师长,她热情友好,真诚明媚。

(辅导员:余俊)

满腔热情绘山河画卷，
奋斗青春淬城市筋骨

设计与建筑学院　　徐慧涛

徐慧涛，男，中共党员，浙江温州人，毕业于浙江省瑞安中学，设计与建筑学院城乡规划专业 1802 班本科生，保研至重庆大学建筑城规学院社区规划理论与方法方向深造。曾参与永嘉、泰顺、海宁等未来社区建设项目，斩获 2021 年全国高等院校大学生乡村规划方案竞赛佳作奖、2021 年首届全国大学生国土空间规划设计竞赛佳作奖、2021 年第七届浙江省国际"互联网＋"大学生创新创业大赛金奖等，四年获评国家励志奖学金 2 次，浙江省政府奖学金 2 次，优秀学生一等奖学金、社会工作奖学金、校级优秀学生各 1 次。

中国共产党的初心和使命是为中国人民谋幸福，为中华民族谋复兴。而徐慧涛作为一名城乡规划学子，他的初心是凝心聚力、脚踏实地，以扎实的专业素养为实现中国梦作出自己的贡献。在工大求学的四年，他坚持做一名孜孜不倦的求知者、一名兢兢业业的引导者、一名力学笃行的实践者和一名踌躇满志的探索者。

一、个人事迹

(一)缘城乡,守初心——做一名求知者

歌德曾经说过"志向和热爱是伟大行为的双翼"，高中时，他是选修"物化

生"的理科实验班学生,美术、设计等相关知识是他理论学习的盲区,大一的课程便成了他立志筑基的起点。从小养成的学习习惯帮助他在崭新的领域逐渐得心应手,在一学期大类课程的学习后,他痴迷于规划师"指点江山"的豪情,毅然选择了城乡规划专业。他接触的首个单体建筑设计方案是选址于学校葵花地的书吧,当时老师玩笑似的一句"这是大师的风范",更是坚定了他在这个领域钻研下去的决心。在"一轴两翼两特色、三阶段三层次三模块"的特色课程体系中,他的平均绩点始终位于年级前列,以一颗永不停歇的求知心夯实基础、丰盈自身。

(二)议城乡,积跬步——做一名引导者

独木不成舟,在乘风破浪的过程中,他很幸运地结识了许多志同道合的伙伴,思维的碰撞绽放出更加灿烂的智慧火花。大二时他作为第一负责人,组建队伍参与科技竞赛,基于时空特征展开对中老年人日常体育行为的研究。由于大家都是初次尝试,在研究过程中遇到了诸多困难。在导师的帮助下,从前期资料收集、中期数据分析到后期论文撰写,他全程参与,同队友们共同迅速地成长了起来,提出了以老为本的社区体育设施与周边环境元素配置的优化策略,并最终带领团队获得专业第三的名次,也是其年级唯一一支获奖的队伍。此后,他每年都参与两到三项科技竞赛,在研究中锻炼自己的科研能力与协作能力,并都取得了优异的成绩。

美美与共,天下大同。在学生工作方面,他是同学的老班长、新生的好学长、专业的先锋队。他始终担任班长,先后组织召开各类主题班会数十余场,引领班级航向;在担任支部宣传委员期间,他牵头组建红色顾问团,配对41组一对一帮扶组合,召开专业分享会3次,为学弟学妹提供专业指导和思想引领;在担任专业社团分管负责人期间,他多次参与筹备如全国高等院校大学生乡村规划方案竞赛启动仪式及评审会、浙江工业大学城乡规划系系庆等大型活动。

(三)共城乡,担使命——做一名实践者

理论离开实践,就会成为空谈。始终将游与学结合是他的信条,他走过无

数地块,用脚步丈量城市,也在这个过程中深刻认识到了城乡规划专业的意义所在。大二的暑假,他作为团队负责人之一带领校级示范团队走访绍兴市越城区璜山南村,探寻美丽乡村的成长故事,从自然地理环境、人文历史背景、设施建设情况等方面对乡村建设改造的基本条件进行了详细探讨,深入思考大学生在乡村振兴中能发挥的作用,明确青年责任。这一支名为"乡建社·璜山情"的社会实践团在校级十佳社会实践团队评选中脱颖而出,并获得了优秀团队称号。

暑期社会实践仅有几天,他的奉献工作更在平时。他累计志愿者服务时长超过200个小时,并坚持献血,做到志愿于心,奉献于行。此外,他先后运营过"浙工大乡建社"等八个公众号,编辑推文百余篇,最高单篇阅读量超过5000人次。

(四)悟城乡,展未来——做一名探索者

倾其至诚,赴其所爱。在浙江省城乡规划设计研究院实习的过程中,他出色地完成了单位交付的各项工作,展现了工大学子的精神面貌。展望未来,作为新时代青年,他志愿建设城市、服务乡村,负一隅希望,绘一方蓝图,努力为城乡建设增光添彩,为实现中国梦贡献自己的力量,做最富有朝气、最富有梦想的新青年。

二、寄语学弟学妹

人生不是一个完美的圆环,一旦完美,你就再没有任何可能性。我们要学会接纳生活中的不如意,相信"那些杀不死你的,终将使你更强大"。从高考失利到重大夏令营复试第二,我的大学生活也不是一帆风顺的,如果说"志向和热爱是伟大行动的双翼",那学院老师的支持、同学的陪伴、亲朋好友的鼓励就是源源不断的暖流,裹挟着我踏上征途、勇往直前。

三、师长点评

　　徐慧涛同学给我的印象一直是活泼开朗、思维活跃的,不管是对所学知识的吸收,还是提出自己的独特看法,他在学生中是出类拔萃的。在课程学习上,他总能提出一些新颖的想法,举一反三,创新解决方式和表达方式。而且他具有良好的组织能力和交流沟通能力,无论是在课程学习上,还是在学科竞赛上,他都能够积极地与不同年级、不同背景的同学进行高效沟通与合作,团队相处融洽,任务完成出色。

（导师:陈玉娟）

志不可一日坠，心不可一日放

李梦娇，女，中共预备党员，山东济宁人，毕业于山东省汶上县第一中学，设计与建筑学院环境设计2101班本科生。曾任设计与建筑学院2021级团总支书记、环境设计2101班班长、学生发展中心发展指导部部长等职。2021—2022学年综测排名专业第一，曾获国家励志奖学金、校级优秀团员、校级收藏证书、优秀学生干部、社会工作奖学金等奖项。

一、个人事迹

（一）冉冉光阴，萧萧马鸣

白驹过隙，时光荏苒。李梦娇深知学习机会来之不易，一直以积极乐观、坚强自立、自强奋进、热心奉献社会的状态面对生活。她以严于律己、认真负责、勤俭节约、艰苦朴素、努力奋斗的标准要求自己，妥善处理学习、工作和生活之间的关系。

在学习上，"学而不思则罔，思而不学则殆"。自大一入学以来，她一直严格要求自己，学习方面努力踏实、勤奋上进、成绩良好。作为班长，主动带动同学们一起学习。在课堂上积极配合老师的教学，课下虚心向老师同学请教，认真学习专业课知识，努力弥补自己的不足，学有余力之余努力拓展课外知识，学业水平显著提升。她认真钻研专业理论知识，努力提高专业素养，致力于培养专业思维。最终素描课程中有四幅作品留校展览，并获得收藏证书，学年综测位居专业第一,并且获得"校级优秀团员"荣誉称号。在学习专业课之余还考取了英语四级、普通话等级等证书。

(二)迢迢繁星,皎皎月明

在思想上,"力量从团结来,智慧从劳动来,行动从思想来",她积极要求进步,树立了良好的人生观和道德观,刚入大学就积极地向党组织递交了入党申请书,在党组织的帮助指导和自己的积极努力下,保持与时俱进,认真学习党的工作路线,正确贯彻党的方针政策,积极参与有关活动,时刻了解先进模范事迹,在他们的精神和事迹的激励下,她立志也要成为那样的人。

在工作上,"恰同学少年,风华正茂;书生意气,挥斥方遒"。大一她怀着锻炼自己服务同学的初心积极参与了团总支书记、学生会、班委的竞选,也成功担任了年级团总支书记、班级班长,并且在大二初成功留任学生发展中心。在学生工作中,她在认真完成学院、班级安排的每一项工作,积极组织团体活动,关心爱护同学,为同学排忧解难,学会了团结合作,在困难中更加坚韧。最终,她的工作得到了老师及同学的广泛认可,在这一过程中,班级的融入感、工作的成就感、自身的幸福感成为她继续努力的动力。

在生活上,"我们正值青春年华,风华正茂;大家意气风发,劲头十足"。作为 21 世纪的新青年,她始终保持着积极向上的心态,以饱满的热情去迎接每一天,养成了良好的习惯和正派的作风。为人正直善良,有着强烈的社会责任感和使命感,乐于在生活点滴中帮助他人,一直以来与同学们相处融洽,建立了良好的人际关系,获得了大家的信任和支持。课余时间,她参加设计与建筑学院合唱团,并在"红歌嘹亮 献礼建党百年"大学生班歌大赛中获得一等奖,参加"纵横杯"辩论赛并且获得屏峰校区冠军和三校区亚军,参加学院运动会走方阵,采访了三位优秀学长学姐,和小伙伴一起组队参加学术竞赛,军训期间刻苦训练并获得"军训标兵"的称号等。

(三)风雨兼程,励志青春

"穷且益坚,不坠青云之志。"一家七口的重担压在她父母的肩上,她始终怀着感恩的心,并且带着父母、学校的期望一直努力,学校以"奖、贷、助、补、减"为主要内容的普通高校学生资助政策体系也帮助她减轻了家庭负担。

"不忘本来，面向未来。"充实的大学生活，使她各个方面都得到了锻炼，让她不仅收获了知识，而且收获了成长。她将继续保持积极乐观的心态，以严于律己、认真负责的标准要求自己，继续努力，争取不断进步。她深知要发出青年的光和热，就要以奋斗定义人生价值，并在奔跑中抵达新的远方，追梦的孩子总是在跌跌撞撞之下寻找，无论路途遥远或是艰难，都将会以百倍的信心和万分的努力去迎接！

她以一颗执着的心，力求在思想、工作、学习、生活等方面都取得一点成果。知识无止境，学习更无止境。作为一名团员、一名学生干部，她坚信要不断地适应时代的发展，跟上时代的步伐，不断扩充自身的知识储备，以提高自身的修养，在学生工作中更多地为同学们服务奉献。

"路漫漫其修远兮，吾将上下而求索"，成绩属于过去，未来要走的路还很长很长，是树木就要搏击风雨，是雄鹰就要展翅飞翔，带着那么多的关怀和期望，李梦娇同学将以更加向上的姿态迎接生命中一次又一次的磨炼和考验，以更加饱满的热情投入以后的学习生活和学生工作。

二、寄语学弟学妹

我对自己说，跨过去，春天不远了，永远不要失去发芽的心情。

三、师长点评

人的一生，总要面对困难和挫折，总会遇到人生的低谷，你们可能会遭遇失败，但绝不要消极退缩。追风赶月莫停留，平芜尽处是春山，希望你们在任何时候都不要丢失青春的朝气，在顺境中趁势而为，在逆境中破浪前行。

（导师：陈炜）

心怀热爱,万般精彩

蒋钰妃,女,中共预备党员,毕业于浙江省东阳中学。2020级法学院法学专业本科生,在校期间曾任校图书馆管理委员会外联部部长、法学本科第二党支部支委、法学2020级团总支副书记。曾获校级优秀学生、校级优秀干部、法学院优秀团干等荣誉称号,获得浙江省政府奖学金、校一等学习奖学金、社会实践奖学金、国家助学金、"浙江挚鹏能源有限公司"助学金,曾带领社团获得"优秀部门一等奖"、带领班级获得"院级示范团支部"荣誉称号,曾担任课题"适老化潮流下养老机构面临的法律风险及规避措施"负责人,并获校级三等奖。

一、个人事迹

(一)心怀热爱,万般精彩

回望蒋钰妃的大学经历,很特殊,也很精彩。从初中起她就立志从事法律行业,但因高考填报志愿的遗憾而进入外国语学院,后面经过个人努力,转专业进入法学院。对于家境平凡的蒋钰妃来说,学费和生活费是一笔不小的开支,她感到些许为难。为了减轻父母的负担,蒋钰妃在学院的指导和帮助下申请了国家助学金,被学院认定为资助对象,获得了国家助学金、社会助学金、校级奖学金等,使她在学习时无后顾之忧,能全心全意地投入学习。得到一定程度经济保障的她,学习上越来越刻苦,她从不敢直视老师的眼光到下课追着老师刨根问底，从拖延症晚期到追求高效率高质量，从漫无目的到眼里有光，她的学业绩点开始逐步突破。

(二)察势者智，驭势者赢

如果有人问大学时期帮助她成长最多的是什么，她说一定是学生工作，哪怕学习再忙再累，蒋钰妃都没有放弃学生工作。在担任部长的一年里，她收获了友谊，更收获了组织领导能力；在担任年级组成员的一年里，她学会了为人处世的道理；在担任班级团支书的一年里，她学会了不怯场的定力……回望自己走过的路，她仍会感慨学生工作带给她的美好记忆和成长动力。也是因为学生工作，她认识了很多值得珍惜的朋友、值得感恩的师长，因为这些朋友、老师的帮助，她的大学生活绽放了更多的精彩。

资助育人工作逐步实现从"保障型"资助向"发展型"资助转变，不断提高资助育人工作的质量和水平的资助理念，蒋钰妃对这一点感受尤为深刻。她在家庭经济困难得到缓解的同时，将时代要求、国家需要与自身个性化的成长成才需求相结合，通过参与多样化的资助形式，比如积极参加"青风"资助文化节，获得浙江工业大学学生资助宣传大使的称号，从而更好地助力自己成长为德智体美劳全面发展的社会主义建设者和接班人。

(三)着眼当下，擘画长远

蒋钰妃自我激励的座右铭一直都是"不要去思考遥远的未来，当下的每一步就是未来"。她身边的朋友包括她自己，总是时常焦虑自己的未来，到底是考研还是工作？是当律师还是法官？当她在纠结于自己的学业和职业规划时，总是能得到学院辅导员、班主任、综合导师等的教育引导，她不再焦虑，而是愈加坚定自己的选择，愈加学会了珍惜现在、充实当下。无论是参加志愿者活动、科技竞赛，还是发展运动健身等兴趣爱好，她一直都是全身心投入手头及眼下，一步一脚印。

二、寄语学弟学妹

即使出身卑微，也依然不要甘于眼前的苟且，心中仍要充满对诗和远方的向往。即使经历磨难，也依然不要败于当下的困难，心中仍要充满对爱和成功的期盼。

三、师长点评

蒋钰妃同学日常尊师重道，政治素养高，学习努力刻苦，成绩优秀，表现积极，是老师的好帮手；思想追求上进、乐观向上；工作积极主动、认真负责；个人综合素质好，办事能力强。

（辅导员：叶笑颖）

以奋进姿态激扬青春

桑唐多吉,男,西藏自治区那曲市人。2019级浙江工业大学管理学院工商管理专业本科生。曾任浙江工业大学少数民族学生总负责人、"同心缘"辅导员工作室学生骨干成员、那曲市雨滴计划公益团队成员。曾获国家励志奖学金、国家助学金、圣奥助学金、"尚德学子"奖学金、"资助暖人心、逐梦我先行"微讲述大赛二等奖、2021年那曲市雨滴优秀志愿者、2021年浙江工业大学校级优秀志愿者团队成员及院级优秀志愿者团队队长、2021年浙江工业大学第三十二届"青春杯"五四火炬接力赛二等奖,曾于2021年收到西藏那曲市班戈县北拉镇的感谢信。其负责的牧区践行先锋队社会实践,获得管理学院优秀团队称号。

我校本科生少数民族学生中的藏族学生比例较高,其中大部分来自西藏自治区,少部分来自四川、青海等地。复杂的外部环境和藏族学生的个体化差异使这一群体在学习生活过程中更容易出现学习跟不上、生活融不进等"水土不服"的问题。

一、个人事迹

(一)以奋进姿态激扬青春

桑唐多吉上大学以前,在所在西藏当地初中的班级里学业成绩名列前茅,并在中考时以优异的成绩考入内地西藏高中班。刚进入大学时,出于基础教育质量差、专业基础薄弱等原因，他的心理上产生了巨大的落差感，学业压力较大，此后他甚至出现放弃学业、学业成绩下降等行为。在掌握相关情况后，少数民族学生辅导员通过谈话，倾听他的心里"苦事"，了解到他觉得上大学后自己在班级内成绩处于末尾，从入学前的自信满满到现在自卑忧郁，这是因为他对自己的定位不准，一直太过于关注其他同学的成绩。辅导员首先肯定、赞赏他并没有选择放弃学习，而是选择向上挣扎，同时积极引导其树立一个符合自己实际情况的目标，并鼓励其多参与校内第二课堂活动，注重自身综合素质的全面发展。

除了学业方面的困难，桑唐多吉同学来自经济比较落后的牧区，家中以游牧为主，在大一刚开始那会，他就尝试着去杭州四季青兼职批发衣物赚取一些外快，但很难兼顾校内校外的学习和兼职。在学院辅导员进行资助政策宣传和个人了解相关情况后，他在学院、校内各个机关进行勤工助学活动，同时在校期间也享受到了国家助学金、圣奥助学金等"保障型资助"。后来经过辅导员一次、两次、多次在办公室、寝室、球场和桑唐多吉拉家常、谈理想、谈学业，渐渐地发现他在朝自己的方向不断努力，虽和班级其他同学还是存在很大的差距，但他力争不挂科，并获得了国家励志奖学金。

在学校党委学生工作部的牵头下，我校成立了以少数民族学生服务管理为主的"同心缘"辅导员工作室，工作室为树立少数民族学生正确的就业观，提升少数民族学生的就业技能，举办了"同心缘"辅导员工作室求职面试模拟、西藏青年学生的学业职业规划宣讲等活动，桑唐多吉也积极参与其中，切实树立了正确的就业观，就业技能也有了明显的提升，他曾多次在中国农业银行成都蜀都支行实习，还通过了中国农业银行西藏分行的笔试、面试。

（二）怀感恩之心回报社会

作为一名从牧区出来的学子，他从未忘记来时的路。靠着国家教育优惠政策和自身努力，从牧区走向高等学府的桑唐多吉，在校期间用实际行动诠释了反哺家乡的淳朴情怀。他曾说在异乡受到学校、老师的帮助与关怀时，他的内心深感温暖，也一直都怀有一颗感恩的心，因此想要通过组织一些社会实践活动来将这份感激之情付诸行动，为家乡的建设和社会的发展尽自己的一份力量,因此每次寒暑假回家时,他总会选择在当地开展支教、科普、保护生态等公益性实践活动,在活动中他充分展现了工大学子良好的精神面貌和优良的品质,扩大了学校的社会影响力。此外,作为工大少数民族学生,他时刻以身作则,为周边的同学树立了榜样。他曾担任西藏籍藏族学生的负责人,这个任职经历没有综测加分、没有志愿工时,也没有勤工助学金,但他靠着个人情怀和感恩的心,按时完成辅导员分配的工作任务,团结同学,鼓励和引导同学多参与学校的校园文化活动,也会根据自己的成长经历为新生提供一些大学学习生活的建议,让每一位新生更好更快地融入工大这个大家庭,努力学习。

桑唐多吉同学代表了我校少数民族学生中既有学业困难也存在经济困难、交流困难等共性问题的一类群体。面对这类群体的每一个单个个体,从日常的接触、管理上来讲,首先,应客观、共情地去分析、理解学生现阶段所存在的问题,站在学生的角度看问题,理解问题,真正融入其学习生活。其次,加强教育引导,少数民族学生出于生长环境和文化背景不同、在校期间的交流少、融入慢等原因,难免有不成熟或比较偏激的想法、观念,因此需要引导他们树立正确的社会主义核心价值观,培养有理想有抱负的大学生。

二、寄语学弟学妹

大学四年的时光,我们很多时候做的事情可能暂时看不到成效,但是不要气馁,这不是在否定我们的付出,而是在扎根。知道得太多并不会不快乐,想得太多才会,所以,想得少一点,努力提高自己的认知水平。也希望大家能做到克制情绪,少刷抖音,少看微博,早睡早起,坚持运动,只有这样,下一个成功的才有可能是我们。

最后,祝学弟学妹们在充满激情的青春岁月里,好好学习,好好享受自己的生活,不让大学生活留下一点遗憾,每天都好运连连。

三、师长点评

桑唐多吉同学的大学生涯充满挑战，也充满收获。他通过自身的努力、自律、认真地度过四年的大学学习生活，希望他在新的旅程里再接再厉，勇往直前。

（辅导员：扎西格来）

以一灯传诸灯,终至万灯皆明

陈一文,男,中共党员,毕业于温州翔宇中学,公共管理学院行政管理专业1902班本科生,通过"四年制兼职辅导员"专项推免至浙江工业大学马克思主义学院攻读硕士研究生。曾任公共管理学院学生会主席团成员、校就业与职业发展协会新媒体宣传部主要负责人。曾获国家励志奖学金、优秀学生二等奖学金、校社会工作奖学金,获浙江工业大学优秀学生干部、浙江工业大学校级优秀团员等荣誉称号。本科期间志愿服务时长总计400小时以上,获评浙江工业人学十佳青年志愿者荣誉称号。

一、个人事迹

(一)被泽蒙庥

家境清贫的陈一文,在收到录取通知书后,便翻阅到我校学生资助管理中心关于本科生资助体系的介绍。他开始关注学校、学院关于本科生资助的相关政策,了解助学金、奖学金、勤工俭学等一系列帮扶措施。

开学后,在学院帮助下,陈一文填写了《浙江省学生资助对象认定申请表》,并最终获评国家二等助学金。这减轻了他的家庭经济负担,放宽了他惴惴不安的心。他得以安心学习,并以乐观开朗的心态,融入大学这个全新的环境。

而除国家助学金外,入学伊始,陈一文便开始关注校内勤工岗位的发布,并通过招募成为朝晖校区的一名校报派送员,在每周的工作中赚取一定的劳务以补贴生活费用。勤工俭学这条路,陈一文一走便是三年。从最初的校报派送员,到校研究生院的勤工组长,到公管学院勤工岗,陈一文很感谢学校、学院能够为他、为他们提供如此宝贵的机会。

(二)行而不辍

怀着对资助的感激,陈一文总希望能够为学院、学校,乃至更多人提供力所能及的帮助。在慎重思考过后,他选择以志愿服务与学生工作作为自己传递这份温暖的方式。志愿服务,是他"表达感激,传递温暖"的方式;学生工作,则是他"服务他人,成就自我"的途径。

在志愿服务中,从迎接新生入学、助力寝室搬迁,到陪同孩童游戏、关爱独居老人,再到协助停车管理、协助交通指挥,陈一文参加志愿服务活动共计 400 余小时。40℃烈阳下停车场里的坚守、天亮之前检查完毕的赛道路口、搬运行李时被汗水浸湿的背后,无一不陈述着志愿服务并不轻松的事实,但服务对象的微笑与赞扬成为他心灵深处的调节剂。在志愿服务中,他表达了感激、传递了温暖,他找到了心灵的宁静与生命的价值。

在学生工作中,在学院学工线老师的带领与帮助下,陈一文从一名学院学生会工作人员,逐渐成长为学生会部门负责人、学院学生会主席团成员;从做好一件事情,带好一支队伍,到真正为学院师生提供服务。学生工作并非表示感激最纯粹的方式,但是薪火相传最有效的途径。这条路上,学院老师的教导、部门前辈的帮助,拨开了他在不同阶段的迷雾。

(二)薪火相传

怀着在学生工作中收获的成长与感动以及对学院、学校资助政策的感激,陈一文最终选择申报学校"四年制兼职辅导员"专项,并在面试通过后填报了马克思主义学院的思想政治教育专业。陈一文希望能够在扎实的学习中,获取过硬的本领,可以像自己遇到的辅导员一样,传承这份精神、传递这份温暖。

作为曾经的资助对象,在未来的工作中,陈一文要做好工作规划与预案,准确识变、科学应变、主动求变,在实践中将马克思主义信仰内化于心、外化于行,在实践中服务,在实践中育人。力争为院校高质量发展贡献力量,把辅导员工作做在全局上、做在大局上、做在时代脉动节点上。

从一名资助对象走向学院思政辅导员,陈一文希望能够像当初帮助他的老师们一样,牢记立德树人初心,勇担为党育人、为国育才使命,真正成为"学生成长成才的人生导师和健康生活的知心朋友"。

二、寄语学弟学妹

希望大家能够常怀一颗"仁心",带着热忱与真诚、仁慈和包容去了解、去发掘、去思考。希望大家能够常怀一颗"学心",从认真聆听课堂到仔细倾听内心,夯实专业基础、提升专业素养、拓宽专业视野,进而在未来的生活中,寻找到一条自己热爱且愿意用一生去践行的道路。希望大家能够常怀一颗"公心",以自身为笔,以学科特色为墨,奋力书写为中国式现代化挺膺担当的青春篇章!

三、师长点评

陈一文同学具有积极的学习态度、扎实的理论基础、锐意创新的治学品格和严谨负责的工作态度,能够将课堂所学与时事热点相结合并深入思考。专业学习上,能够根据研究方向研读相关文献及书籍;学术科研中,能够从不同角度发现研究对象存在的新问题;日常工作里,能够合理分配时间,高效完成任务。希望该同学在今后的学习与工作中继续保持并发扬已有优点,力争取得更优异的成绩。

（导师：赵玉林）

大道如虹踏歌行，逐梦西部天地宽

闫思思，女，河南省焦作人，毕业于沁阳市第一中学，2018级公共管理学院行政管理专业本科生，毕业后被派遣至西藏自治区那曲市比如县，现就职于中共比如县纪委监委，任一级科员。在校期间曾任马克思主义学院、公共管理学院党员之家理论学习部负责人、政能量工作室宣传部负责人。曾获国家励志奖学金，公共管理学院学习进步奖学金、公共管理学院2021年优秀实习生等荣誉称号。本科期间参与无偿献血4次，志愿者服务总时长200个小时左右，此外还积极参与社会组织开展的各类公益活动。本科期间主持的"关于杭州市智慧救助的研究"被评为校级第十届发展性资助计划优秀项目。

一、个人事迹

（一）温暖公管，学途相伴

2018年9月，承载着希望与梦想，闫思思来到浙江工业大学，在屏峰山麓开启悟道之行。然而在对新生活满怀期待的同时一种无形的压力始终笼罩着她。对于家境平凡的闫思思来说，深知父母赚钱养家的不易，面对学费和生活费这笔不小的开支，她感到些许为难。为了减轻父母的负担，闫思思在学院的指导和帮助下申请了国家助学金，并被评定为国家一等助学金，此外她还成功入选了"聚心e家"公益助学项目，在大一学年获得了两项助学金，共计10500元。这不仅在物质上帮助了闫思思解决她和家庭的实际困难，而且给予她强大的精神动力，在求索笃行的道路上有决心、有信心坚持下去。

最令闫思思印象深刻的是，在大一入学后不久她突发肠胃炎，思乡的情绪和疾病的折磨反复袭来，击垮了她的精神防线。辅导员李帮彬老师第一时间陪同她前往医院就诊，并且根据《浙江工业大学公共管理学院本科生院级资助暂行办法》给予她一定金额的临时困难补助。在这座初来乍到的城市，学院的关心让闫思思感受到家一般的温暖。

（二）民生福祉，一线亲历

"聚心 e 家"公益助学项目所倡导的"爱心接力，将爱传递"的资助理念深深地感染着闫思思，在她心里埋下了爱的种子，她默默告诉自己：等以后有能力，也要帮助他人，回馈社会。在校就读期间，闫思思非常关注勤工俭学项目，通过校内平台参加学校综合事务大厅值班、学院勤工岗位。她更是将锻炼自己的机会拓展到校外，学有余力之余从事过家教、人力资源助理、销售员、运营员、代购、传单员等各式各样的工作，补贴生活所需、积累社会经验。正是每一滴辛勤汗水和辛苦付出，使闫思思在大一下学期就完成了从"受助"到"自助"的转变，基本上实现了大学期间生活费自理。

在导师祝建华老师的介绍下，闫思思在 2021 年暑假期间进入浙江省如家社会工作综合服务中心，进行为期两个月的专业实习，主要从事社会救助相关工作。这份工作使她接触到了大量城市边缘群体，切实感受到了最真实的社会民生。在看到社会另一面的过程中，她力所能及地给予他们帮助与关怀，也正是在"自助"迈向"助人"的成长性转变中，她逐渐找寻到了自己存在的价值与意义。在社会组织的这段实习经历，直接影响了闫思思的人生选择。

（三）深入基层，逐梦前行

"在祖国需要的地方挥洒青春，用实际行动担起时代使命。"主动选择服务西部，支援边疆建设，对于闫思思而言并不是一时兴起。在东部地区学习知识，再去服务西部地区建设，将公共管理专业所学，运用到基层实践，一直都是她的理想。在大四学年，闫思思先后报名了多个服务西部的项目，最终顺利通过考察，远赴神秘而又神圣的雪域高原西藏开启属于她满腔热忱、勇敢无畏的西部工作生涯。

因为一个选择,她从一个默默无闻的小角色变成了尽人皆知的"大人物",亲朋好友、师长同窗等纷纷表达了对她的敬佩与挂念之情。一时间所有人都在夸赞她,所有人都在鼓励她,这让她受宠若惊,她觉得自己只不过是抓住了眼前最适合的机会罢了。闫思思认为自己好像浪花中的一朵,在党和政府的号召下投身时代洪流,去国家最需要的地方践行"家国所系,我之所行"的理想志向。一批又一批优秀的青年大学生汇聚成江河湖海,以奋斗姿态激扬青春,西部地区终将绽放勃勃生机,谱写辉煌新篇。

二、寄语学弟学妹

以前,见过的世界太小,人生的选择也不多,经过此次 3500 公里的旅程,跨过群山、越过江河,来到怒江之畔的比如县,进入纪委监委工作后,个人也不断成长,懂得了不是所有人都会心意相通,也不是所有人都能同感共情。虽做不到泰山崩于前而面不改色,但也不再是那个心情顺畅时,看山是山,看水是水,遭遇挫折时,就自我动摇,看山不是山,看水不是水的"小孩子",因为我坚信:只要心中有坚持,行为有操守,眼前有目标,就能在时代大潮中劈波斩浪,在祖国需要的地方成就自我人生。所以,学弟学妹们,为了心中的理想,去追寻,去奋斗,去以青春之我创造青春之中国。

三、师长点评

闫思思谦虚谨慎、勤奋好学,注重理论和实际相结合,能够将大学所学的专业知识有效地运用于实际工作中。她性格开朗、思维敏捷,积极参加各类集体活动,表现出良好的团队合作精神。她积极能干、吃苦耐劳,热心公益事业,关怀社会弱势群体。希望她在支藏援藏过程中坚定不移、再接再厉,书写祖国有我、无悔奉献的篇章。

(导师:祝建华)

汲取力量，勇往直前

陈楚，女，中共预备党员，毕业于浙江省松阳县第一中学，2020级健行学院文法实验班法学专业本科生。在校期间，曾担任健行学院青年马克思主义者学校干事、校级志愿者协会公共管理部干事、健行学院青年马克思主义者学校主要负责人，曾获得二等学习奖学金、社会实践奖学金、一星级志愿者和2020年健行学院优秀志愿者等奖项及荣誉称号。

一、个人事迹

（一）逆风生长，勇往直前

她乐观开朗，积极向上，懂感恩，善行践；在大学生活中，她逆风生长，汲取身边的力量，勇往直前。2020年，通过高中三年的努力学习，她考入了浙江工业大学，进入了健行学院。背负着家庭的期许和压力，从踏进大学校园的第一天起，陈楚就深知人生没有捷径，只有一步一个脚印，才能学有所成。

在校期间，她收获了来自学院的关心和帮助。节假日的温暖祝福，领导和辅导员走寝时的殷切慰问，日常谈话时的关心关爱，以及身边学长学姐的榜样力量，都让陈楚在大学生活中重塑自信，积极向前。她通过自己的努力，获得了二等学习奖学金、社会实践奖学金等。

（二）日积月累，奋发自强

在专业学习方面，她始终将学习放在第一位，积极参与科研和竞赛，作为负责人和成员参与过两项科研项目。同时她也注重专业积累和实践,在收获爱心的同时回馈身边人,大二学年,她加入了法学院法律援助团队,依托自身的专业知识为有需要的当事人无偿提供各类法律援助服务。"实践出真知",她深知只有将知识与实践相结合,才能实现对知识更透彻的理解和贯通。

在工作方面,她曾先后担任健行学院青年马克思主义者学校干事、校级志愿者协会公共管理部干事、健行学院青年马克思主义者学校主要负责人等,任职期间,她协助举办了志愿者百场培训会、"青马杯"中文演讲比赛、"知行杯"理论知识竞赛等活动。学生工作逐渐提高了她的组织、协调及沟通能力,如何策划、如何组织、如何参与,对她都是一种历练。虽然很多学生工作都是琐碎的事情,但这也为她日后的工作打下了坚实的基础。这些都是学生工作带给她的宝贵财富。

(三)志愿奉献,忠于实践

志愿者服务也是她大学四年非常重要的部分。在学习工作之余,她参与了各类志愿服务活动,累计工时达 192.5 小时,获评校一星级志愿者和 2020 年院级优秀志愿者称号。此外,她还参与杭州第 19 届亚运会的志愿服务,为体育赛事贡献自己的力量。作为一名中共预备党员、一名新时代的大学生,陈楚深知,要常怀一颗服务之心,用自己的绵薄之力创造微不足道却足以让社会更美好的奇迹。

除了志愿服务,她还充分利用每一个假期,积极参与各类社会实践活动。大一暑假,她参与了健行学院组织的"传习录"暑期社会实践活动,通过走访优秀校友,了解他们的优秀事迹,并撰写访谈记录。大二暑假,她通过面试获得了在浙江常盈律师事务所实习的机会,实习期间,她主要担任公证员的职位,了解并掌握了线下取证和网络取证的流程,更好地精进了自己的专业知识。

二、寄语学弟学妹

大学生活丰富多彩,四年时间,不长不短,正好走出一条自己的路。给大家几个建议:首先,明确目标,目标感会在你迷茫空虚时指引漂泊的心找到前进的路;其次,保持独立思考并勇敢尝试,20 岁值得所有的推倒与从头再来,不断突破边界重构自己,转身矗立山峰的时候,你会发现,这是一个新世界。最后,希望大家在大学里找到一件热爱的事情,并为之奋斗。祝福大家!

三、师长点评

陈楚同学为人诚实友善,友爱同学,尊师重道,乐于助人,能积极热情地参加班级活动和学生工作;她还参加一些社会实践和志愿者服务,表现出较好的沟通交流能力和组织能力;在专业的学习中刻苦努力,成绩优良,具备了一定的专业素养。希望陈楚同学在以后的工作和学习中,继续保持并发扬优良作风,兢兢业业、勤奋好学,争取取得更大的成绩。

(导师:杨杰辉)

寒窗苦读，玉汝于成

凯丽比努尔·祖农，女，新疆吐鲁番人，2020级预科班学生，2021级管理学院财务管理专业本科生。曾任校勤工中心人力资源部部长、"同心缘"辅导员工作室活动部部长等职务。曾获学校资助文化节主题征文一等奖、2023年浙江省学生资助主题征文入围奖。

一、个人事迹

（一）寒窗苦读，玉汝于成

2020年的秋天，凯丽比努尔跨越4000多公里，从祖国最西边的新疆来到了东海之滨的浙江。因为家里的经济条件，她内心充满忐忑，总想靠自己的努力减轻父母的压力，但刚上大学的她，不知道自己能做些什么。其实早在开学前，书院就已掌握了她的家庭经济情况，所以在始业教育期间，辅导员木克热木·艾买提就约她进行了第一次谈心。当与她聊起家庭经济状况的时候，凯丽比努尔的眼眶充满了泪水，她说："我知道大学是新的开始，我真的很想抓紧机会好好学习，但是有时候我感觉压力很大，因为父母都是农民，家里耕地面积不多，经济条件非常有限，兄弟姐妹都在上学，我真的很担心因为经济压力影响到学业……"倾听她内心的想法之后，辅导员木克热木告诉她，国家不会让一个学生因为经济困难而失去学习机会，同时也耐心给她解读国家助学金、学校伙食补贴、书院困难生补贴、学校勤工助学制度和国家助学贷款等政策，希望她能够安心学习。

2020年11月，凯丽比努尔申请了国家助学金，书院支持评定她为国家一等助学金。刚入冬，书院就给困难生买了羽绒服，寒假回家的时候发放了1000元交通补贴，学校还发放了民族生伙食补贴等，加之凯丽比努尔平时勤俭节约，所以这些补助使她能够无后顾之忧，安心学习。此外，书院组织预科生前往省内博物馆、安吉"两山基地"、G20峰会主会场等地开展实践教育，也为凯丽比努尔开阔视野提供了机会，还节省了交通费用和门票费用。辅导员周末常约她一起吃饭、一起去图书馆学习，力所能及地减轻她的经济负担，给予她学习指导，也教她如何利用学校图书馆免费的学习空间和资源，帮她减少买书、买论文的开销。

（二）笃学不倦，精进不休

进入大一后，凯丽比努尔与预科期间的辅导员保持联系，常与辅导员分享自己大一的学习生活。她说："我发现自己需要提升的空间还很大，各门课的难度也不小，深刻意识到自己不能满足于现状，而且我不能光享受国家的资助政策，自己却在原地'等、靠、要'，我想回报那些帮助过我的人，但是不知道自己能做些什么……"辅导员木克热木鼓励她利用自己的业余时间参加校内的勤工助学，通过自己的劳动换取合适的报酬，这样不仅能减轻经济负担，还能锻炼工作能力、养成持之以恒的做事态度。最后凯丽比努尔顺利通过两轮面试，加入学校勤工助学指导中心办公室，后来还成为人力资源部部长。

凯丽比努尔在MBA研究生导师办公室勤工助学，不仅学会了很多东西，而且积累了一定的工作经验，甚至不用再向家里要生活费，为此她父母与辅导员联系表示了感谢。在大一期间她还荣获管理学院"第十二届勤工之星"称号。除此之外，她还参加了"我行我承诺"助学项目，获得了资助金，也得到了更多的志愿者和勤工的机会。通过一年的努力，她获得了国家励志奖学金。大二第一学期因为新冠疫情，她没能来学校。尽管在家，凯丽比努尔也没有停止学习，除了学习专业知识，还学习了平面设计、视频剪辑等计算机技术，利用课外时间兼职，为自己在校期间的学费、住宿费和生活费积攒了一定的资金，她也继续申请国家助学金等资助项目，资助＋自助让她更安心，也让她学习更努力,平时更加自信。

(三)予人为乐,与己而乐

返校之后,凯丽比努尔主动申请担任书院 2022 级预科生英语助教。她说:"这一次,我不为加分或赚钱,只为心中感恩,在工大,我已经获得了太多的帮助,无论是经济、身心还是学业,学校的关心关爱、老师和同学的帮助,让我深刻体会到爱的力量,我要把这个力量传递下去,让学弟学妹也能继续传承下去,在享受各类帮扶的同时,也不会忘记回馈社会。"

二、寄语学弟学妹

亲爱的学弟学妹们,大学里的生活丰富多彩,有丰富的课余活动。我们要学会如何合理地安排自己的时间,提高学习、工作效率,切莫沉迷娱乐,荒废学业;应把握好大学里的学习资源去提升自己,努力让自己变得更加优秀。

在此我有几句话想与大家分享:首先,忘记过去,重新定位自己。不管你过去如何优秀,不管你对高考结果如何不甘,总之,忘了它。让生活重新开始。虽然我们在教育背景、家庭条件、学习基础方面有差异,但工大提供的公平的学习机会,会给我们带来无限的可能性。其次,严于律己,确定奋斗目标。不管是远期的还是近期的。在这里,我们远离家乡,远离父母,没有了父母的管制约束,稍不注意,很容易放纵自己,把一切希望和嘱托都抛之脑后了。只有制定了目标,我们才不会在大城市的灯红酒绿中迷失方向;只有制定了目标,我们的大学生活才会有方向。再次,在这个新的环境中,希望学弟学妹能在大学期间学会珍惜身边的每一个人,珍惜每一个能够让你成长和进步的机会,也请珍惜你们的大学生活,珍惜遇见的好友同学。时光易逝,情感长存,只有珍惜现在的一切,把握当下,我们才能走得远、走得好。最后,希望大家继续努力,在以后的日子里遇见更美好的自己!

三、师长点评

　　凯丽比努尔是一个聪明、上进、温柔的女孩子,在校期间品德优秀,勤奋好学,有远大的理想抱负,曾获得预科生奖学金,顺利圆满地结束了预科生活,选择了自己理想的财务管理专业。希望她可以在之后的学习生活中再接再厉,砥志研思,芝麻开花节节高。

(辅导员:木克热木·艾买提)

后　记

经过团队同人的共同努力,《共同富裕大场景下高校资助育人工作高质量发展的理论与实践》一书终于定稿了。本书是浙江省高校重大人文社科攻关计划规划重点项目"共同富裕大场景下高校资助育人工作高质量发展研究"(课题编号:2023GH041)、教育部 2022 年高校思想政治工作精品项目"基于共同富裕示范区建设要求的大学生'麦田计划'资助育人工程"、2024 年度浙江省高校思想政治工作研究文库"高校思想政治工作研究文库"、2024 年度浙江省高校辅导员名师工作室"辅导员专业培养名师工作室"、2022 年度浙江省哲学社会科学规划"高校思想政治工作"专项课题"'三全育人'内涵特征、驱动机制与实现路径研究"(课题编号:22GXSZ062YBM)、浙江工业大学 2024 年度重大教改委托项目"以本为本:建设国内一流研究型大学背景下的内涵意蕴与战略举措研究"(课题编号:JG2023068)的(阶段性)成果。从助力工作室成员发展成长的视角来看,本书当然还是浙江省高校辅导员名师工作室的建设成果。

资助育人是高校立德树人十大育人(工程)体系的重要组成部分。本书以浙江省高质量发展建设共同富裕示范区为时代背景,聚焦共同富裕大场景下高校资助育人工作高质量发展,展示浙江省高校在建设共同富裕示范区伟大实践中的使命、责任与担当,旨在为全国高校资助育人工作高质量发展积累浙江经验、贡献浙江智慧、提供浙江方案。

体例上,本书按照"理论研究—院系实践—学生案例"的逻辑展开,以理论观照实践,从宏观政策阐释到中观院系实践再到微观学生成长,逻辑自洽、自成一体,由"理论研究篇""实践探索篇""学生案例篇"三部分组成。

"理论研究篇"以共同富裕为时代背景,以高校资助育人工作为研究对象,重点研究在高质量发展建设共同富裕示范区大场景下高校资助育人工作的时代使命、现实困境与破解之道，以探求全员、全过程、全方位的高校资助育人工作高质量发展的政策供给与动力系统。"实践探索篇"按照"扶困与扶智""扶困与扶志"相结合的要求，深度总结浙江工业大学"麦田计划"资助育人十年的经验与做法，并围绕二级学院资助育人特色工作形成的好做法好经验，提炼出可复制可推广的资助育人工作成果，实现"解困—育人—成才—回馈"的良性循环。"学生案例篇"在总结资助育人的模式、方法、载体、经验的基础上，坚持朋辈引领，撰写受资助学生成长成才的典型案例，加以系统化的表达，展现学生受资助以来的满满收获与精彩蝶变，发挥榜样典型的辐射力。

本书的最终问世，得到了众多同人的支持和帮助。中共浙江省委党校教育长蓝汉林教授，时任浙江工业大学马克思主义学院党委书记顾容研究员、教务处副处长汤智研究员，为浙江省高校重大人文社科攻关计划规划重点项目的申报立项作出了重要贡献；时任浙江工业大学学生工作部部长许伟通、研究生工作部部长姚裕萍、团委书记贾侃，为教育部 2022 年高校思想政治工作精品项目的申报立项做了卓有成效的工作；黄均辉、金鑫、乔婧芳、周英飒、冯雯、刘琦、孙艳燕、毛诗焙、彭国军、朱珈楠、陈婧、陈央、林敏喜、潘鹏程、楼群英、冯剑、方邵旭辉、劳纯燕（浙江工业大学各学院时任或现任党委副书记，排名不分先后），为"实践探索篇""学生案例篇"的撰写提供了有力组织与指导，特此致谢。

本书的出版，得到了浙江大学出版社黄娟琴副社长、社科出版中心吴伟伟主任的精心指导和大力支持，在此深表谢意。

囿于时间和水平，书中存在疏漏和欠妥之处在所难免，敬请读者批评指正。

陈 杰

2025 年 3 月